中国工程院院地合作重大战略咨询研究项目

宁夏贺兰山东麓葡萄酒产业发展战略研究

孙宝国　主编

科学出版社

北京

内 容 简 介

本书是中国工程院院地合作重大战略咨询研究项目研究成果，主要围绕宁夏荒漠生态高值农业的发展主题，从我国葡萄酒全产业、宁夏葡萄酒全产业链发展的瓶颈问题，系统梳理了我国葡萄酒产业的现状和发展趋势，重点剖析了宁夏贺兰山东麓葡萄酒产业现状以及转型升级的瓶颈问题。以葡萄种植、葡萄酒庄为主导产业的提质增效为目标，提升贺兰山东麓产区葡萄酒的区域品牌优势、市场竞争力和美誉度，保障宁夏贺兰山东麓葡萄酒产业稳定健康发展，提出了宁夏贺兰山东麓葡萄酒产业绿色发展战略、个性化优质产品开发战略、品牌提升战略和市场拓展战略、发展政策评价与对策建议研究。

本书对宁夏葡萄酒行业的各级政府部门具有重要的参考价值，为葡萄酒科研、教育从业人员以及社会公众等了解我国葡萄酒产业的现状及发展提供参考。

图书在版编目（CIP）数据

宁夏贺兰山东麓葡萄酒产业发展战略研究 / 孙宝国主编. —北京：科学出版社，2023.11

中国工程院院地合作重大战略咨询研究项目

ISBN 978-7-03-076605-2

Ⅰ. ①宁⋯ Ⅱ. ①孙⋯ Ⅲ. ①葡萄酒-酿酒工业-产业发展-研究-宁夏 Ⅳ. ①F426.82

中国国家版本馆 CIP 数据核字（2023）第 191463 号

责任编辑：贾 超 孙静惠 / 责任校对：杜子昂
责任印制：徐晓晨 / 封面设计：东方人华

科 学 出 版 社 出版
北京东黄城根北街 16 号
邮政编码：100717
http://www.sciencep.com

固安县铭成印刷有限公司 印刷
科学出版社发行 各地新华书店经销

*

2023 年 11 月第 一 版 开本：720×1000 1/16
2023 年 11 月第一次印刷 印张：16 1/2
字数 320 000

定价：128.00 元

（如有印装质量问题，我社负责调换）

本书编委会

主　　编：孙宝国

副 主 编：王友升　段长青　高丽华　穆维松　李　学
　　　　　赵世华

编　　委（按姓氏拼音排序）：

陈　坚	陈　滢	段长青	冯建英	冯俞萌
高丽华	何　非	何　艳	孔　昕	兰义宾
雷　蕾	李　学	李　玥	李如意	李文超
刘艳华	孟　楠	穆维松	潘秋红	庞国芳
苏　丽	孙宝国	孙金沅	孙铭欣	田　东
汪　蕾	王　军	王　珂	王启宇	王婉婉
王学琴	王友升	吴广枫	谢剑平	杨　辉
张军翔	仇　瑞	赵世华		

前　　言

　　自 20 世纪 70 年代以来，我国葡萄酒产业发展迅速。基于葡萄酒产业经济效益高、产业链长及一二三产高度融合的朝阳生态产业特点，许多地方政府将它作为绿色农业产业予以鼓励支持发展，全国已初步形成了 10 余个风格特色鲜明的葡萄酒产区。随着居民生活水平的提高，葡萄酒消费文化日益传播，我国葡萄酒正在从宴会、聚餐等节日性、偶然性消费走向日常性、经常性消费，消费量近年来一直持续增长。但是，我国葡萄酒产业面临严峻挑战，国内葡萄酒产量下滑，市场份额不升反降，产业发展与市场需求极不对称的矛盾凸显。究其原因，主要与国产葡萄酒普遍存在口味单薄、香味偏弱、同质化严重和典型风格不强的问题有关。

　　宁夏贺兰山东麓葡萄酒产区具有光照强、热量充足、干燥少雨、山前冲积沙石土壤通透性好等非常适宜多种酿酒葡萄生长的独特生态环境，是我国乃至世界范围内特色鲜明的葡萄酒优秀产区之一，多类型、多批次的产品屡获国际葡萄酒大奖，具备了做强做大葡萄酒产业的扎实基础。但是也同样不同程度存在原料品种单一、葡萄种植规范化和标准化滞后、酿造工艺适配性差、产品同质化严重、产品个性风格不强等国产葡萄酒的共性问题。

　　为充分发挥宁夏贺兰山东麓独特的葡萄种植区位条件优势，以葡萄种植、葡萄酒庄为主导产业的提质增效为目标，提升贺兰山东麓产区葡萄酒的区域品牌优势、市场竞争力和美誉度，保障宁夏贺兰山东麓葡萄酒产业稳定健康发展，中国工程院院地合作重大战略咨询研究项目"宁夏贺兰山东麓葡萄酒产业发展战略研究"（2020NXZD1）组织了国内近 40 位专家学者，通过实地考察、会议交流、专家咨询并结合 SWOT 战略分析的方法，完成了宁夏贺兰山东麓葡萄酒产业绿色发展战略、个性化优质产品开发的科技支撑战略、品牌提升战略、市场拓展战略、发展政策评价与对策建议研究，结合项目研究成果，整理、形成了本书，以期为国家部委、自治区党委政府相关政策制定、产业规划编制等提供参考。

　　本书由农学、园艺学、葡萄与葡萄酒工程、食品科学、发酵与轻工生物技术、广告学、产业经济与信息管理等领域的专家共同撰写。第 1 章由王友升、孙金沅、王珂、王启宇、陈滢、孟楠撰写；第 2 章由段长青、兰义宾、潘秋红、何非、王军、吴广枫撰写；第 3 章由高丽华、孙铭欣、王婉婉、何艳、雷蕾撰写；第 4 章由穆维松、冯建英、田东、冯俞萌、李玥撰写；第 5 章由李学、张军翔、刘艳华、李如意、仇瑞、苏丽、杨辉、李文超、孔昕、王学琴、汪蕾撰写；第6章由孙宝国、庞国芳、谢剑平、陈坚、李学、赵世华、段长青、王友升、高丽华、穆维松撰写。

　　本书在撰写过程中得到了北京工商大学国酒研究院、中国轻工业酿酒分子工程重点实验室、中国农业大学、广西大学、宁夏科技发展战略和信息研究所、宁夏大学宁夏葡萄与葡萄酒研究院、宁夏贺兰山东麓葡萄酒产业园区管理委员会的大力支持，在此表示衷心的感谢！同时，特向本书所引用资料的研究者致以诚挚的谢意！

　　由于编者水平所限，书中难免存在疏漏和不足，恳请同行和读者批评、指正。

孙宝国
2023 年 10 月

目　　录

第1章 宁夏贺兰山东麓葡萄酒产业绿色发展战略研究

1.1 国内外葡萄酒发展历史与现状分析

1.1.1 国内葡萄酒发展历史与现状分析

1. 国内葡萄酒发展历史概述

我国葡萄酒起源最早可追溯至公元前 7000 年的新石器时代,这是世界上最早的葡萄酿酒考古资料。而最早对葡萄的文字记载出现在《诗经》,反映出当时葡萄栽培已经处于野生葡萄的驯化阶段,人们不仅采集和食用各种野葡萄,也开始了人工栽培野葡萄。公元前 139 年~前 119 年,张骞出使西域,从大宛(现中亚的费尔干纳盆地)将欧亚种葡萄(Vitis vinifera)引入我国的同时还引进了酿酒师,葡萄酒业开始起步。但直到唐朝,我国的葡萄酒生产才得到发展。唐朝著名诗人李白、白居易等,都有咏葡萄酒的著名诗句。到元朝时,葡萄酒业和葡萄酒文化进入鼎盛时期,出现了商品化的葡萄酒。

1892 年,爱国华侨张弼士创办了我国第一家工业化生产葡萄酒厂——张裕酿酒公司,拉开了我国葡萄酒工业化的序幕。但是长期以来,受经济发展和人们接受程度的制约,葡萄酒的工业化发展缓慢。

改革开放后,我国酿酒业开始步入快速发展时期,产业结构从白酒的"一统天下"转变为各酒种的"百家争鸣"。葡萄酒作为新型酒种,独特的色泽、香气、味道深受人们喜爱,但在发展初期,葡萄酒市场以品质偏低、价格低廉的半汁葡萄酒为主导。1987 年,全国酿酒工业增产节约工作会议对饮料酒的发展提出了四个转变,即"高度酒向低度酒转变、蒸馏酒向酿造酒转变、粮食酒向果类酒转变、普通酒向优质酒转变",其中"粮食酒向果类酒转变"为我国葡萄与葡萄酒产业的发展提供了政策保障。但由于该阶段我国葡萄酒市场管理缺乏规范,国内葡萄酒市场参差不齐,国内葡萄种植面积、葡萄产量和葡萄酒产量未见增长。

1994 年,国家标准《葡萄酒》(GB/T 15037—1994)、行业标准《半汁葡萄酒》

(QB/T 1980—1994)和《山葡萄酒》(QB/T 1982—1994)标准颁布，促使葡萄酒市场从甜型、半汁型转向以全汁型、干型酒为主。自此，我国葡萄酒产业进入高速发展阶段，葡萄种植面积、葡萄产量和葡萄酒产量均有了明显提高。

加入世界贸易组织(WTO)后，我国的葡萄酒产业进入快速发展阶段。2002 年，我国葡萄酒消费占比为世界的 2.2%，首次在葡萄酒产业占较大份额。2003 年，《半汁葡萄酒》(QB/T 1980—1994)行业标准废止，半汁葡萄酒正式停止生产和流通，至此，我国葡萄酒产业完成了向国际化葡萄酒产业的转化。同年，我国葡萄酒进口关税由 44.6%下降至 14%，葡萄酒进口量逐年增加，但是快速发展的背后，伴随着行业法规和市场监管的落后，几起年份造假和葡萄酒造假事件对我国葡萄酒产业的发展造成了非常不利的影响。

2005 年以后，国家有关部门对现行国家标准、行业标准、地方标准进行了整理和修订，使我国葡萄酒质量标准体系结构合理、协调配套，标准水平普遍提高，特别是葡萄酒国家标准的强制性实施，使我国葡萄酒产业与国际全面接轨。我国葡萄种植面积、葡萄产量和葡萄酒产量逐渐增加。

2012 年以来，随着国内外宏观经济环境的变化、国家有关政策规定的出台，以及进口葡萄酒产品的冲击，我国葡萄酒产业发展进入战略调整期。特别是 2013 年以来，葡萄酒市场的艰难进一步影响到整个产业，销售低迷、产品积压、效益下滑、结构失衡、投资放缓，个别地区甚至出现了拔葡萄树的现象。2020 年，由于新冠疫情的暴发，国内外的葡萄酒产业受到了巨大冲击。2021 年，葡萄酒的国内产量下降了 29.1%，进口量下降了 1.4%。

2. 国内葡萄酒主要产区现状

在我国北纬 25°～45°的地域里，分布着各具特色的葡萄品种和葡萄酒产地，受葡萄生长对特定生态环境的要求和地区经济发达程度差异的影响，产地的规模均较小、较分散。我国主要的葡萄酒产区有山东产区、新疆产区、京津冀产区、东北产区、贺兰山东麓产区、黄土高原产区、内蒙古产区、河西走廊产区、黄河故道产区等。

葡萄酒地理标志是知识产权保护的一个重要类别，具有产地特色的葡萄酒加入国家地理标志产品，不仅可以突出葡萄酒的特色，提高葡萄酒的附加价值，更能提高文化凝聚力和文化认同感。在我国葡萄酒产业的发展过程中，相继有 13 种中国葡萄酒产品纳入国家地理标志产品(表 1-1)。2020 年，中欧地理标志协定将贺兰山东麓葡萄酒、桓仁冰酒、烟台葡萄酒、沙城葡萄酒纳入首批保护名录内。这是中欧之间首次大规模互认对方的地理标志，表明国外葡萄酒产区对我国葡萄酒的认可。

表 1-1　我国葡萄酒地理标志产品

序号	地理标志保护产品	国家质量监督检验检疫总局文号	公布时间
1	昌黎葡萄酒	2005 年第 105 号	2005 年 10 月 17 日
2	烟台葡萄酒	2002 年第 83 号	2002 年 8 月 28 日
3	沙城葡萄酒	2002 年第 125 号	2002 年 12 月 9 日
4	贺兰山东麓葡萄酒	2011 年第 14 号	2011 年 1 月 30 日
5	通化山葡萄酒	2005 年第 186 号	2005 年 12 月 28 日
6	桓仁冰酒	2006 年第 221 号	2006 年 12 月 31 日
7	河西走廊葡萄酒	2012 年第 111 号	2012 年 7 月 31 日
8	都安野生山葡萄酒	2013 年第 167 号	2013 年 12 月 12 日
9	戎子酒庄葡萄酒	2013 年第 175 号	2013 年 12 月 23 日
10	盐井葡萄酒	2014 年第 136 号	2014 年 12 月 11 日
11	吐鲁番葡萄酒	2015 年第 143 号	2015 年 12 月 4 日
12	和硕葡萄酒	2015 年第 143 号	2015 年 12 月 4 日
13	郎西山葡萄酒	2017 年第 39 号	2017 年 5 月 31 日

1）山东产区

山东产区被誉为"七大葡萄海岸之一"。红葡萄品种占该产区栽培面积的 70% 以上，'赤霞珠'是山东产区内的第一大酿酒葡萄品种，种植面积近 7 万亩（1 亩≈666.7 平方米），其他主要红色品种有'美乐''马瑟兰''西拉'；白色品种主要有'雷司令''小芒森''威代尔'。同时，由于山东省是我国第一个新型葡萄酒企业的基地，产区内不乏优秀的自我培育品种，如'烟 73''烟 74'等均具有良好的特性。山东产区葡萄酒产业历史悠久，市场占有率较高，且文化旅游产业发达，葡萄酒发展技术支撑完善，产业链配套齐全。

烟台是山东主要的酿酒葡萄产区，葡萄酒产销量和市场占有率均居全国首位。据统计，2018 年烟台葡萄酒产量达 25.3 万吨，实现主营业务收入 156.71 亿元。截至 2022 年，烟台建立了 200 余家葡萄酒生产企业。葡萄酒作为烟台的传统特色产业，在我国葡萄酒产业中占有重要地位。为了保护当地葡萄品种和葡萄酒的品质以及消费者和生产企业的权益，传承弘扬葡萄酒文化，产区从 2021 年开始实施《烟台葡萄酒产区保护条例》。

2）新疆产区

2014 年新疆葡萄酒产业达到发展顶峰，形成特色鲜明的天山北麓、伊犁河谷、焉耆盆地、吐哈盆地四大葡萄酒产区。截至 2021 年，新疆酿酒葡萄种植面积 32 万亩，占全国酿酒葡萄种植总面积的 25%；葡萄酒产量 1.7 亿升，占全国葡萄酒总产量的 24.5%，是我国最大的葡萄原酒生产基地。全区已建成各具特色生产企业及酒庄 134 家，获得 3A 级旅游景区认证 12 家，获准使用葡萄酒酒庄酒证明商标 4 家、通过中国酒庄酒商标审核 10 家。产区红色酿酒葡萄品种主要有'赤霞珠''美乐''烟 73'，以及少量的'品丽珠''马瑟兰''西拉''蛇龙珠''法国蓝''小味儿多'等；产区白色酿酒葡萄品种主要有'霞多丽''贵人香''雷司令''小芒森''白羽霓''白诗南''长相思''威代尔'等。与其他葡萄种植产区相比，新疆产区的气候特点和地理条件存在差异，因此在酿酒葡萄种植技术方面也存在很大差异，没有成熟的经验可以借鉴。

近年来，自治区相继出台《新疆维吾尔自治区葡萄酒产业"十四五"发展规划》《关于加快推进葡萄酒产业发展的指导意见》《自治区关于促进葡萄酒产业高质量发展的若干措施》，明确提出，依托丰富特色旅游资源，促进葡萄酒产业与文化旅游产业深度融合，培育形成一批新业态、新模式，引领带动新型消费。2021 年 6 月，新疆维吾尔自治区人民政府发布了《关于印发〈新疆维吾尔自治区葡萄酒产业"十四五"发展规划〉的通知》，提出到 2025 年，全区酿酒葡萄种植面积达到 100 万亩，用于保障蒸馏酒酿造原料的鲜食葡萄种植面积 180 万亩，种植环节收入 40 亿元以上。力争酿酒产量在 2019 年基础上翻两番，达到 7 亿升，其中：葡萄酒、葡萄蒸馏酒分别达到 6 亿升、1 亿升。力争成品酒在酿酒总产量中占比达到 30%，酒庄酒等高档酒在成品酒中占比达到 30%，葡萄酒加工环节收入 470 亿元左右。精品特色葡萄酒庄发展到 150 家以上，培育年销售收入 5 亿元以上企业不少于 2 家，每个主产区培育 3~5 个具有地域特色的知名品牌。种植、加工环节直接吸纳就业 10 万人以上，酒庄年接待游客 1000 万人次以上，带动文化旅游、餐饮娱乐等相关产业收入 300 亿元以上。到 2030 年，全区酿酒葡萄种植面积力争达到 160 万亩，用于保障蒸馏酒酿造原料的鲜食葡萄面积 200 万亩，种植环节收入 60 亿元以上。力争酿酒产量达到 15 亿升，其中：葡萄酒、葡萄蒸馏酒分别达到 10 亿升、5 亿升，成品酒占比 50%以上，葡萄酒加工环节收入达到 1000 亿元左右。直接吸纳就业达到 20 万人以上，酒庄年接待游客 5000 万人次以上，带动文化旅游、餐饮娱乐等相关产业收入 500 亿元以上。

3）京津冀产区

京津冀产区酿酒葡萄品种主要为'赤霞珠'，还包括少量的'蛇龙珠''美乐''佳美''霞多丽'等。京津冀产区内葡萄种植地主要有河北昌黎产区和怀涿盆地产区，2002 年 8 月，"昌黎葡萄酒"成为我国第一个荣获原产地域产品保护的葡萄酒产品。昌黎有 300 多年的葡萄栽培历史，早在 20 世纪 80 年代初，国家轻工业部将昌黎县定点为引种国际优质干红葡萄并研制开发高档干红葡萄酒基地，并且由轻工业部发酵研究所研制出了我国第一瓶高档干红葡萄酒。目前昌黎葡萄酒产区的酿酒葡萄种植面积为 5 万亩, 每年的葡萄酒产量可达 14 万吨, 形成以昌黎为核心的葡萄酒产业集群。

河北怀来具有"中国葡萄之乡""全国葡萄种植标准化示范县""全国优质葡萄生产基地"的美誉, 怀来县酿酒葡萄种植面积为 6.5 万亩, 葡萄酒年产量达 5 万吨, 葡萄酒总销量占国产葡萄酒市场份额的 16%。主要红色葡萄品种是'赤霞珠', 白色葡萄品种以'霞多丽'为主, '龙眼'葡萄为怀来产区的传统品种。怀来产区经过多年的发展, 形成了中国长城葡萄酒有限公司、怀来紫晶庄园、迦南酒业、中法庄园等 30 多家知名葡萄酒企业, 是国内具有特色的葡萄种植和葡萄酒产区。

4)东北产区

目前东北产区已经形成了以吉林通化地区为中心的山葡萄酒产区和以辽宁桓仁为中心的冰葡萄酒产区。通化产区以种植山葡萄品种为主, 最为突出的是'北冰红'。该葡萄品种具有高酸、高糖的特点。2020 年, 通化产区迎来了黄金发展期, 在吉林省委、省政府的支持下, 将通化葡萄酒产业纳入省级特色产业, 并且提出未来五年之内, 酿酒葡萄基地达到 6 万亩, 葡萄酒产量达 3.6 万吨。

1.1.2 国外葡萄酒发展历史与现状分析

1. 国外葡萄酒发展历史概述

伊朗出土的距今约 7000 年的陶罐中的物质经分析为葡萄, 因此伊朗被认为是世界上最早种植葡萄的国家。世界上最早开始栽培葡萄的地区位于小亚细亚的地中海和黑海之间及其南岸地区, 随后中亚细亚、南高加索、叙利亚、伊拉克等地区也开始了葡萄的栽培。埃及最著名的 Phtah-Hotep 古墓中出土的浮雕清楚地描绘了当时古埃及人栽培、采收葡萄和酿造葡萄酒的情景, 经考证确定距今也已有 6000 年的历史。古希腊是欧洲最早开始种植葡萄和酿造葡萄酒的国家。后来, 希腊人将葡萄栽培和葡萄酒酿造技术传播到罗马帝国, 随着罗马帝国的扩张, 葡萄栽培和葡萄酒酿造技术遍及整个欧洲和地中海沿岸, 至今这些地区仍是葡萄种植和葡萄酒生产的重要地区。

15 世纪至 16 世纪, 葡萄栽培和葡萄酒酿造技术传入南非、澳大利亚、新西兰、日本、朝鲜和美洲等地。16 世纪中叶, 法国胡格诺派教徒来到佛罗里达, 开始用野生葡萄酿造葡萄酒。同时, 西班牙殖民者将欧洲葡萄品种引入墨西哥、美国加利福尼亚等地区。1861 年, 美国从欧洲引入 20 万株葡萄苗木, 在加利福尼亚建立了葡萄园。但由于根瘤蚜、霜霉病和白粉病等病害的侵袭, 以及气候条件不适宜, 欧洲葡萄的栽培失败。后来通过将美洲原生葡萄作为砧木嫁接欧洲葡萄,防治了根瘤蚜等病害，葡萄酒产业才开始发展。现在阿根廷、美国的加利福尼亚以及墨西哥均为世界著名的葡萄酒产区。

2. 国外主要葡萄酒产区现状

1）意大利产区

意大利产区以拥有大量葡萄种质资源而著称，葡萄品种超过 2000 个，用于葡萄酒生产的本土葡萄品种常见的有 800 个，而其中 300 多个被意大利农业局认定为酿制葡萄酒的法定品种。目前分布最广的红色葡萄品种为'桑娇维塞'、'蒙特普齐亚诺'、'巴贝拉'和'美乐'，而最受欢迎的白色葡萄品种是'托卡'，其次是'普罗塞克'、'霞多丽'和'灰比诺'。

据统计，2022 年，意大利葡萄园种植总面积为 67.35 万公顷，葡萄酒总产量为 49.843 亿升，比 2021 年减少 0.8%。意大利葡萄酒产量虽然略低于 2021 年，但依然略高于前五年的平均年产量。排名第一的是威尼托（Veneto），葡萄酒产量为 12.6 亿升，其次是普利亚（Puglia），葡萄酒产量为 10.13 亿升。2022 年意大利葡萄酒生产总值创下近 140 亿欧元的新纪录，出口总额达到 79 亿欧元，年增长 10%，创下了新纪录。美国以 23%的份额作为意大利葡萄酒主要的出口市场。2022 年，意大利对中国的葡萄酒出口量为 2590 万升，较 2021 年下降了 19.26%，是中国第三大葡萄酒供应国。

2）法国产区

法国红酒产区有波尔多、勃艮第、罗纳河谷、阿尔萨斯、汝拉、香槟产区、朗格多克-鲁西永、卢瓦尔河流域、普罗旺斯和法国西南产区等。法国波尔多产区出产的葡萄酒被誉为"法国葡萄酒王后"。近几十年来，虽然面临各方冲击，但波尔多产区仍然保持着世界第一葡萄酒重镇的位置。产区内葡萄栽培面积达 10 万公顷，主要葡萄品种有'赤霞珠''美乐''品丽珠''味而多''佳美娜''马尔贝克''长相思''赛美蓉''麝香'等。产区葡萄酒年产量约 85000 万瓶，且 95%为原产地控制命名（AOC）葡萄酒，主要包括酒体中等至丰满的红葡萄酒（约占 87%）以及干白葡萄酒（约占 11%）和甜白葡萄酒（约占 2%）。2021 年，法国向中国出口价值 7.53 亿美元的葡萄酒（比 2020 年增长 48.11%），向中国市场出口葡萄酒 1.15 亿升（出口量增长 14.42%），是中国第一大葡萄酒供应国。

3）西班牙产区

西班牙位于伊比利亚半岛，已有 4000 多年的葡萄酒酿造历史。西班牙产区的酿酒葡萄品种主要包括'丹魄''阿尔巴利诺''帕诺米诺''马家婆''歌海娜''莫纳斯特雷尔'等。西班牙有 77 个产区，其中著名的产区分别为里奥哈、普里奥拉托、杜埃罗河岸、纳瓦拉、佩内德斯和赫雷兹。里奥哈是西班牙仅有的两个优质原产地命名(denominacion de origen calificada，DOC)产区之一，该产区位于西班牙北部，其北部与南部分别与不同的山脉接壤，内陆则沿着埃布罗河分布，非常适合种植葡萄，产区内红葡萄酒产量较高，占据总生产量的 90%，主要品种为'丹魄'，其种植面积超过了产区总种植面积的 75%。里奥哈拥有超过 600 家酿酒厂和 14800 名葡萄种植者，出产的美酒出口至 130 个国家。西班牙是仅次于意大利的世界第二大葡萄酒生产国，也是中国第四大葡萄酒供应国，在中国市场的占有率约为 7.13%。2022 年，西班牙对中国的葡萄酒出口总量为 4030 万升，较 2021 年下降了 37.3%。出口到中国的葡萄酒是以'丹魄'和'红葡萄'品种为主的红酒。

4)智利产区

智利是世界上最重要的葡萄酒生产国家之一，其西侧为长达 5000 千米的海岸线，东侧为高达 7000 米的安第斯山脉，北侧是广阔的沙漠，南侧为南极地区，所以智利气候条件非常独特，按气候可以分成三个产区：北部是世界上最干燥的产区之一，多为高山和沙漠；中部集中了智利大多数的葡萄酒产区，属地中海气候，降水多集中在冬季，春末至秋末有旱灾，昼夜温差大，日间温度在炎热季节可达 30~40℃，沿河地区的夜间温度可降到 10~18℃；而南部降水较丰富，平均温度较低，光照时间较短。智利的主要红葡萄品种是'佳美娜'，与其他品种相比，该品种所酿造的葡萄酒口感更柔顺，酒体丰满，充满浓郁的果香，散发着迷人诡奇香气。智利葡萄酒产业的主要市场是国外市场，所以其分销网络遍布全球各大洲。2021 年，智利成为中国第二大葡萄酒供应国。2022 年的出口总额略微下降，但仍然保持住了中国第二大葡萄酒供应国的地位。智利对中国的葡萄酒出口量达 1.345 亿升，比 2021 年增长了 5.81%。

5)澳大利亚产区

澳大利亚是新世界产酒国的重要代表，目前是世界上第四大葡萄酒出口国。主要的四个大产区是南澳州、新南威尔士州、维多利亚州和西澳州。其中，南澳州产区位于澳大利亚大陆的中南部，产量超过全澳大利亚的一半；新南威尔士州的葡萄酒产业产值更高；维多利亚州位于澳大利亚大陆的东南角，气候多变；西澳州虽然实际种植和生产规模很小，但出产高品质的葡萄酒。澳大利亚最主要的葡萄品种包括'西拉''雷司令''霞多丽''赤霞珠''赛美蓉''歌海娜''美乐''黑比诺'等，较为著名的酒庄有奔富酒庄、纷赋酒庄、露纹酒庄和天瑞家族酒庄。

6)南非产区

南非葡萄酒在中国市场是比较小众的，其葡萄酒产区主要是开普敦周围的西南海岸线以及国家中部的奥兰治河流域，海岸地区、斯泰伦博斯区、埃尔金是较为有名的葡萄酒产区。南非种植的白葡萄品种有'白诗南''霞多丽''长相思'

等，'白诗南'是南非种植最多的白葡萄品种，红葡萄品种以'赤霞珠'为主。南非葡萄酒风格介于新旧世界之间，具有新世界的成熟又有旧世界的优雅。现如今，南非约有 600 家酒庄以及 3400 个注册的葡萄种植户。

1.2　宁夏贺兰山东麓葡萄酒产业的竞争对手分析

1.2.1　基于第 104 届全国糖酒商品交易会的竞争对手分析

全国糖酒商品交易会(以下简称糖酒会)始于 1955 年，是中国历史最为悠久的大型专业展会之一。全国糖酒会由中国糖业酒类集团有限公司主办，一年两届，分春、秋两季举行。目前，每届糖酒会的展览面积均在 10 万平方米以上，参展企业有 3000 家左右，专业采购商达 15 万人，成交总额在 200 亿元左右，主要参展企业有食品企业、白酒企业、饮料企业、调味品企业、食品包装企业、食品机械企业等，是中国食品酒类行业历史悠久、规模宏大、影响深远的展览会。一般来说，糖酒会设置酒类展区、葡萄酒及国际烈酒展区、食品及饮料展区、调味品展区、食品机械展区、包装展区传统六大展区。全国糖酒商品交易会还因为规模大、招商效果显著而被业界誉为"天下第一大会"。

第 104 届全国糖酒会和往届相同，分为主会场(展馆)和酒店展会两部分。主会场共有 16 个展馆，位于主会场二层的葡萄酒及国际烈酒展区是本届糖酒会的一大亮点，占据 7 号、8 号、12 号和 13 号展馆，该展区展览总面积达 55000 平方米，是 2021 年大型的葡萄酒及烈酒展。葡萄酒及国际烈酒展区共汇聚 900 余家展商。法国、西班牙、意大利、智利、德国、美国等均由国家政府部门或行业协会组织酒庄及企业参展。

1. 酒店展葡萄酒企业参展情况

本届糖酒会酒店展持续 5 天，共有 30 多家酒店，包括六大展区：传统酒类、葡萄酒及国际烈酒、食品及饮料、调味料及配料、食品机械、食品包装。酒店展中酒类专区酒店共 12 家，其中葡萄酒与烈酒专区布展酒店共 5 家，参会企业 2000 余家，其中香格里拉酒店和万达瑞华是以葡萄酒专区集中布展为主。宁夏贺兰山东麓产区以团体形式参加，包括青铜峡产区、银川产区、吴忠产区。

香格里拉酒店展是历届春季糖酒会中世界各地精品葡萄酒最集中的会场。参加香格里拉酒店展的企业约 450 家。据统计，国内参展企业共 361 家，其中经营进口葡萄酒的贸易公司有 300 家，国内酒庄共 61 家，占比 14%，经营进口葡萄酒的企业占据主导地位(占比 67%)。

国内酒庄以宁夏贺兰山东麓产区酒庄为主，银川产区酒庄共 24 家，青铜峡产区酒庄共 17 家，贺兰山东麓产区酒庄占据国内参展酒庄的 67%，其余为新疆产区、河北怀来产区酒庄（占比 18%）。春季糖酒会是传播葡萄酒文化、推广葡萄酒品牌、拓展葡萄酒市场、宣传酒庄文化的重要途径，宁夏政府大力支持贺兰山东麓产区，打造"天作之贺，和而不同"的贺兰山东麓葡萄酒产区品牌文化，丰富完善银川市葡萄酒产业市场竞争力。青铜峡产区是第四次参加春季糖酒会，本届糖酒会带领 17 家酒庄参展，旨在推动青铜峡葡萄酒产业发展。宁夏贺兰山东麓充分展示了其独特的风土人情，促进了宁夏贺兰山东麓葡萄酒产区品牌化发展，提升了"宁夏贺兰山东麓"品牌影响力。

除香格里拉酒店展外，万达瑞华酒店为另一葡萄酒专区酒店，共参展企业 280 余家，包括天山北麓葡萄酒产业联盟、宁夏贺兰山东麓葡萄酒吴忠产区、四川省葡萄酒与果酒行业协会、西班牙葡萄酒、加利福尼亚葡萄酒、澳大利亚葡萄酒以及法国葡萄酒酒庄（企业），其中国内酒庄（企业）共 165 家，国外酒庄（企业）116 家。虽然国内参展企业占一半以上，但大多数参展企业为进出口贸易公司，国内本土葡萄酒酒庄仅有 49 家，占比约 30%。在万达瑞华酒店参展的国内葡萄酒酒庄中，以天山北麓葡萄酒产业联盟（18 家）、宁夏贺兰山东麓葡萄酒吴忠产区（16 家）为主。

可见宁夏贺兰山东麓产区、新疆产区在参展上以团体的方式呈现，呈现地方产区特色。吴忠市葡萄酒产业联盟精心组织了产区 16 家酒庄，携 100 余款美酒参加成都春季糖酒会，借助春季糖酒会这一平台，让更多人了解到宁夏贺兰山东麓产区的特色，感受葡萄酒产业在宁夏的发展成果。

2. 主会场展葡萄酒企业参展情况

1）世界范围内葡萄酒企业参展情况

首先，从葡萄酒酿酒历史上可分为旧世界葡萄酒与新世界葡萄酒，旧世界葡萄酒有几千年的酿造历史，新世界葡萄酒只有二三百年的酿造历史。一般说来，旧世界葡萄酒酿造的要求极为严格，须遵守许多相关法律的规定，葡萄酒酒体更为轻盈、酒精度更低、风格更内敛；来自新世界的葡萄酒酒体更为饱满、酒精度更高，且具有更为明显的水果风味，在新世界葡萄酒国家，葡萄酒的酿造会不断尝试一些新的酿造方法，并且充分利用现代化设备。根据调研情况，参加第 104 届全国春季糖酒会主会场展的葡萄酒企业共 307 家，旧世界葡萄酒占到 67%，新世界葡萄酒占到 33%。从市场整体占有率可知，具有悠久发酵历史、法规森严、口碑较高的旧世界葡萄酒仍占据市场的重要部分，包括中国在内的新世界葡萄酒在近年来也在极速发展，在国际上逐步占有重要的位置。

根据各国家参展情况分析，我国葡萄酒企业占比 44%，达到近半数的份额，其次是西班牙、法国、澳大利亚，分别占 21%、11%、6%；意大利、南非、智利、美国、加拿大等国家占比较小，在 1%～4% 之间。参展葡萄酒企业中，我国葡萄酒企业占比虽然接近半数，但国内本土酒庄仅有 30 余家，而经营进口葡萄酒的贸易企业占据了大多数，进口葡萄酒在我国仍占据主导地位。

2）我国葡萄酒企业参展情况

参加第 104 届全国春季糖酒会的我国葡萄酒企业中，宁夏贺兰山东麓葡萄酒产区占到 42%，是占比最多的葡萄酒产地。其次是新疆产区、山东产区、京津冀产区，占比依次为 19%、15%、9%。其余产区如上海、西南高山、东北、黄土高原等占比较小，在 1%～4% 之间。

宁夏贺兰山东麓葡萄酒产区不是我国发展最早、面积最大的葡萄酒产区，却是我国高速发展且极具潜力的黑马产区。2019 年 Decanter 世界葡萄酒大赛公布，中国葡萄酒共获 7 个金奖，其中 6 个来自宁夏贺兰山东麓葡萄酒产区，120 款获得铜奖及以上奖牌的葡萄酒中，有一半来自宁夏贺兰山东麓产区，是获奖最多的产区。由此可见，贺兰山东麓葡萄酒产区不仅在调研企业中数量上占到近一半，品质也是首屈一指。

银川市葡萄酒产业发展服务中心联合银川市贺兰山东麓葡萄酒产业联盟，携 24 家酒庄参加第十四届全国春季糖酒会，组成贺兰山东麓葡萄酒银川产区展团，旨在进一步提升产区形象，打造贺兰山东麓葡萄酒银川产区品牌优势，促进产品的市场流通。由青铜峡市葡萄酒产业协会组织的青铜峡产区 18 家酒庄企业共同参展，以凸显青铜峡葡萄酒产区独特风土与优势，打造青铜峡葡萄酒产区品牌化发展。

国内各大葡萄酒产区充分利用了糖酒会这一平台，提高产区知名度，推动了各产区的发展。宁夏贺兰山东麓积极打造葡萄酒产区特色，形成了宁夏特色葡萄酒文化，有利于促进我国葡萄酒产业的可持续发展。

宁夏政府大力支持贺兰山东麓葡萄酒产业发展，积极推进葡萄酒企业文化传播，提高知名度，让更多人了解宁夏贺兰山东麓的魅力，感受宁夏葡萄酒产区的发展。但从会展来看，宁夏贺兰山东麓产区参展的葡萄酒类型较为单一，以干白、干红为主。

1.2.2　宁夏贺兰山东麓与新疆葡萄酒产业的对比分析

1. 龙头国企酒庄

拥有央企背景的企业普遍实力雄厚、资金充裕、规模庞大，譬如中信国安一家的葡萄种植面积和葡萄酒产量就占据了新疆七成以上。中粮长城天赋酒庄和宁夏西夏王葡萄酒业有限公司（以下简称西夏王）也占据了宁夏产区的半壁江山。它们不仅在葡萄酒产业布局上十分全面，并且重视葡萄酒的品质提升，还与众多科研机构和高校开展了充分合作，都有国家级的"产学研"科技成果转化基地，也有企业内部的党委会，还积极承担社会责任，支持地方政府工作。

宁夏产区和新疆产区之间仍有一定差异。首先，宁夏产区的中粮长城天赋酒庄和西夏王旗下的三大酒庄之间，基本等量齐观，存在一定的竞争关系，能保持一定的竞争压力。但是新疆产区是中信国安一家独大，规模、资本上完全碾压其他企业，竞争压力完全不在本地市场。其次，中信国安和西夏王十分相似，前身都是深耕多年葡萄酒市场的大型国企。不同之处是，中信国安的前身——"新天干红国际酒业有限公司"，成立之初就是立足国内国际大市场的，因为新疆的市场规模实在太小。而西夏王成立之初就是西北首家葡萄酒厂，面向包括宁夏在内的西北五省市场。随着企业发展，中信集团收购了"新天干红"后，经营方式和管理模式一直在向经验丰富、实力雄厚的中粮集团看齐。因此，宁夏产区的中粮长城天赋酒庄相较于规模庞大的新疆中信国安，在现代化管理水平和国际化推广程度上，仍有相当领先的先发优势。而相比新疆中信国安，西夏王旗下的玉泉国际酒庄立足于本土文化特色和民风民俗，开展了文化旅游、观光风情游、亲子体验游等多种经营模式，更是其突出的亮点和优势。

2. 实力出众的民营酒庄

宁夏产区和新疆产区都有一批实力出众的私营酒庄，它们是中外合资或者几方联合投资，经过综合考察后，以较低的土地成本获得开发荒地或废弃土地的使用权，然后放开手脚、大刀阔斧地兴建葡萄种植园，并开始酒庄化经营。其中，宁夏银川的志辉源石酒庄和新疆焉耆的仪尔乡都酒庄，在发展历程上比较相似，它们和宁夏产区的西鸽酒庄一起，成为本章考察的中高端私营酒庄的代表，它们都是立足本土、走向全国、走出海外的典型酒庄。

志辉源石酒庄和仪尔乡都酒庄都是家族性企业，凝聚力较强，都经历了长期规划、谋定而动的决策过程。在一片荒芜的土地上，从无到有地建立起了道路、绿化带和水利工程，一边通过绿化工程改善局部环境，一边兴建酿酒葡萄种植园，引进葡萄老藤和砧木，聘请国内外一流的葡萄种植专家和酿造专家指导建设，长期耕耘，终获成功，而且都比较重视大众化体验园的建设和主题文化博物馆。不同之处在于志辉源石酒庄在整体园区的规划建设上，更现代一些，贴合年轻消费群体的需求，而仪尔乡都酒庄则布局深远，把葡萄酒工业的副产品延伸到健康产业、环保产业等。

对于葡萄酒生产企业中那些资金充裕、实力不俗、最能体现"能人经济"的各大酒庄而言，志辉源石酒庄和西鸽酒庄是典型代表。志辉源石酒庄起步就是从废弃的采石矿坑中走出来的，至今仍致力于周边废弃矿坑的绿色改造；西鸽酒庄更是从选址建厂开始到屋顶和地下光伏项目，一直倡导"高效、绿色、节能型"发展模式。志辉源石酒庄注重文旅结合，从文化展厅到园区设计，无一不体现自己打造出的专属文化名片，因而成为国家级文化产业示范基地；西鸽酒庄更是从建造伊始就十分关注从传统文化中寻找文创元素，譬如产品商标的"西鸽"二字就从上百种小篆字体写法中精心筛选出接受度和辨识度最高的字体，并在自身品牌的建设和推广上做足了功夫。两家企业在高端和中端葡萄酒品牌上均有不少布局，且获得大奖，都很重视和当地消费者建立亲密关系。志辉源石酒庄建立了攀岩基地和滑雪场等市政级别的健身设施；西鸽酒庄建立了大众化的绿色有机餐厅和咖啡厅。两家企业都是响应政府号召，紧跟政策导向，借助科技进步力量和时代发展红利，走上绿色发展道路的成功企业。但是这两家企业资金来源和发展路径各自有别，志辉源石酒庄的负责人原是本地的石料开采企业主，熟悉本地环境和风土，并在环境绿化改造的基础上不断开拓创新，开创了一条典型的依靠绿色发展而强大的道路；而西鸽酒庄的创始人是法国波尔多葡萄酒学院毕业的专业酿酒师，能紧跟国际前沿的酿酒技术和先进的管理模式，利用高科技数字化手段精准管理，走出了一条与国际接轨的品牌葡萄酒发展道路。

　　3. 特色经营的中小型酒庄

　　宁夏产区有不少精致小巧但竞争力强悍的小型酒庄。这些酒庄专属经营的酿酒葡萄种植园面积往往不足千亩，但始终坚持自己独具特色的种植方式、酿酒方法，所酿葡萄酒口味纯正之中还带有浓郁的本土风味，因而广受欢迎，还屡获国内外大奖和各种殊荣，最终形成良好的业内声誉和客户口碑。譬如关注科学种植和科学酿造的立兰酒庄，不求量而求质，同时精准控制成本。更为典型的还有维加妮酒庄，高级酿酒师出身的庄主，不但在酿酒葡萄的种植上有自己独立深刻的见解，还以"尽量减少葡萄的损伤"和"整粒发酵"为特色，改进了特色鲜明的发酵方法，形成了一大批回头客和拥趸。

　　而在新疆产区，这种特色经营的小型酒庄较少，其中新葡王酒庄是具有一定特色的小型酒庄。酒庄利用地方的突出特色，提升文化旅游内涵，接轨一线城市的服务标准，并重塑民族风情游和观光游的综合服务体验。

1.3　宁夏贺兰山东麓葡萄酒产业发展历程及现状分析

1.3.1　宁夏贺兰山东麓葡萄酒发展历程

　　宁夏坐落于古丝绸之路沿线，葡萄及其相关产业技术经由新疆、宁夏传至中原地区，宁夏产区是我国古代较早接触葡萄酒行业的地域。虽然贺兰山东麓的葡萄酒产业工业化生产比较晚，但葡萄的种植历史悠久，唐末诗人贯休写下"赤落蒲桃叶，香微甘草花"的著名诗句，宁夏地区在唐代时就已经开始大量栽培葡萄。

改革开放以来，在继续发展鲜食葡萄的同时，宁夏将种植品种重点转向酿酒葡萄，并在贺兰山东麓适宜地区建立标准化种植园，先后从国外引进了'赤霞珠'、'品丽珠'、'美乐'、'蛇龙珠'及'霞多丽'等优良酿酒葡萄的无病毒种苗，大面积推广栽培。宁夏贺兰山东麓产区位于北纬38.5°，是国际公认的酿酒葡萄最佳产区之一，是中国最佳的葡萄酒产区之一，同时也是我国生产高端葡萄酒最有竞争力的潜在地区。宁夏葡萄酒产业发展大致经历了四个阶段：

1）试验示范阶段（1982～1992年）

20世纪80年代，中国葡萄酒泰斗贺普超先生考察了宁夏葡萄种植的风土条件，首次提出"贺兰山东麓是葡萄酒的未来之乡"。宁夏酿酒葡萄产业从玉泉营农场起步，1982年，该农场从河北省昌黎县引进'龙眼''玫瑰香''红玫瑰'等酿酒与鲜食兼用的葡萄品种种条，1983年建立了宁夏第一个大型酿酒葡萄农场，1984年建立宁夏第一个葡萄酒厂——玉泉营葡萄酒厂（现宁夏西夏王葡萄酒业有限公司）。

在农场和酒厂的发展过程中，引进了'琼瑶浆''白羽''法国蓝''佳丽酿''黑比诺''蛇龙珠''赤霞珠''品丽珠''白羽霓'等葡萄品种，形成了一定的种植规模。随后广夏（银川）贺兰山葡萄酒庄有限公司、御马国际葡萄酒业（宁夏）有限公司及宁夏贺兰山东麓庄园酒业有限公司、宁夏鹤泉葡萄酒有限公司、宁夏类人首葡萄酒业有限公司、银川巴格斯葡萄酒庄（有限公司）等中小型酒厂相继建立，在全国酿酒葡萄产业中占有重要一席。

2）快速发展阶段（1993～2002年）

第一批葡萄酒酿造成功后，宁夏葡萄酒产业走上了一条由弱到强、由小到大、由劣到优的道路。1993年，玉泉营葡萄酒厂开始开展优质葡萄酒的研发工作，并生产出宁夏第一瓶干红、干白葡萄酒。1994年，全国第四次葡萄科学研讨会召开，会议得出结论：贺兰山东麓是我国最佳的葡萄酒产区之一，也是我国生产高质量葡萄酒的最有竞争力的潜在地区。1996年，宁夏回族自治区计划委员会制定了《宁夏贺兰山东麓优质酿酒葡萄基地规划方案》。1997年，宁夏四新农业试验中心从法国引进无毒酿酒葡萄种苗30万株，共16个品种（9个红葡萄品种，7个白葡萄品种）；宁夏回族自治区农垦事业管理局引进法国酿酒葡萄种苗，繁殖80万株酿酒葡萄，银广夏基地繁育种苗740万株，这些都为酿酒葡萄基地建设打下了坚实的基础。1998年，酿酒葡萄基地建设座谈会召开，随之宁夏葡萄产业领导小组成立。此后，宁夏酿酒葡萄种植不断扩大规模。1998年，宁夏御马葡萄酒有限公司入驻青铜峡，种植酿酒葡萄5000亩，建立年生产能力2万吨的发酵厂。1999年，慧彬、维邦、顺有等公司成立，玉泉营地区迎来大规模开发种植酿酒葡萄的高潮，种植面积达到 1.2 万亩。

2000 年 3 月，葡萄与葡萄酒著名专家李华教授提出关于开展宁夏葡萄酒地域命名系统研究，随后自治区将宁夏葡萄酒地域命名系统列入科学研究计划。2001 年 12 月，宁夏葡萄产业协会成立。2002 年，宁夏贺兰山东麓被确定为国家地理标志产品保护示范区，保护范围总面积达 20 万公顷。酿酒葡萄产业被自治区党委和政府列入重点支持的支柱产业之一，成为宁夏产业化发展的热点，这对提升宁夏葡萄酒产品质量和市场竞争力具有重要意义。

3）品质提升阶段（2003～2015 年）

2003 年 4 月，国家质量监督检验检疫总局批准对贺兰山东麓葡萄酒实施原产地域产品保护。宁夏成为国内第三个具有地理标志的葡萄酒产区。7 月，宁夏回族自治区质量技术监督局发布《宁夏酿酒葡萄栽培技术规程》，以提高和规范宁夏酿酒葡萄的质量。12 月，自治区人民政府印发《宁夏优势特色农产品区域布局及发展规划》，并将酿酒葡萄作为区域性优势产品。在规划的指导下，宁夏酿酒葡萄基地持续稳步发展。

2004 年，宁夏回族自治区人民政府印发《贺兰山东麓葡萄酒原产地域保护管理办法》，成立贺兰山东麓葡萄酒原产地域保护办公室。宁夏葡萄产业协会组织区内五大葡萄酒企业参加 2006 年中国国际葡萄酒峰会，举办了贺兰山东麓葡萄酒专场推介会和产区产品展览活动，首次以产区整体形象面世，取得了良好的宣传效果。

众多葡萄酒企业在宁夏纷纷建立起酿酒葡萄基地。2004 年，宁夏科冕实业有限公司开始在吴忠市红寺堡开发区开荒建园，建立了 1333 公顷良种酿酒葡萄基地，成为宁夏继贺兰山东麓之外又一个集中连片的新兴酿酒葡萄基地。2006 年，中国最大的葡萄酒公司——烟台张裕集团有限公司（以下简称张裕）在黄羊滩农场种植了约 8000 亩酿酒葡萄，至今，张裕在宁夏贺兰山东麓建立 8 万亩酿酒葡萄基地。

2012 年，宁夏回族自治区人大常委会颁布了《宁夏回族自治区贺兰山东麓葡萄酒产区保护条例》，2013 年 2 月 1 日开始实施，这是全国首个以地方人大立法的形式对产区进行保护的法规，且《宁夏贺兰山东麓葡萄酒产区列级酒庄评定管理暂行办法》实现了对酒庄实行列级管理。另外，宁夏产区成立了省级葡萄酒产业管理机构，出台了《中国（宁夏）贺兰山东麓葡萄产业及文化长廊发展总体规划（2011—2020 年）》《关于创新财政支农方式加快葡萄产业发展的扶持政策暨实施办法》等一系列政策性文件，为产区发展提供了坚实的政策支撑和法律保障。在政策支持下，宁夏葡萄酒产业实现了快速发展。2014 年，国内首个葡萄酒庄列级管理制度正式施行，酒庄葡萄酒开始正式走入人们的视线。2014 年 10 月，为进一步加强对产区葡萄酒产业的顶层设计及统筹协调，自治区正式批准成立宁夏贺兰山东麓葡萄酒产业园区管理委员会及办公室，并将宁夏回族自治区葡萄花卉产业发展局改名为宁夏回族自治区葡萄产业发展局，主要职责在于对产区葡萄酒产业的规划指导、统筹建设及协调管理等。2015 年 8 月，成立了宁夏葡萄与葡萄酒产业发展联盟，标志着宁夏葡萄酒产业开始探索集群合作促发展的新模式。

4）战略机遇期（2016 年至今）

2016 年，习近平总书记视察宁夏时指出，中国葡萄酒市场潜力巨大。贺兰山东麓酿酒葡萄品质优良，宁夏葡萄酒很有市场潜力，综合开发酿酒葡萄产业，路子是对的，要坚持走下去。2020 年 6 月，总书记赴银川考察调研，在贺兰山东麓葡萄园听取了宁夏关于葡萄及葡萄酒产业发展的汇报，强调随着人民生活水平不断提高，葡萄酒产业大有前景。宁夏要把发展葡萄酒产业同加强黄河滩区治理、加强生态恢复结合起来，提高技术水平，增加文化内涵，加强宣传推介，打造自己的知名品牌，提高附加值和综合效益。贺兰山是我国重要自然地理分界线和西北重要生态安全屏障，维系着西北至黄淮地区气候分布和生态格局，守护着西北、华北生态安全，要加强顶层设计，狠抓责任落实，强化监督检查，坚决保护好贺兰山生态。由此，宁夏葡萄酒产业进入战略机遇期。

目前，宁夏贺兰山东麓全区葡萄种植面积达 58 万亩以上，占全国种植面积的 35%，是我国最大的酿酒葡萄集中连片产区。全区共有酒庄和种植企业实体 228 家。年产葡萄酒 1.38 亿瓶，占国产葡萄酒酿造总量的近 40%，葡萄酒出口增长率稳定在 30% 左右，综合产值预计达到 342.7 亿元。

2021 年 5 月，经国务院同意，农业农村部、工业和信息化部、宁夏回族自治区人民政府联合印发了《宁夏国家葡萄及葡萄酒产业开放发展综合试验区建设总体方案》。7 月 10 日，宁夏国家葡萄及葡萄酒产业开放发展综合试验区正式挂牌成立，标志着宁夏葡萄及葡萄酒产业发展正式纳入国家战略。宁夏国家葡萄及葡萄酒产业开放发展综合试验区是国务院批准设立的全国第一个葡萄酒类开放试验区，也是国务院批准设立的西部第一个国家级农业类开放试验区。综合试验区立足宁夏贺兰山东麓全域，突出生态价值、重视酒旅文化、强化品牌贸易，探索三产融合新技术、新模式、新业态、新平台、新工程、新政策，努力打造引领宁夏乃至中国葡萄及葡萄酒产业对外开放、融合发展的平台和载体，也为我国西部地区特色产业深度开放、"一品一业"促进乡村振兴提供借鉴和样板。

2021 年 12 月，宁夏回族自治区人民政府发布《宁夏贺兰山东麓葡萄酒产业高质量发展"十四五"规划和 2035 年远景目标》，提出到 2025 年，宁夏要力争新增酿酒葡萄种植基地 50.8 万亩，规模达到 100 万亩，建成酒庄 270 家以上，年产优质葡萄酒 24 万吨（3 亿瓶）以上。到 2035 年，力争在 2025 年的基础上再新增酿酒葡萄种植基地 50 万亩,规模达到 150 万亩,建成酒庄 370 家以上,年产优质葡萄酒 45 万吨(6 亿瓶)以上。明确经过 5 年到 10 年努力,让宁夏贺兰山东麓葡萄酒产业布局区域化、经营规模化、生产标准化、产业数字化、营销市场化水平显著提升,酿酒葡萄基地规模效益大幅增长,龙头企业、中小酒庄集群同步发展格局基本形成,生产加工销售溯源体系初步完善,覆盖国内、畅通国际、线上线下全渠道营销体系全面构建,葡萄酒与文化旅游、康养保健、教育体育、生态治理深度融合发展。《宁夏贺兰山东麓葡萄酒产业高质量发展"十四五"规划和 2035 年远景目标》为加快推进宁夏葡萄酒产业转型升级和高质量发展,把贺兰山东麓打造成为闻名遐迩的"葡萄酒之都",力争为中国葡萄酒从贺兰山东麓走向世界提供有力保障。

1.3.2　宁夏贺兰山东麓葡萄酒产业发展现状

宁夏位于中国西北内陆的黄河中上游地区,东邻陕西,西、北接内蒙古,南连甘肃。地形从西南向东北逐渐倾斜,丘陵沟壑林立,地形分为三大板块:北部引黄灌区、中部干旱带、南部山区。贺兰山东麓产区位于宁夏黄河冲积平原和贺兰山冲积扇之间,位于北纬 37°～39°,西靠贺兰山脉,东临黄河,北接石嘴山、南至红寺堡,形成了以银川市(西夏区、永宁县、贺兰县)、石嘴山市、青铜峡市、红寺堡区和农垦系统为主体的葡萄酒产区。

宁夏贺兰山东麓地处黄河水系,黄河冲积平原和贺兰山冲积扇之间,地势南高北低,呈阶梯状下降。全区属于温带大陆性干旱半干旱气候,光照充足,昼夜温差大,但是贺兰山与黄河为产区塑造了气候的边际效应,增加了产区的积温,全生育期积温(≥10℃)在 3400～3800℃,气温日较差在 12～15℃,降水量在 150～240mm,全年日照时长在 1700～2000 小时,无霜期为 160～180 天。土壤以淡灰钙土为主,含有风沙土和灌淤土,有机质含量相对低,土壤表面为沙面多孔,下层土质松软,保水保墒,土壤持水量低促进了葡萄根系的下扎,吸收深层土壤的元素,适合酿酒葡萄生长,是我国古代较早接触葡萄酒行业的地域之一,也是世界葡萄种植的"黄金地带"之一。各个小产区存在一定的风土差异,促使贺兰山东麓葡萄酒风味的多样化发展。

在葡萄酒行业发展的过程中,宁夏贺兰山东麓产区逐渐发现自身成长的独特道路,在政府的支持下采用酒庄评级手段,扩大产区葡萄酒发展的核心竞争力。2013 年,《宁夏贺兰山东麓葡萄酒产区列级酒庄评定管理暂行办法》颁布,10 家酒庄获评贺兰山东麓首批列级酒庄(第五级)。据 2021 年宁夏贺兰山东麓葡萄与葡萄酒联合会公示,共计 57 家酒庄获得贺兰山东麓葡萄酒产区列级酒庄级别,其中二级酒庄 9 家、三级酒庄 15 家、四级酒庄 18 家、五级酒庄 15 家(表 1-2)。

表 1-2　宁夏贺兰山东麓列级酒庄(2021 年)

酒庄列级	酒庄名称	酒庄列级	酒庄名称
二级酒庄	志辉源石酒庄	四级酒庄	御马酒庄
	贺兰晴雪酒庄		金沙湾酒庄
	巴格斯酒庄		维加妮酒庄
	宁夏农垦玉泉国际酒庄		西鸽酒庄
	贺东庄园		华昊酒庄
	留世酒庄		长和翡翠酒庄
	利思酒庄		沃尔丰酒庄
	立兰酒庄		东方裕兴酒庄
	迦南美地酒庄		红寺堡酒庄
三级酒庄	铖铖酒庄		和誉新秦中酒庄
	美贺庄园		罗山酒庄
	保乐力加贺兰山酒庄		阳阳国际酒庄
	名麓酒庄		类人首酒庄
	原歌酒庄	五级酒庄	天得酒庄
	兰一酒庄		新慧彬酒庄
	米擒酒庄		红粉佳荣酒庄
	贺兰神酒庄		仁益源酒庄
	宝实酒庄		嘉地酒园
	蒲尚酒庄		容园美酒庄
	新牛酒庄		夏木酒庄
	蓝赛酒庄		皇蔻酒庄
	汇达阳光生态酒庄		莱恩堡酒庄
	贺兰芳华田园酒庄		西御王泉酒庄
	海香苑酒庄		漠贝酒庄
四级酒庄	禹皇酒庄		罗兰马歌酒庄
	法塞特酒庄		鹤泉酒庄
	长城天赋酒庄		凯仕丽酒庄
	张裕摩塞尔十五世酒庄		麓哲菲酒庄
	森森兰月谷酒庄		

近年来,宁夏贺兰山东麓产区的影响力、产业带动力和市场竞争力不断提升,已经成为宁夏独具特色的"紫色名片"。著名的葡萄酒企业有张裕(宁夏)葡萄酒庄有限公司、中粮长城葡萄酒(宁夏)有限公司、保乐力加贺兰山(宁夏)葡萄酿酒管理有限公司、宁夏西夏王葡萄酒业有限公司以及宁夏贺麓葡萄酒业有限公司等,具有国内外影响力的品牌有加贝兰、圣路易·丁、银色高地、巴格斯和西夏王等。如何发挥产区优势,选育优质种质资源,采用标准化栽培及生产方法生产具有宁夏贺兰山东麓特色的优质葡萄酒,是宁夏贺兰山东麓葡萄酒面临的重要问题。

贺兰山东麓葡萄酒产区主栽的红色葡萄品种为'赤霞珠''蛇龙珠''美乐''品丽珠''黑比诺''西拉'等;白色葡萄品种为'霞多丽''雷司令''长相思''威代尔'。一些酒庄还引种了'仙粉黛'和'桑娇维塞'等欧洲优良品种,产区已栽培30多个酿酒葡萄品种,但总体来看,宁夏贺兰山东麓葡萄酒的品种较单一。从全国范围来讲,红葡萄品种所酿的红葡萄酒占市场的80%,白葡萄品种所酿的白葡萄酒约占市场的20%,而半干、半甜型优质红(桃红)、纯汁发酵气泡酒等酒种更稀少,天然甜酒、雪利酒等低度葡萄酒品种有待开发。产区葡萄酒大致分高中低三个档次:大众级产品(150元/瓶以下)占70%,中端级产品(150～300元/瓶)占20%,高端级产品(300元/瓶以上)占10%。大众级产品是目前主要的消费产品,而且年轻群体逐渐成为葡萄酒市场的消费主力军。

1.3.3 宁夏贺兰山东麓葡萄酒产业全产业链多维度剖析

1. 宁夏贺兰山东麓葡萄酒全产业链概述

葡萄酒产业链大致可以分为:葡萄酒基础产业链和葡萄酒辅助产业链。葡萄酒基础产业链包括上游原料产业(如种植、采摘)、中游生产业(即葡萄酒的酿造)、下游销售链及葡萄废弃物皮渣等利用。葡萄酒辅助产业链则是包括葡萄酒企业管理、教育培训机构、生产辅助设备、包装、旅游观光、文化推广等在内的众多环节(图1-1)。

因此,葡萄酒全产业链是综合性产业,酿酒葡萄农业种植是第一产业,葡萄酒工业酿造是第二产业,销售推广服务以及与葡萄酒相关的旅游及文化提升等为第三产业。由此可见,葡萄酒全产业链是一个产业链长、综合效益高、生态环保的绿色产业链。

宁夏贺兰山东麓葡萄酒产区经过几十年的持续发展,葡萄酒产业链不断完善,初步形成"小酒庄,大产区"的阶段性发展模式。近年来宁夏贺兰山东麓产区充分发挥区位优势和政府协同作用,大力推进酒庄葡萄酒产业高品质发展,产区影响力、产业带动力、市场竞争力不断提升。葡萄酒产业的发展也带动了宁夏农民增收和相关产业的发展。产业每年为生态移民提供12万个就业岗位,工资性收入

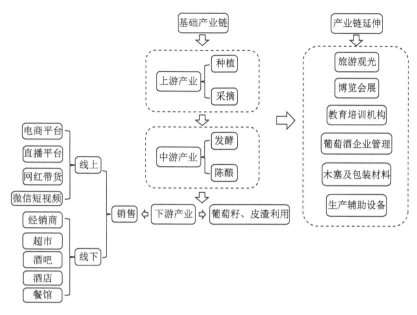

图 1-1　葡萄酒全产业链分析

约 9 亿元，当地农民收入中的三分之一是来自葡萄及葡萄酒产业。此外，全产区内酒庄 2019 年接待游客达 60 万人次以上。2020 年 10 月，宁夏贺兰山东麓成功入选"世界十大最具潜力葡萄酒旅游产区"。2021 年成功举办"2021 年银川市文化旅游消费季暨贺兰山漫葡小镇浪漫生活节"，接待游客 20 多万人次，占全产区接待游客总数的 20%，实现营业收入 757.7 万元，葡萄酒旅游产业已成为宁夏旅游文化不可或缺的一环。

1）上游产业

酿酒葡萄的种质资源选择及适宜化种植是葡萄酒产业链的上游原料基础，也是影响葡萄酒品质的关键。贺兰山东麓产区对葡萄品种制定了三项标准，即农业部颁布的《农作物种质资源鉴定技术规程　葡萄》(NY/T 1322—2007)、《农作物优异种质资源评价规范　葡萄》(NY/T 2023—2011)和《植物新品种特异性、一致性和稳定性测试指南　葡萄》(NY/T 2563—2014)。产区已实现种苗三级繁育体系，主要种植的品种为'赤霞珠''蛇龙珠''品丽珠''美乐''马瑟兰''黑比诺''霞多丽''贵人香'等。目前贺兰山东麓产区的酿酒葡萄栽培种植面积已达 46.92 万亩，是中国最大的世界优质葡萄品种的资源集聚区。

相对其他葡萄种植区域，宁夏贺兰山东麓葡萄酒产区的病害发生程度较轻，霜霉病、白粉病和灰霉病是三大主要病害。贺兰山东麓产区冬季寒冷，最低气温在-18℃以下，早春晚霜、深秋早霜对抗寒性较差的欧亚种葡萄植株的越冬是一大威胁，因此需要在越冬时进行埋土防寒。

目前产区上游产业链存在的问题如下。

(1)缺乏代表性葡萄品种和葡萄酒风格。葡萄种植产业虽然快速扩张，但酿酒葡萄品种区域化明显滞后，主要以'赤霞珠'为主，缺乏区域特色，仍有园区种植不适于宁夏地区生长的贝达砧木的嫁接苗等，因此葡萄酒风格也呈现同质化现象。

(2)产区土壤营养不均衡。产区种植地土壤资源特征为淡灰钙土、风沙土两种土壤类型。风沙土虽疏松透气，但存在漏水漏肥的问题；肥力较高的淡灰钙土质地不利于葡萄树吸收微量元素。产区酿酒葡萄灌水主要有滴灌、沟灌两种方式，但是多数园地灌水以大水、大肥形式进行，总体上氮肥使用过量，有机肥及微量元素不足。

(3)产区酿酒葡萄种植机械化水平较低，随着劳动力成本的不断提高，廉价劳动力的优势已逐渐减弱。

(4)酿酒葡萄种植相对国外专业酿酒葡萄园管理及葡萄栽培技术水平差距大，时常耗费的农药与化肥、有机肥的投入与酿酒葡萄的产量不成正比。

2）中游产业

高品质的葡萄酒越来越受到人们的欢迎。葡萄酒的品质受果实前处理方式、发酵方法及发酵条件、陈酿及澄清方式、罐装与包装材料等诸多因素的影响。宁夏产区葡萄酒生产基本工艺与国内大部分企业类似。

宁夏产区多采用酒庄模式生产，更注重酒的特殊风味，这就意味着宁夏产区需要纲领性文件保证地理标志性产品的品质，同时又要保留各酒庄酒的独特口感和风味。深入研究葡萄酒加工技术，使葡萄酒生产工艺更加合理、科学，提高葡萄酒的质量，并且结合宁夏贺兰山东麓葡萄产区当地的特色，进行合理的工艺选择，生产具有宁夏特色的葡萄酒。

在酿造工艺之外，葡萄酒的包装材料(酒瓶、塞、纸箱、酒标、辅料等)，大部分为产区外甚至国外采购，仅纸箱、酒标可部分在产区内生产，产业链缺乏完整性，导致葡萄酒的成本提高，不利于产区长久发展。

3）下游产业

宁夏贺兰山东麓葡萄酒产业在种植、酿造等中上游产业链已经具有一定规模，引领着国内优质葡萄酒的生产。由于产区和产品品牌影响力相对较低，销售仍是宁夏葡萄酒面临的最大难题。因此，健全销售体系、销售模式，注重销售渠道、销售网络建设，加强销售管理和销售队伍建设是销售工作的重中之重。

宁夏贺兰山东麓葡萄酒以国内销售为主，线下线上销售相结合，线下由经销商、超市、酒店等进行售卖；线上销售由京东、淘宝以及红酒网站等电商平台进行售卖。随着互联网的普及，以及新媒体对传统销售的冲击，衍生了一系列的新型线上销售模式，如微信短视频、抖音、快手和小红书等。

葡萄酒在酿造过程中产生大量的渣粕废弃物，大部分用于喂养牲畜、回填土地作为肥料。宁夏松海盛华农林科技开发有限公司是一家葡萄籽深加工企业，自2017年生产线正式运行以来，平均每年能加工6000吨来自贺兰山东麓酿酒葡萄产区的酿酒葡萄废弃物，年产纯度95%以上的高品质原花青素原料30吨，葡萄籽油120吨，其中80%的原花青素和葡萄籽油原料出口澳大利亚、奥地利等国家，其他则用于自主开发高端功能性食品和日化用品，锁定中高端消费人群市场。经过多年发展，产量不断提升，在2020年消化贺兰山东麓酿酒葡萄产区近1万吨葡萄渣粕。

对于中游产业产生的葡萄废弃物皮渣、废水的管理规定，中国环境科学研究院编制的《葡萄酒庄废水和有机废物综合利用技术指南》充分结合宁夏回族自治区贺兰山东麓产区葡萄酒庄生产特点和区域特征，实现了对酒庄废水、有机废物的有效治理和对我国环境管理制度创新的结合，对当地葡萄酒产业的绿色、循环、低碳发展具有重要意义。

4）产业链延伸

2011年，自治区人民政府发布了《中国(宁夏)贺兰山东麓葡萄产业及文化长廊发展总体规划(2011—2020年)》，宁夏拉开建设贺兰山东麓葡萄文化长廊的大幕，从历史文化价值、艺术欣赏价值与科学文化价值这三个角度充分吸引各层面的游客。宁夏政府规划主要围绕贺兰山东麓土地、光照等自然资源优势和沿线丰富的旅游资源优势，构建了"以葡萄产业为基础，以葡萄产业与旅游产业高度结合为特色的全产业链"的区域发展模式，通过文化打造、生态引领、产业推动，把贺兰山东麓建设成竞争力强、辐射面广、影响力大、全球知名的国内最大的葡萄产业集聚带。

由于宁夏葡萄酒在国际上的影响力逐渐提升，宁夏葡萄酒旅游产业无论是在产业经济的经济效益中，还是在戈壁滩的荒漠高值化的社会效益和环境效益中，均起到较好的推动作用。宁夏4A级景区(如宁夏张裕摩塞尔十五世酒庄、贺兰山漫葡小镇、志辉源石葡萄酒庄等)、3A级景区(如石嘴山市贺东葡萄酒小镇、中粮长城天赋酒庄景区、西鸽酒庄等)和2A级景区(如宁夏立兰酒庄、原歌酒庄、贺金樽酒庄、格莉其酒庄等)的酒庄年接待游客达60万人次以上。

虽然贺兰山东麓地区葡萄酒旅游资源丰富，但缺乏整合，基本是各大酒庄普遍专注于宣传自家品牌，且酒庄文化内涵挖掘不充分，缺少对产区的宣传。另外，旅游的基础设施尚未完善，旅游人才队伍的建设落后，缺少对葡萄酒旅游产业融合发展相应的人才。

2. 宁夏贺兰山东麓葡萄酒全产业链特色与优势分析

(1)宁夏贺兰山东麓葡萄酒产区是我国第一个真正意义上的酒庄酒产区。葡萄酒酿造"七分靠原料，三分靠酿造"，优良的气候环境对酿酒葡萄种植有积极影响。

宁夏贺兰山东麓产区的风土气候以及光照条件使葡萄具有香气独特、色泽良好、含糖量高、含酸量适中、无污染、品质优良的自然优势，而葡萄酒的质量和风格也取决于原料的特色，利用特定区域种植的葡萄才能酿造出质量上乘、极具地域特色的葡萄酒，在国际知名葡萄酒大赛(如 Decanter 世界葡萄酒大赛、布鲁塞尔国际葡萄酒大奖赛、巴黎、柏林葡萄酒大赛等大赛)中获得良好赞誉。

(2)宁夏贺兰山东麓是中国唯一一个实行列级酒庄制度的葡萄酒产区。列级酒庄从葡萄种植、酿造工艺、酒品质量以及品牌建设等方面重重考核，一级酒庄为最高级别，分级体系每两年评定一次，实行"逐级评定晋升"制度，晋升到一级酒庄后，酒庄每 10 年参加一次评定，最终呈现的列级酒庄体系能够体现酒庄现阶段的发展状况。宁夏实行的列级酒庄制度促进了酒庄的发展，也促进了我国葡萄酒向高端迈进。

(3)葡萄酒品牌影响力提高。贺兰山东麓葡萄酒产区自 2016 年开始每年申报"贺兰山东麓葡萄酒"品牌价值，并参加中国品牌价值评价信息发布活动，"贺兰山东麓葡萄酒"品牌位列国家地理标志葡萄品牌价值排行榜榜首，品牌价值739.12 亿元。作为中国酿酒葡萄重要产区之一，宁夏葡萄酒产区品牌影响力逐渐增强。

作为国内最大的葡萄酒进口商，中粮名庄荟国际酒业有限公司(简称中粮名庄荟)现有全球 169 个产区的 500 多个品牌，宁夏贺兰山东麓葡萄酒中的中粮长城天赋酒庄、宁夏贺兰红酒庄有限公司和宁夏西夏王葡萄酒业有限公司等酒庄是首批入驻中粮名庄荟进行售卖的酒庄。宁夏在产品品质、基础建设、供应链上已经拥有雄厚的基础，但在销售方面有待提升。

近年来，宁夏大力发展贺兰山东麓葡萄酒文化旅游建设，促进"葡萄酒+文旅业"融合发展。2019 年 9 月，中国(宁夏)贺兰山东麓葡萄酒旅游智库成立。2021 年 9 月，首届"中国(宁夏)国际葡萄酒文化旅游博览会"在宁夏银川启动，启动仪式上展示了 10 条贺兰山东麓葡萄酒酒庄特色旅游线，进一步讲述宁夏故事、打造宁夏特色、推进葡萄酒旅游业发展、提升贺兰山东麓葡萄酒品牌影响力。

(4)产业集群发展。2002 年宁夏贺兰山东麓葡萄酒产区被确定为国家地理标志产品保护示范区，总面积 20 万公顷，共涉及 12 个市、县(区)。2020 年贺兰山东麓葡萄酒入选中国首批受欧盟保护地理标志，为贺兰山东麓地区产业集群化发展提供政策产权保护和加强中欧经贸关系的基础作用。2021 年，宁夏贺兰山东麓产区 50 余家葡萄酒庄园大规模组团参加我国第 104 届全国春季糖酒会，为产区的集群式发展开拓了新思路。

(5)宁夏贺兰山东麓葡萄酒斩获多项国际大奖。柏林葡萄酒大赛作为国际五大葡萄酒赛事之一，其最大的特别之处在于赛事是受到国际葡萄与葡萄酒组织

(OIV)和国际酿酒师协会(UIOE)共同管理监督的。2016～2023 年，宁夏贺兰山东
麓葡萄酒以绝佳的品质，斩获大量奖项(表 1-3)。

表 1-3　柏林葡萄酒大赛获奖情况

年份	2016 年	2017 年	2018 年	2019 年	2020 年	2021 年	2022 年	2023 年
大金奖	1	—	—	1	—	2	2	3
金奖	18	21	20	31	32	34	30	49
银奖	10	5	3	8	—	—	—	—

比利时布鲁塞尔国际葡萄酒大奖赛(Concours Mondial de Bruxelles，CMB)作
为全球三大酒类赛事之一，赛事规模大、参赛样品多、评委来源广、具有极高的
国际影响力，被誉为"葡萄酒界奥斯卡"(表 1-4)。

表 1-4　比利时布鲁塞尔国际葡萄酒大奖赛获奖情况

年份	2015 年 (第 22 届)	2016 年 (第 23 届)	2017 年 (第 24 届)	2018 年 (第 25 届)	2019 年 (第 26 届)	2020 年 (第 27 届)	2021 年 (第 28 届)	2022 年 (第 29 届)	2023 年 (第 30 届)
特别嘉许奖	—	—	—	—	—	—	—	1	—
大金奖	—	—	4	1	3	4	3	2	3
金奖	1	6	18	29	13	26	43	30	20
银奖	4	19	19	31	9	18	34	34	23

Decanter 世界葡萄酒大赛(Decanter World Wine Awards)是全世界规模最大的
葡萄酒赛事，每年有 15000 余款葡萄酒参与比赛，贺兰山东麓葡萄酒产区内不同
酒庄送选的酒款，皆取得佳绩，在比赛中获得更高的认可(表 1-5)。

表 1-5　Decanter 世界葡萄酒大赛获奖情况

年份	2016 年	2017 年	2018 年	2019 年	2020 年	2021 年	2022 年	2023 年
白金奖章	1	—	—	—	—	—	—	—
金奖	—	—	1	6	—	4	5	2
银奖	—	10	14	19	10	14	16	36
铜奖	13	14	38	35	35	48	52	72
嘉许奖	13	35	34	15	23	—	—	—

产区内酒款获得众多奖项，为宁夏贺兰山东麓葡萄酒的知名度和质量创造了良好的舆论环境，达到扩大影响力的良好目的。近年来，银川主动融入"一带一路"倡议，加快推进国际化现代化的区域中心城市建设，连续成功举办两届"一带一路"国际葡萄酒大赛，将葡萄酒的中国文化传向了世界。

1.3.4　宁夏贺兰山东麓葡萄酒绿色发展的瓶颈问题

1. 种质资源与品种选育优势不显著

葡萄种质资源是指各种葡萄种的果实形态、种植特点、典型香气、酿制特色、适宜条件等。酿酒葡萄的种质资源选择及适宜化种植是葡萄酒产业链的上游原料基础，也是影响葡萄酒品质的关键。不同葡萄种适宜的土壤、气候不同，产生的香气形式和酿造特色也不同。只有充分了解葡萄种质资源信息，才能选择最适合产区的葡萄品种。

首先，宁夏贺兰山东麓产区酿酒葡萄的种植品种单一，且早、中、晚熟品种搭配不合理。在该产区的葡萄种植中，红色葡萄品种以'赤霞珠'为主，白色葡萄品种以'霞多丽'为主，因此酿造的葡萄酒多为干红、干白和桃红，导致葡萄酒产品同质化现象严重，缺乏个性化，不仅在国内地区缺乏竞争力，也影响宁夏贺兰山东麓葡萄酒走向国际。

其次，贺兰山东麓葡萄酒产区近年来的冬季最低气温都在-17℃以下，这对葡萄根苗的安全越冬非常不利，产区栽培的葡萄大多属于欧亚种，葡萄芽眼可耐-18～-16℃的低温，其根系只能忍受-5～-3℃的低温。这对葡萄藤的耐寒能力提出了考验，但是没有合适的砧木进行嫁接，这也是限制产区种质资源的原因之一。

最后，产区在品种选育方面有很大的空白，只是引进国内外成熟产区的葡萄藤，或是培育杂交品种，地区优势不明显，影响了葡萄酒产业的长久发展。世界上很多国家的葡萄酒产区都会根据地方气候和水土条件进行品种选育，来获得既能适应环境又具有独特风格的葡萄，但贺兰山东麓产区还没有代表性的葡萄品种和葡萄酒风格，葡萄酒风格也呈现严重的同质化现象。

2. 产区技术存在瓶颈，葡萄酒风格不突出

首先，缺乏葡萄品种和葡萄酒酒种区域化布局的理论依据，技术突破和创新需要坚实的理论基石。一直以来，对葡萄酒的科学研究研发投入不足，使得对贺兰山东麓产区不同地域、不同品种的酿酒葡萄生长发育及其所酿造葡萄酒的风味缺乏科学系统的研究，难以针对性地进行葡萄品种的区域化和酒种的区域化布局，盲目跟风、盲目跟进、同质化现象明显，导致公共资源浪费较大。

其次，葡萄园标准化种植管理及机械化、智能化技术应用仍然不足。机械化、

智能化是未来农业发展的必然趋势，也是解决日益困扰我国农业包括葡萄酒产业的劳动力短缺和人工成本趋高问题的主要方案之一。然而，葡萄园机械化、智能化技术的有效应用需要以标准化为前提，这些标准化涉及葡萄行间距、树形、叶幕果实管理、采收标准等一系列问题。针对不同区域和不同产品目标，采用合适的葡萄园周年管理规范，而这些都需要建立在对当地葡萄生长发育和品质有全面精准认识的基础上。

最后，满足多元化市场需求的个性化优质葡萄酒生产技术的研发及应用仍有待于加强。宁夏贺兰山东麓产区葡萄酒产品同质化严重、酒种单一性显著，这种现象不仅难以满足多元化市场的需求，而且难以使贺兰山东麓不可复制的产区优势体现在葡萄酒中，因而制约了葡萄酒产业的发展和国际化道路。

3. 品牌杂、销售平台打造不够

宁夏贺兰山东麓葡萄酒产业坚持"小酒庄，大产业"的发展理念，产区以"小酒庄，大产区"的形式开展葡萄酒的市场推广。贺兰山东麓产区定位依据特色环境优势大力发展酒庄酒而非工厂酒，向一条具有中国宁夏特色、国际化、高端化、品牌化的酒庄酒之路发展。目前产区内已上市酒庄有九十多家，在 2021 年发布的宁夏贺兰山东麓葡萄酒产区列级酒庄公示中有 57 家酒庄入选。

然而，产区各葡萄酒企业"各自为政"，专注自身发展，存在着规模小、销售困难、市场占有率低、相对库存量大的问题。产区葡萄酒企业品牌多，但缺少真正有实力带动产区其他品牌提高市场影响力的响亮标识，也缺乏统一、完善的市场推广体系。龙头企业凭借自身多年的名气与地位为产区的价值与品牌影响带来一定作用，但缺乏与中小企业的合作互助，本着"重在参与"的态度，既没有引领薄弱酒企的品牌建设，也无法联合带动周边企业乃至产区的共同发展。而小企业在建设酒庄前期投入过大，导致在后期产品营销和品牌推广方面发展后劲不足，很难形成畅通的营销体系，市场竞争力较弱。因此，葡萄酒行业逐渐向少数几个行业龙头企业聚拢，短期内难以改变。

在价格方面，贺兰山东麓目前需要更加精准定位消费群体市场，设置合适的定价策略。葡萄酒本身具有的高端品质和气质让很多企业的发展方向有所偏差，使得消费者认为当前该产区的葡萄酒零售价过高。虽然贺兰山东麓产区葡萄酒定位在中高端消费群体，但也应适度聚焦于主流价格带，提高市场占有率。很多企业没有将高端葡萄酒高价位与亲民葡萄酒价位相结合的意识，导致同一品牌的各系列产品市场价格不稳定，也不平衡，高低价格产品比重偏差过大。

部分企业没有重视网络上的可使其进入更多寻常百姓家的各种推广营销手段，也没有重视培育有消费能力的市场基础，忽视了客户体验与客户反馈的认可程度；而且相当一部分企业忽视了新时代年轻消费者，没有注重投其所好。重视体验、偏好新奇独特、偏好个性化、价格接受范围广是年轻消费者的特性,而在产品价格制定时,忽视了细分价格区间、精分市场。

4. 人才缺口大

目前关于葡萄与葡萄酒人才平台建设方面比较薄弱,对本土葡萄种植、葡萄酒酿造技术研究、气候、土壤、原料和工艺过程的认知不到位,还是一种模仿式、跟随式模式。我国每年培养的葡萄酒产业融合第一、二、三产业的毕业生都是缺口严重的。从学校到工作实践,需要相当一段时期的适应和锻炼。在过去,国内小酒庄聘请法国、美国和澳大利亚等国家的优秀酿酒师,但这些酿酒师工作时间较短,照搬所在国家或者所在公司的技术、原料和辅料,这对于宁夏葡萄酒产区自身发展不利,不能真正体现宁夏贺兰山东麓葡萄酒产区特点,不利于产区自身风格的塑造。

5. 中小酒庄融资难

贺兰山东麓属于国家防风防沙生态屏障,生态相对脆弱,主产区的红寺堡区、青铜峡市以及银川市辖区内的贺兰、永宁等属于国家或自治区层面限制开发的区域或重点生态功能区,规模化发展葡萄酒产业生态压力大。全区黄河水配额每年40亿立方米,水资源匮乏,这也是发展葡萄酒产业的刚性约束因素。自治区经济发展相对落后,全区及各主产区财政收入增长乏力,葡萄酒产业发展面临的基础设施等公共投入压力加大。

宁夏金融市场发育程度较低,投融资服务体系不健全,以中小微企业(酒庄)为主体的葡萄酒产业发展面临的融资难问题突出。酒庄由于自身规模较小,在市场竞争尤其是融资竞争中处于不利地位,因此完善的法律体系是解决酒庄融资困境的根本保障。

1.3.5　宁夏贺兰山东麓葡萄酒产业绿色发展的战略背景

1. 国民经济稳定增长,葡萄酒从节日消费走向日常消费

2005～2020 年,我国国内生产总值稳定增长,2020 年全年国内生产总值1015986 亿元,同比增长 2.3%。人均消费水平持续提高,为葡萄酒行业,特别是优质葡萄酒酒庄的发展提供了良好的经济环境。

《中华人民共和国国民经济和社会发展第十四个五年规划和 2035 年远景目标纲要》指出,必须坚持深化供给侧结构性改革,以创新驱动、高质量供给引领和创造新需求,提升供给体系的韧性和对国内需求的适配性。必须建立扩大内需的有效制度,加快培育完整内需体系,加强需求侧管理,建设强大国内市场。居民

消费升级为行业转型发展带来机遇。随着全面建成小康社会的目标完成，人均收入的增加，居民消费全面升级，人们消费由吃饱向健康转变。葡萄酒具有独特的口感和健康的品质，伴随着消费升级，葡萄酒的社交意义和健康意义被逐渐放大，在白酒占领的社交市场中抢占一席之地。

葡萄酒作为快速消费品，与人们的社会生活密切相关，在商务、交友、聚会和居家饮食等日常活动中扮演着举足轻重的角色，在庆典、婚礼、社交等社会活动中也占据重要地位。它不仅满足人民群众的生活需求，而且也提高人民群众的生活质量。经济的快速发展提高了人均收入，消费者的购买能力得到进一步的增强，有助于提升葡萄酒的总体消费，为葡萄酒行业的发展奠定基础。

2. 坚持农业农村优先发展，全面推进乡村振兴

《中华人民共和国国民经济和社会发展第十四个五年规划和2035年远景目标纲要》提出，实现巩固拓展脱贫攻坚成果同乡村振兴有效衔接，实施脱贫地区特色种养业提升行动，广泛开展农产品产销对接活动，深化拓展消费帮扶。

在此基础上，我国政府通过稳定农作物种植面积、加大投入、提高农业生产的科技含量等措施，保证了我国农作物的基本供应。农作物的稳定供应为葡萄酒行业的发展提供了充足的原材料保障。

3. "一带一路"倡议全面实施，食品工业国际化发展加快

2013年至今，"一带一路"的稳步推进以及国际合作高峰论坛的召开为国内实力雄厚、竞争力强的大型食品工业企业利用"两种资源、两个市场"实施跨越式大战提供了难得的机遇。同时，宁夏贺兰山东麓作为"一带一路"的沿线地区，深化与沿线食品工业强国的合作关系，有助于提升地区葡萄酒工业的技术装备水平。深化与沿线食品工业发展相对落后的地区关系，有助于培育国际市场，促进地区葡萄酒出口增长。与沿线各国投资协定谈判及自由贸易协定谈判全面开展，为地区葡萄酒开展境外投资和产能合作提供了有利的条件。

宁夏贺兰山东麓葡萄酒产区在"一带一路"的合作背景下协同发展。"一带一路"的对外开放政策，为宁夏贺兰山东麓产区葡萄酒的国际输出提供了政策保证。在对外开放的大格局下，关税减免、宣传扩大、影响力升级等大趋势，为国际葡萄酒的协同发展提供了良好的政策扶持，也为宁夏贺兰山东麓葡萄酒的交流学习提供了更好的平台。

4. 品牌时代来临，产业融合发展加快

2016年5月，国务院办公厅发布《关于开展消费品工业"三品"专项行动营造良好市场环境的若干意见》，部署开展消费品工业增品种、提品质、创品牌"三

品"专项行动。消费品工业"三品"战略全面推进，食品工业品牌化发展的政策环境不断优化，企业品牌化发展意识普遍增强，各类新媒体不断涌现和快速发展，品牌宣传与推广路径更加多元化；城乡居民收入水平持续提高，食品消费升级加快，品牌消费进一步凸显；新一代互联网技术在食品工业领域的应用更加广泛，在线交易、电子支付快速发展，传统的线下销售模式向线下线上相结合的转变提速，葡萄酒工业与旅游业融合不断升华。

5. 地理标志性产品和法律法规提供保护

目前，宁夏贺兰山东麓葡萄酒已上榜中国地理标志产品区域品牌前十榜，自2002年宁夏贺兰山东麓被确定为国家地理标志产品保护示范区以来，发展至今已有49.2万亩酿酒葡萄纳入保护区域。2013年2月1日施行的《宁夏回族自治区贺兰山东麓葡萄酒产区保护条例》是全国第一个以地方立法的形式对葡萄酒产区进行保护的法规。此外，2020年贺兰山东麓葡萄酒入选中国首批受欧盟保护地理标志，标志着产区内葡萄酒产业在国际上受专利保护。

6. 产业协会为产区内行业发展提供技术支撑

宁夏贺兰山东麓葡萄酒产业园区管理委员会与中国葡萄酒产业技术研究院积极合作，以"强化风格、提高质量、降低成本、节能减排"为可持续发展技术路线，攻克贺兰山东麓葡萄酒产业关键共性技术难题。宁夏大学等高等院校对产区内葡萄酒的生产、销售等方面进行全面的科学研究，为贺兰山东麓产区提供有效的技术支撑。

1.4　宁夏贺兰山东麓葡萄酒产业绿色发展战略

绿色发展是在传统发展基础上的一种模式创新，是建立在生态环境容量和资源承载力的约束条件下，将环境保护作为实现可持续发展重要支柱的一种新型发展模式。党中央把生态文明建设作为统筹推进"五位一体"总体布局和协调推进"四个全面"战略布局的重要内容，提出创新、协调、绿色、开放、共享的新发展理念，深入人民的心中。"十三五"规划将绿色发展与创新发展、协调发展、开放发展、共享发展理念共同构成新发展理念，绿色发展理念以人与自然和谐为价值取向，以绿色低碳循环为主要原则，以生态文明建设为基本抓手。"十四五"规划强调推动绿色发展，促进人与自然和谐共生。要加快发展方式绿色转型，坚持生态优先、绿色发展，推进资源总量管理、科学配置、全面节约、循环利用，协同推进经济高质量发展和生态环境高水平保护。

因此，要实现宁夏贺兰山东麓葡萄酒产业的绿色、高质量发展，需要明确产区定位和区域化(改善绿色生态环境系统)、健全全产业链的标准与规则体系、健全绿色技术创新体系、强化绿色发展科技支撑、提升绿色产业发展竞争力。

1.4.1　宁夏贺兰山东麓葡萄酒全产业链的绿色发展任务

首先，宁夏贺兰山东麓葡萄酒产业的发展要依据国家"一带一路"的部署，"酒庄酒、产区化"是中国未来葡萄酒的发展方向，采用产区网格化、区域化，葡萄品种、酒种区域化，走"种酿一体化"的道路，积极发挥政府以及协会的作用，推进葡萄文化旅游廊道建设。

其次，提高产量、提高品质、降低成本，形成具有特色的、高质量的贺兰山东麓葡萄酒。宁夏贺兰山东麓葡萄酒产业应形成独特的、高质量的贺兰山东麓干旱半干旱生态类型葡萄酒。宁夏贺兰山东麓有别于阳光、沙砾、海洋为一体的海岸葡萄酒，宁夏贺兰山东麓酿酒葡萄的主产区大气清洁，土壤无污染，水质纯净，降水量少，植物病虫害少，又是酿酒葡萄栽培的新区，远离工厂与居民区，为有机葡萄酒的生产提供了绝佳的先天条件。因此，努力酿造绿色有机的高质量葡萄酒，既是创立品牌战略的需要，也是提高葡萄酒市场竞争力的需要，更是实现优质、高产、高效、生态与安全的重要途径。

再次，积极发挥政府以及协会的作用，推广规模化、标准化基地种植，生态化、景观化葡萄文化旅游廊道建设，加快"一廊、三城、五个酒庄集群、四大示范区、三百座酒庄"空间布局，不断进行贺兰山东麓葡萄酒品种的优化，提高在国内外市场上的占有率。宁夏贺兰山东麓葡萄酒产业的发展规模与速度要放眼世界葡萄酒产业的大格局中来衡量和思考。要持续、稳妥地扩大基地面积，坚持建园的质量和标准，避免在准备不足的情况下，盲目追求发展速度。发展规模与速度应有稳定的产量和效益的增长，应以效益为中心、种植面积与生产加工能力衔接，种植、酿造、销售三位一体协调发展。不管是追求质量型高档葡萄酒，还是产量型普通葡萄酒，都应倡导标准化与规范化栽培，通过土肥水精准调控与营养、结果调控，实现物质资源和人力资源的节省。

最后，将葡萄酒产业同加强黄河滩区治理、加强生态恢复结合，加强技术水平，推进智能化、机械化发展。

1.4.2　宁夏贺兰山东麓葡萄酒全产业链绿色发展的标准体系

"产业链"是由供应链、价值链、产品链、技术链和空间链基于产业上下游各相关环节组合而成的链条，葡萄酒产业链涵盖了葡萄种植、葡萄酒生产、葡萄酒营销、葡萄酒副产物利用等环节，与此紧密相关的葡萄园及葡萄酒厂管理、融资、员工招聘与培养、技术转移以及生产原料、包装的购买等则构成了葡萄酒产业的辅助性活动。在葡萄酒产业链中，上中下游链条均能影响葡萄酒的品质。由于宁夏贺兰山东麓葡萄酒以"小酒庄，大产区"立足于中国葡萄酒市场，在保留各酒庄特色的同时建立适宜生产环境的标准化体系，是产区葡萄酒集群发展的关键步骤。

首先，在葡萄标准化栽培中，标准化的栽培工艺主要包括苗木选择和栽培管理、病虫害防治与管理、葡萄采收管理以及埋土防寒等工作。而在世界范围内，以上工艺均能影响葡萄的品质。一般来讲，葡萄苗的选择要根据产区的土壤条件和气候条件进行合适品种的选择。

其次，要根据产区特色选择能够代表地方特色的葡萄品种进行栽培，以获得适宜的葡萄原料，栽培管理是为使葡萄苗更好地生长，通过施肥、灌溉、架棚等工作，获得优质的葡萄原料。针对白粉病、灰霉病及霜霉病等一系列病虫害进行防治，主要的防治手段是使用化学防治和生物防治的方式，对葡萄常见的病虫害进行防治。在葡萄的采摘过程中，通过测定酸甜比等指标，进行葡萄采摘，并进行采摘管理；某些地区过冬葡萄藤需要进行埋土防寒工作，这主要取决于葡萄产区的气候。

宁夏贺兰山东麓产区形成以来，相关部门开展了一系列地方标准制定的工作，目前已经制定了20余项葡萄酒地方标准。但是标准具有一定的局限，需要不断改进完善。另外需要制定一个完整且属于葡萄酒产业发展的标准体系，突出标准引领作用，完善种植、酿造、深加工、包装、储运、生态保护等全产业链的技术标准，创建国家葡萄酒全产业链标准化示范区。

葡萄园建设标准。开展葡萄园标准化栽培与管理规程的研究，建立智能化、数字化葡萄园的基础数据库，研发适宜贺兰山东麓产区葡萄园管理的智能化控制技术体系和预测模型。另外，需要在建设有机高标准的葡萄园中，对葡萄种植过程中农药及肥料的使用种类以及使用量制定相关标准。

葡萄酒酿造工艺标准。《加工用葡萄》（NY/T 3103—2017）是目前唯一专用于酿酒、制干用葡萄的标准，对于葡萄原料提出基本要求并根据酸度和糖含量提出简单分级制度，因此，需要加强葡萄原料品质指标的评价。另外，对于葡萄表面的农药残留以及重金属污染物的种类以及限量范围信息不完整，且与国际葡萄与葡萄酒组织中的规定有一定的差距。所以，需要进一步完善标准并不断更新分析检测技术，提高检测的灵敏度以及准确性。

葡萄酒的质量等级标准。目前葡萄酒的质量等级由大多数企业根据葡萄树龄、窖藏方式等自行判定，葡萄酒质量分级标准缺乏第三方认证，不具有权威性，甚至造成个别产品鱼目混珠，扰乱市场健康发展秩序。

葡萄酒质量安全标准体系。《葡萄酒》(GB 15037—2006)是目前中国葡萄酒产品监管及检测所依据的权威标准,但随着产业发展也发现其中有些不足的地方:①除了感官指标没有其他特征指标,例如 OIV 法规中还有对有机酸、多酚、单宁等多种主要风味成分的检测,这些指标有助于葡萄酒的真伪辨别和质量监控。②没有明确对农药残留限量值提出相应的规定。③食品添加剂的使用也是酿酒工艺中决定葡萄酒品质的重要因素,目前标准中涉及的食品添加剂种类有限,而生产中采用的新型食品添加剂未在标准的范围内。食品添加剂的使用量需要和国际标准进行比较,将使用量控制在合理范围内。④对于葡萄酒中的微生物和生物毒素的相关规定需要加强完善,增加有害物质检测方法和限定范围。

1.4.3 宁夏贺兰山东麓葡萄酒全产业链的绿色发展战略

1. 明确产区定位和区域化

通过进行贺兰山东麓不同产区风土条件、不同品种酿酒葡萄品质形成规律及影响因素的研究,建立产区不同区域风土特点、酿酒葡萄发育与品质、葡萄酒风味与风格数据库,进行科学合理的品种和酒种区域化布局,树立中国葡萄酒产区产业发展的典范。此外,通过实现产区葡萄品种以及葡萄酒品种区域性布局,准确定位各产区发展品种、酒庄酒品质和市场消费群体。

1)改善绿色生态环境系统

2020 年,习近平总书记在听取贺兰山生态保护和环境综合整治情况汇报时指出,贺兰山是我国重要自然地理分界线和西北重要生态安全屏障,维系着西北至黄淮地区气候分布和生态格局,守护着西北、华北生态安全;要加强顶层设计,狠抓责任落实,强化监督检查,坚决保护好贺兰山生态。总书记还指出,宁夏要把发展葡萄酒产业同加强黄河滩区治理、加强生态恢复结合起来,提高技术水平,增加文化内涵,加强宣传推介,打造自己的知名品牌,提高附加值和综合效益。

《宁夏国家葡萄及葡萄酒产业开放发展综合试验区建设总体方案》明确提出贺兰山东麓生态保护工程需建立健全防护林长效保护机制。把综试区建设、葡萄酒产业发展与加强黄河滩区治理、加强荒漠化生态恢复结合起来,加大环保设施投入和科技研发投入,积极探索葡萄园生态补偿模式和机制,加强污染物源头管控,构建绿色循环的生态环境体系。

因此,宁夏贺兰山东麓葡萄酒需要通过实现绿色发展战略来解决全产业链中存在的问题,需要立足于贺兰山东麓产区的气候、土壤、品种与技术工艺等条件,充分挖掘宁夏贺兰山东麓产区的生态优势,强化产业经济与生态的良性循环,坚持绿色发展理念，推动葡萄酒产业转型升级，走"强化风格，提高质量，降低成本，节能减排"的可持续、绿色、高质量发展的路线。

2）提升生态系统质量和稳态

着力提高生态系统自我修复能力和稳定性，守住自然生态安全边界，促进自然生态系统质量整体改善。生态葡萄栽培专注于培育健康葡萄，能够抵御病虫害并健康地自然生长，而不是保护葡萄免受各种可能的伤害，这就意味着必须建立健康和平衡的土壤生态系统。健康的土壤是生态葡萄栽培的起点，土壤为葡萄提供营养，必须保证和改善其良好的特性和生态平衡，这样才能真正保护葡萄园的生态多样性，形成良好的生态系统。

健全和完善生态安全屏障体系。宁夏位于黄河重点生态区，主要面临土地荒漠化、盐碱化和水土流失等严重的生态问题，而葡萄种植则充分利用了荒地资源，酒庄绿化及防护林建设也提高了产区森林覆盖率。葡萄园"浅沟种植"应成为贺兰山东麓最大的洪水拦蓄工程，酒庄及葡萄园成为贺兰山东麓靓丽的风景线和独特的生态屏障。

加大土地荒漠化监测和防治力度。土地荒漠化是长久以来制约宁夏地区农业发展的主要生态环境问题之一。可按照基地面积 10%～15%的比例建设葡萄基地防护林，选择防护效果好、抗逆性强、耐旱节水的合适树种，通过实施葡萄生态林先行区建设等措施推进荒漠化防治。另外，加强葡萄酒产区内酒庄及企业的绿化建设，降低土地沙化程度，改善产区整体生态环境。

3）持续改善环境质量

首先，加强对宁夏产区清水河等黄河支流以及重要湖泊的综合治理、污染防治。其次，加快产区生活以及工业污染处理设施建设，对于现有的污水处理厂进行改造并淘汰部分不能正常运行的污水处理厂，引进先进污水处理技术，将排放标准达到一级 A。建立土壤环境质量管理系统，时刻监测葡萄种植基地的土壤环境，降低施肥和农药残留。最后，禁止在葡萄酒产区内或者周边发展高污染、高耗能以及不符合环保要求的企业。

另外，宁夏政府强化绿色发展的法律和政策保障。实施有利于节能环保和资源综合利用的税收政策，并加强贺兰山东麓葡萄酒产区及周边区域的环境保护和治理，建立和完善酒庄企业在生态环境保护和生态建设之中的补偿机制，支持酒庄建立葡萄园防护林和园林式酒庄。

2. 健全绿色技术创新体系

绿色科技创新是引领绿色发展的核心驱动力，是绿色发展和生态文明建设有效衔接的系统保障。目前，宁夏贺兰山东麓葡萄酒产区存在的主要问题之一是创新能力总体不强，投入和产出失衡，缺乏科技创新生态链上的总体布局和规划，高新技术人才严重短缺。因此需要深入实施创新驱动发展战略，加快绿色发展科技自主创新，构建绿色发展技术体系，推进绿色技术发展平台以及绿色农业循环发展。

《宁夏回族自治区科技创新"十四五"规划》中对葡萄酒产业的技术创新提出重点攻关方向：围绕打造贺兰山东麓"葡萄酒之都"，针对贺兰山东麓葡萄酒风格特征典型性弱、酿造成本偏高等问题，重点支持开展防霜冻抗寒旱、生态化智慧化种植和酿造等关键技术研究与应用，筛选具有地域特征的优良本土酿酒酵母和乳酸菌菌种，建立具有核心品质组分积累的关键靶向栽培调控与定向酿造技术支撑体系，固化贺兰山东麓产区葡萄酒风格类型，开发适合国人不同口味需求的多元化葡萄酒产品。

1）酿酒葡萄种质资源的开发利用

目前，宁夏贺兰山东麓葡萄酒产区存在的主要问题是种质资源单一且依赖国外引进、缺少本土品种，以及多种原因造成的低产。因此实施种业科技创新行动，优化特色优势产业新品种的选育工作。

首先，推进优质苗木引进与繁育。引进、筛选、培育风味品质优良、萌芽晚、耐高热强光、抗寒旱与抗病害的优质品种，建立优质无病毒苗木繁育体系，加快优良品种的基地化种植推广。

其次，加快开展抗寒、抗旱、抗碱、耐热优质品种的育种研究。目前宁夏贺兰山东麓葡萄酒产区种植的葡萄品种多为引进的欧亚种，没有本地葡萄品种，需要埋土防寒过冬，为葡萄酒的生产增加了管理成本和人工成本。因此，抗寒葡萄新品种的培育对我国葡萄酒产业发展意义重大。对于抗寒品种的培育，可以利用北美葡萄种质资源和我国特有的葡萄种质资源以及抗生物与非生物胁迫葡萄新品种。另外，酿酒葡萄的种植品种单一，造成该产区葡萄酒同质化严重，因此，要结合贺兰山东麓葡萄酒产区的风土特点，尊重葡萄的自然属性，培育适宜于该产区的风格多样化的品种品系。

最后，加快酿酒葡萄防霜冻、抗寒旱关键技术的研发与应用。研究制定利用高效预防霜冻和寒旱的葡萄种植区防护林建设技术方案；培育筛选根系提早萌动的优良砧木品种；研发应用安全性高、成本低的新材料及应用技术替代埋土越冬。

2）绿色葡萄园的建设和升级

宁夏贺兰山东麓葡萄酒产区应坚持葡萄园是"第一生产车间"的理念。为了实现全产业链的绿色发展标准化，需要对旧葡萄园进行升级改造，按照标准化要求建设高标准的新型葡萄园，实现葡萄园的智慧化管理，为宁夏贺兰山东麓葡萄酒产业的发展提供有力保障。

(1)旧葡萄园的升级改造。

许多旧葡萄园种植传统的品种、栽培方式以及管理方式不当,造成效益低。另外,由于自然灾害过后补救措施不当,葡萄树衰弱、葡萄质量和产量均较差。为了提高葡萄的产量质量和对葡萄园进行有效管理,需要对低质旧葡萄园进行改造升级。采用"一清三改"技术实施改造后,每亩葡萄产量可达 600~800 kg。"一清"指每年葡萄出土后再在行内往下清土 10 cm 左右,迫使葡萄根系生长下移,用 2~3 年的时间可以让葡萄变成 25 cm 左右深的沟状栽培,可以方便减少灌溉与埋土用工量;"一改"指将浅施有机肥改为深施有机肥。每年土壤深施肥时,将施肥深度控制在 60 cm 以下,引导葡萄根系向深处生长并改变根系生长分布状态,当葡萄根系生长深度达 1 m 以下时可以避免冬天极端低温对葡萄根系的冻害。"二改"指将葡萄藤蔓直立上架改为斜上架,藤蔓 45°倾斜上架。目前,宁夏贺兰山东麓产区还有很多葡萄园采用独龙干型和多主蔓扇型两种整形方式,但是这两种方式无法保证葡萄果实品质和成熟期的一致性,而且也很难实现机械化管理,因此推广"厂"字形整型方式,可以实现"营养带、结果带、通风带"三带有效分离,还便于机械化管理和秋季埋土越冬。"三改"指葡萄园大水漫灌改为沟灌,清土后形成沟,可进行沟状灌溉,可节约三分之一的灌水量。

对于新引进的品种可能由于对环境或者气候的不适应形成"小老树"或者"脱节树",需要对整个葡萄树进行整形修剪,在主蔓上选择一个强壮的新梢作为延长梢,代替弱延长梢,以增强生长;另外加强土壤的改良,促进根系生长并增施肥料和防治有害病虫。对于行间距较宽(大于 4 m)且品种较差的葡萄园,可以在行间开沟栽培新的适应品种苗木,到第三年的时候可将旧品种挖除,促进新品种挂果。近几年的冻害等自然灾害频繁发生,植株冻死后选择补植其他品种,造成品种混杂。为了实现统一管理,以及保证品种纯正,可采用嫁接或者替换方式更换主栽培品种。

通过旧葡萄园的改造,可有效推进宁夏产区酿酒葡萄种植的标准化,实现智慧化管理,提高葡萄质量,增加产量,为提高产区葡萄酒的竞争力提供有力的技术支撑。

(2)建造高标准新葡萄园。

宁夏贺兰山东麓葡萄酒产区未来 15 年的规划是创建 100 个规模 500 亩以上的标准化优质酿酒葡萄基地。对于高标准新葡萄园的建设,从葡萄园规划、整地标准、苗木品种、种植技术、栽培管理等多方面实现标准化,制定相关的标准规则,使园区栽培管理模式由传统分散的种植模式向标准化、集约化、机械化和智能化方向转变;加强标准化原料基地建设,建立健全葡萄种植管理体系,不断规范葡萄种植的技术规程和操作规范,促进葡萄园区土、肥、水等栽培管理的精准化,加大葡萄园水、肥一体化技术的研发投入，大力推广根域局部干燥灌溉、调亏灌溉和风-光互补节水灌溉技术，从源头提升酿酒葡萄的质量，由高产、稳产向节本、优质、绿色、高效发展。

其次，需要加强葡萄酒产业发展的市场调研，实现酿酒葡萄品种优良化和栽培区域多元化，建立符合市场规律的集种植、酿造、加工为一体的生产经营模式。

另外，需要革新病害防治技术。目前田间防治方法通常采用化学药剂防治，虽可高效抑制病害，但也易产生抗药性，长此以往削弱了防治效果，且化学防治手段不利于环境保护，残留药物会危害人体健康。宁夏贺兰山东麓葡萄酒产区作为中国最重要的葡萄酒产区之一，政府应当制定相应的环境保护政策，对葡萄原料上的化学残留进行限定，采用生物防治等绿色病害控制技术。

(3)实现葡萄园智慧化管理。

建设智慧化葡萄园的前提是实现葡萄园机械化管理。酿酒葡萄的采收和藤蔓的埋土、出土工作繁重，而且劳动力成本逐渐增高。如果后续再发展 100 万亩优质葡萄园，劳动力明显不足，需要加强葡萄园机械化管理。德国研发的葡萄采摘机可以每小时采摘 15 亩，而且可以保证果实的完整性，大大提高了采摘效率，降低了劳动成本。但是国外的机械设备并不能完全适合于宁夏产区，因此要瞄准国内酿酒葡萄种植的特殊性和要求，研发适宜宁夏贺兰山东麓葡萄酒产区的自动化埋土/出土、剪枝、采摘等专用农机装备。

建设智慧化葡萄园的核心是开发和建设管理系统平台，加大互联网、物联网、区块链、大数据和人工智能等先进技术的应用力度。推广葡萄园气象监测、葡萄表型、土壤环境成分、水肥病虫诊断等实时监测一体数据库，以及智能管控系统监测葡萄园葡萄树和果实的情况并做出迅速处理方案，实现对水、肥、药精准管理以及生物调控和产量预测，构建农机农艺智能作业的智慧管理平台。创建葡萄园生态建园技术体系和模式，实现可持续生态栽培。

(4)酿酒葡萄栽培与农艺结合。

目前产区酿酒葡萄栽培管理与农艺出现脱节的现象。一方面，酿酒葡萄的栽培管理方式采用国内传统种植方式，没有充分结合宁夏产区的风土特征改进栽培管理方式；另一方面，缺乏专业的技术人员对酿酒葡萄种植技术的指导，对于中小企业或者酒庄，基本上是酿酒师同时担任葡萄园的管理，缺少先进技术的推广。因此，实现酿酒葡萄栽培管理与农艺有效结合，提高葡萄质量和产量，为葡萄酒的酿造提供优质的原料。

李华教授提出极简化生态葡萄栽培体系，通过极其简单化的操作保障葡萄在栽培和加工过程中始终处于最佳状态，在葡萄栽培和葡萄酒酿造过程中均尽量避免不必要的添加物和污染物、尽量减少不必要的处理、尽量缩短各种处理的时间。应把极简化和生态栽培结合到贺兰山东麓产区，形成树形控制、物理疏花疏果、行内枝条覆盖、冬季挂(留)枝为核心的极简化生态葡萄栽培体系,提高葡萄产量、稳定产量,改善土壤,调节葡萄园微气候,固碳固氮,提供病虫害天敌天然的庇护所,防止病虫害传播,把葡萄园真正变成景区和景观。

宁夏贺兰山东麓葡萄酒产区主要病害有霜霉病、白粉病和灰霉病。为了实现葡萄原料的真正有机,有必要推进生物防治相关的科学研究并推广应用。生物防治是利用有益的生物或其代谢产物防治有害生物的一种绿色防治方法,优点是对人畜安全、没有残毒,对环境和果品没有污染,对有害生物不产生抗性,不破坏生态平衡,经济有效。葡萄不论用于鲜食还是加工,绿色无公害是非常必要的,因此做好葡萄园内的生物防治至关重要。要实现安全生产及化学农药使用量减少的目标,就必须构建环境友好型生物控制系统。

3)构建葡萄酒绿色酿造技术体系

宁夏产区葡萄酒产业采用传统工艺办法,缺乏针对原料和产品提出精准酿造工艺及其所调控的精准性指标。因此,应研发多元化的具备典型风格的葡萄酒酿造工艺和技术,通过现代酿酒的生物学技术来改进发酵性能,改善葡萄酒工艺,提升葡萄酒的感官质量,增进葡萄酒的健康功能以及控制有害微生物和腐败微生物等,培育具有自主知识产权的葡萄酒酿造微生物,从而构建贺兰山东麓葡萄酒智慧化定向酿造技术体系。

(1)酿酒微生物种质资源整理与挖掘。

微生物(酵母和乳酸菌)是葡萄酒发酵的核心和关键,优质葡萄酒的生产依赖于优良微生物发酵制剂。我国葡萄酒酿造生产采用的酿酒微生物,长期被国外垄断,国内缺少具有自主知识产权的葡萄酒酿造微生物,因此酿酒微生物种质资源的开发成为我国葡萄酒行业的关键技术难题之一。

首先,应根据宁夏产区的风土特征,大力推进本土葡萄酒酵母的研发和使用,开发多款具有宁夏产区风土风格的葡萄酒。在2016年举办的布鲁塞尔国际葡萄酒大奖赛中,新疆产区唐庭霞露酒庄使用中国本土商品化酵母 CEC01 酿造的北庭'赤霞珠'干红葡萄酒获得大金奖。近几年,宁夏产区的企业和酒庄也采用本土优质酵母CECA用于生产,发酵得到的葡萄酒色泽、口感以及风味均尚佳。CEC系列酵母的发酵特性在多项指标中都显著优于进口商业菌株。

其次,应加强对非酿酒酵母的选育及混合发酵的研究。单一商业酿酒酵母使葡萄酒的特性趋于单一化,不能完全体现葡萄酒风味的复杂性和产地特色。非酿酒酵母的发酵可通过增强发酵过程中香气化合物的形成或者释放来改善产品的感官质量,但不同的非酿酒酵母在香气形成的过程中具有显著的差异。酿酒酵母和非酿酒酵母混合发酵可以改变特定化合物的含量、增强果酒的风味特征、降低酒精度、控制引起果酒破败的微生物以及提高果酒的整体感官质量和复杂性。因此将酿酒酵母和非酿酒酵母混合进行葡萄酒发酵可以酿造出色泽更加稳定、香气更加丰富独特、口感更加复杂的葡萄酒。因此，应强化本土非酿酒酵母的筛选分离，研究酿酒酵母和非酿酒酵母的混合发酵以促进发现葡萄酒香气形成的规律，提升宁夏产区葡萄酒的香气特征，研发多种风格的葡萄酒产品。

(2) 葡萄酒与微生物风土的研究。

葡萄与葡萄酒"风土"的概念是指在某一特定地区，可识别的物理和生物环境以及所应用的葡萄与葡萄酒技术之间的交互作用，使来自该地区的产品具有独特的个性(风格)。葡萄酒"风土"可理解为土壤类型、地理地形、气候、景观特征和生物多样性特征等所有自然因素的总和。影响葡萄酒质量和风格的因素除了环境因素，还包括葡萄品种、栽培管理方式、酿造微生物以及酿造技术和陈酿方式等因素。我国葡萄种植面积广阔，葡萄栽培地区的生态地理条件复杂多样，不同产区的葡萄酒风格具有地域差异。因此，应充分结合宁夏贺兰山东麓产区独特的"风土"特征，探究、诠释各产区葡萄酒的风土特征，并通过与之相适应的技术标准化各产区的葡萄酒，酿造世界上独一无二、独具风格的葡萄酒，才能使我国葡萄酒百花齐放，满足消费者多元化和多样性的消费需求。

目前对"微生物风土"与葡萄酒感官质量的关系解析的研究处于初步阶段，各产区的微生物群差异较大，微生物风土具有区域性；同一葡萄品种在不同产区之间的原核微生物多样性差异显著；同一葡萄品种在不同年份之间的真核微生物多样性差异也较显著。此外，酵母在不同生态位呈现出不同的菌群结构特征，但微生物群落结构的差异是如何影响葡萄酒香气的仍然是未知的。因此，建议引入基于微生物的功能生态学研究，可深入了解葡萄酒微生物的群落形成、环境互作、生态功能以及对环境变化的响应等。

(3) 以葡萄酒风格为导向的发酵与控制。

葡萄酒酿造微生物群落的生态学解析，可为建立中国葡萄酒风格塑造技术体系打下基础。通过不同产区微生物多样性分析、代谢物风味特征解析、发酵过程中的微生物群落组成和结构分析、发酵微生物的代谢功能差异分析、发酵功能菌株的筛选与应用研究、功能菌菌株的发酵效果验证等方面研究葡萄酒发酵过程的微生物互作关系并确定功能。依靠大数据和人工智能技术建立葡萄酒特征风味网络，可解决风味问题、优化已有风味、预测可能风味、开发新型风味，可以建立代谢物与风味评价之间的联系。通过人工神经网络建立非靶向代谢组学技术监测的差异物质构成与葡萄酒感官评分之间关系的数学模型，降低对人工感官品评的依赖程度。

(4) 开展发酵陈酿等设备的研发。

国内企业和酒庄采用的葡萄酒发酵设备基本上来源于意大利和法国，尤其是发酵罐和陈酿橡木桶，而对于国产除梗破碎机、压榨机、过滤机和罐装系统，虽然与国际水平有一定的差距，但基本上满足了国内葡萄酒企业的需求，因此在市场上覆盖率可达 98% 以上。目前，国内葡萄酒发酵陈酿设备生产企业存在的问题在于：绝大多数企业只是对产品进行简单的仿制，缺乏自主开发产品；新产品开发以及产品升级换代速度慢；生产的设备质量与国际水平具有一定差距。因此，需要加强葡萄酒生产设备的研发和生产，降低生产成本，提升竞争力。

橡木桶在葡萄酒陈酿过程中发挥着重要作用，橡木桶的木质具有透气的功能，微量空气的进入使酒体发生适度的氧化作用，从而变得更加圆润。橡木桶的香气和单宁也可融入葡萄酒中，丰富葡萄酒的香气并改善酒体的色泽。因此，首先，需研发橡木桶的替代品，研究陈酿阶段不同材质、不同纹理的橡木桶对陈酿葡萄酒感官品质的形成和演变的影响及机制，研发具有橡木相似透气特性等功能的新型复合材料及装备，例如樱桃木、金合欢木等；其次，合理使用橡木桶，延长橡木桶的寿命，结合微氧技术进行陈酿。

(5)研发葡萄酒品质劣变绿色控制技术。

葡萄酒的酿造过程是由酵母、霉菌和细菌等微生物综合作用的复杂过程。发酵过程的有害微生物大部分来源于葡萄原料和发酵设备，若发酵过程中管控不当，会导致发酵环境中的有害微生物进入葡萄酒，对产品的风味、质量的稳定性产生不利影响。

目前葡萄酒生产中最常添加二氧化硫(SO_2)来控制有害微生物，抑制葡萄酒生产过程中的多酚氧化酶活性。但是，饮用暴露于 SO_2 的葡萄酒可能对健康产生不利影响，由 SO_2 衍生的化合物(即亚硫酸盐)引起的过敏症变得越来越常见，例如哮喘患者出现头痛、恶心、胃部刺激和呼吸困难等症状；而且有机葡萄酒中 SO_2 限量比一般葡萄酒更为严格。

研究者采用高静水压、紫外线辐射以及脉冲电场等物理方法处理葡萄酒，替代 SO_2 的使用，用紫外线处理的葡萄汁能够在不改变葡萄酒基本化学参数的情况下，在相同程度上防止葡萄酒变质，脉冲电场作为非热杀菌技术可在甜白葡萄酒的生产中停止发酵，并减少褐变。非酿酒酵母具有增香潜力，同时具有拮抗作用，可有效控制引起葡萄酒破败的有害微生物，应加快混菌发酵技术的研发和应用，实现葡萄酒酿造真正意义上的零添加。

3. 推进绿色农业循环发展

《"十四五"循环经济发展规划》强调全面推行循环经济理念，构建多层次资源高效循环利用体系等任务。应深入推进产区循环化改造，补齐和延伸产业链，推进能源资源梯级利用、废物循环利用和污染物集中处置。

葡萄酒酿造过程中产生的废弃物主要是葡萄皮渣和废水等，其中葡萄皮渣占总质量的 25%~30%，主要由葡萄皮、籽和果梗构成，一般有专人回收，除少部分回收提取功能性物质外，主要用作喂羊、晒干分离葡萄籽或直接施入田中作肥料，附加值很低，还有少量被当作垃圾随处堆放、倾倒，不仅造成葡萄皮渣利用方式单一、利用率低等问题，还使环境受到一定污染。越来越多的国内外研究者开始对葡萄皮渣的综合利用进行探索和研究，主要集中在有效成分的提取、发酵产品的开发以及有机肥料和饲料的制备等，产品在食品、化妆品、医疗保健等行业都有广泛应用。

1）有效成分的提取

葡萄皮渣中含有的酚类物质、酒石酸、葡萄籽油、膳食纤维、维生素等均可以深加工提取，实现高值化利用。尤其酚类物质具有很强的抗氧化、抗癌等功能，其产品可以应用于化妆品和医疗保健。葡萄中的多酚类物质主要集中在果皮和种子，目前对白藜芦醇、单宁、原花青素等多酚类物质的提取已经实现工业化生产，酒石酸是一种多羟基有机酸，广泛应用于食品工业、化学工业和医药行业。

葡萄纤维素是一种良好的膳食纤维，主要成分是木质素、多聚糖以及含氮化合物等。膳食纤维具有降血糖、降低癌症发病率、改善肠道环境、降胆固醇以及预防心脑血管疾病等多种功能。果胶是食品中的重要添加剂，可作为胶冻剂、增稠剂和稳定剂，也可用于药品和化妆品的生产。

葡萄籽油是由酿造葡萄酒或果汁压榨的副产物葡萄籽进一步加工获得的，其中不饱和脂肪酸占总脂肪酸的91%以上，亚油酸和油酸是主要组成成分，还含有大量的生物活性成分，包括维生素E、植物甾醇、多酚、角鲨烯和类胡萝卜素等，使得葡萄籽油具有较高的营养保健作用，可以增强免疫力、调节机体新陈代谢、抗癌、降低胆固醇，具有减肥、调节血糖和血脂、延缓动脉粥样硬化以及抗氧化等功能。

2）发酵产品的开发

对葡萄酒酿造过程中留下的果皮、果籽和果梗进行蒸馏，开发具有宁夏产区地方特色的渣酿白兰地，因此其也被译作"渣酿白兰地"或"果渣白兰地"。我国一些生产企业也会先将葡萄皮渣调整糖酸及pH值进行发酵，发酵结束后采用"掐头去尾"的方式进行蒸馏，将其直接储存在橡木桶中制得皮渣白兰地。产区葡萄皮渣丰富，在"渣酿白兰地"方面大有潜力。

葡萄酒果醋主要是以葡萄酒或者皮渣等副产物为原料在优良醋酸菌的作用下用现代生物技术酿造而成，可作为葡萄产业链的补充。有研究者采用葡萄发酵后的皮渣酿造出感官指标和微生物指标均符合国家标准的葡萄醋。在宁夏贺兰山东麓葡萄酒产区，对葡萄皮渣酿造葡萄醋的研究开发不仅有利于提高葡萄的加工利用价值，而且可以减少以粮食为原料的食醋酿造，还可以提供葡萄醋产品。

葡萄果渣酵素是以葡萄皮渣为主要原料，利用微生物发酵得到的具有营养价值和保健作用的产品。葡萄果渣酵素从原料到发酵工艺不仅保留了葡萄皮渣本身的营养价值，而且通过微生物发酵不断产生新的活性物质，对人体新陈代谢起到良好的促进作用。

葡萄皮渣中含有丰富的可被人体利用的可溶性膳食纤维和具有持水力、膨胀力和吸附作用的不溶性膳食纤维，有研究以葡萄皮渣利用乳酸菌发酵法提取不溶性膳食纤维或以保加利亚乳杆菌和嗜热链球菌混合菌种发酵提取可溶性膳食纤维。

3）有机肥和饲料的制备

研究发现，在宁夏贺兰山东麓葡萄酒产区施用有机物肥料可以有效改善土壤环境、降低土壤容重、增加土壤总孔隙度，有利于提高土壤的通气性和保水能力，提高土壤的田间持水量，利用葡萄酿酒后的废渣生产具有较高生物活性的有机复混肥，既能够改善当地土壤的物理结构，产生良好的肥效，又对促进葡萄生长和提高果实品质具有显著的作用，具备良好的市场开发前景。还有研究发现，利用白腐真菌、黑曲霉复合菌种，接种量为20%时进行葡萄皮渣固态发酵，制成的有机肥腐殖酸含量、全磷含量最高，全氮含量较高。

葡萄皮渣常通过烘干、晾晒及微生物发酵的方式处理，得到的饲料在单胃动物和反刍动物喂养中都有使用。在黄麻鸡食粮中添加 20%的葡萄籽，有利于鸡呼吸系统的健康，具有促进鸡生长作用，并且能提高鸡的免疫能力。对绵羊饲喂含有发酵葡萄渣颗粒的饲料，具有增加过瘤胃蛋白和改善绵羊氮利用效率的潜在益处，并建议在育肥羊饲粮中补充葡萄籽酿酒残渣，且在总摄食量中不超过 12.5%。因此，葡萄皮渣作为动物饲料应用不仅解决了困扰葡萄酒厂的废弃物排放问题，而且节省了常规饲料资源，其中的一些活性成分还有利于动物生长和机体代谢。

4）生物净化发酵废水

葡萄酒生产过程中产生的废水主要来源是发酵废水、清洗废水和灌装废水。目前，国内外葡萄酒生产企业处理废水的主要方法有：物理净化方法，包括吸附、静止挥发、格栅拦截过滤、重力沉降、离心等；生物净化方法，包括好氧生物处理法、厌氧生物处理法、厌氧和好氧联合法、生物自然净化法等。废水因葡萄品种、生产工艺和储存方式的不同而异，但普遍存在有机物含量高、色度高、固体颗粒含量高等特点。葡萄酒废水一般含有泥沙、皮渣、糖、酸、酒精、多酚类物质以及酵母菌等。

根据葡萄酒生产过程中破碎压榨、倒灌、过滤、灌装阶段产生的废水特点及性质，有研究者总结了典型葡萄酒废水处理工艺，包括厌氧处理工艺、好氧处理工艺、物理吸附法以及高级氧化处理法。有研究提出利用周期循环活性污泥系统(CASS)处理葡萄酒废水，该技术同时具有脱氮除磷的效果且工艺简单、经济有效。

酒庄、企业等葡萄酒经营主体应根据工厂葡萄酒的生产特点、运营经费和周边环境，采用符合自身实际情况的废水处理工艺，从而完善葡萄酒生产环节。

4. 强化绿色发展科技支撑平台

1）建设绿色科技创新平台

（1）建立葡萄酒国家级技术研发中心。针对目前宁夏产区葡萄酒产业发展限制的关键技术，加大科技研发投入，建设集理论、实验、生产、研究于一体的中国葡萄酒技术研发中心，需要解决如下关键技术问题：①葡萄品种种质资源挖掘与保护。加快引进酿酒葡萄品种的筛选，培育适宜宁夏产区种植条件的优良品种；建立种质资源库，实现本土且具有抗性酿酒葡萄品种的研发育种；完善产区酿酒葡萄品种园、采穗圃、繁育圃等种苗繁殖基地。②葡萄酒微生物资源挖掘与保护。建立我国葡萄酒微生物资源库，实现本土酿酒微生物资源的保护、开发、共享；加速本土优良酵母和乳酸菌的育种工作，实现酿酒功能细分，满足市场需求；基于我国本土微生物的酿酒辅料开发，形成覆盖葡萄酒生产全链条的辅料技术体系和产业链。③典型风格葡萄酒酿造工艺方法与混酿关键技术研发与应用。研究挖掘葡萄酒风格特征和品质组分、酿造工艺、配套装备、风味组分规律及精准调控技术，构建多元化典型风格酿造工艺方法和混酿技术体系。开发基于风土的起泡酒、干型酒、半干型酒和白兰地等酒种及其关键技术工艺。④开展发酵陈酿等设备的研发。加强与先进设备制造企业的技术交流，并结合宁夏产区的实际情况，研发具有中国特色的仪器设备，摒弃对进口设备的依赖。⑤探索生态治理新技术。依托贺兰山东麓戈壁荒滩酿酒葡萄种植带，建立防风固沙生态屏障。探索利用网状种植沟，打造"海绵"葡萄园，增加土壤蓄水能力，降低洪灾风险。鼓励利用填埋枝条培肥改良土壤或利用葡萄枝条作为生物质燃料，促进枝、叶等废弃物和废水、废渣的资源化利用，重构荒漠生态农业新产业。

（2）构建开放型科技创新体系。坚定不移推动开放创新、加强东西部科技合作、拓展对外科技交流途径、构建协同创新共同体。完善东西部科技创新合作长效机制、拓展国际科技合作与交流渠道、提升东西部科技合作层次。构建开放型科技创新体系的重点任务：①协同共建高水平东西部科技合作载体。吸引国家级科研机构、一流大学来宁设立分院分所、产业技术研究院，合作共建新型研发机构。支持区内创新主体在东西部地区大院名校建立异地研发中心（实验室）或其他科技合作平台。②搭建东西部科技合作创新信息共享平台。建立集线上展示、线上对接、线上咨询为一体的东西部科技创新合作综合信息共享平台，为目标客户开展科技项目、科技产品需求对接提供线上服务，为创新平台、研发团队和专家创新合作提供跟踪服务。③提高国际科技交流合作服务水平。落实"一带一路"

科技创新行动计划，在"一带一路"沿线国家布局建设一批双边技术转移中心、协作网络工作基地和联合实验室。拓展国际科技交流合作领域和层次，实施一批国际科技合作项目，引进一批先进适用成果和关键核心设备。

2）建设质量监测平台

目前宁夏产区葡萄酒的标准体系仍然不完善，为了防止出现掺假、仿冒等产品质量和真实性问题扰乱葡萄酒市场、损害葡萄酒产业已经建立起来的品牌形象，需加强对葡萄酒产业各个环节质量的监测预警。

需要建设国家级葡萄酒质量检验检测中心，实现对产区的酿酒葡萄以及葡萄酒产品进行评估检测，稳定葡萄酒产品的高质量，保障消费者的合法权益。检验检测中心的主要任务包括推进葡萄酒质量监测管理体系的完善、建立符合中国产区的葡萄酒质量标准；承担产区葡萄酒质量的监督抽查、统一检测、新产品鉴定检测；开展葡萄酒检测技术和方法的研究以及技术服务；葡萄酒质量纠纷仲裁检验和葡萄酒质量委托检验。支持企业酒庄建立检验检测实验室(中心)，形成第三方检验与企业自检相结合的葡萄酒质量检验检测体系。

3）建设科技资源开放共享服务平台

首先，建设数据资源共享平台。创建葡萄种质资源数据库和葡萄酒微生物资源库，为分子育种和本土微生物资源开发提供信息服务平台，应完善大型科学仪器共享服务平台。

其次，建设科技成果转化服务平台。加强与国际一流科研院所引智引技合作，引领产业转型升级和提质增效，促进葡萄酒产业科技自主创新和成果转化水平。鼓励将符合条件的由财政资金支持形成的科技成果许可给中小企业使用。推进创新创业机构改革，建设专业化、市场化技术转移机构和技术经理人队伍。

再次，建设技术支持服务平台。为企业酒庄的葡萄种植以及葡萄酒酿造等生产线提供技术支持，加强企业酒庄的快速发展。主产县建设一批乡级农民技术骨干培训学校，广泛开展技术培训，把一些经营理念、先进实用技术传授给农民，切实提高农民经营葡萄产业的素质和水平，提升葡萄及葡萄酒产业发展的整体水平。

最后，建设生产设备租赁平台。鼓励第三方平台为生产企业提供专业化服务，促进分工协作和资源合理配置。例如中小企业可以实现生产设备的租赁，降低中小企业的生产成本。

4）建设产业智能化数据平台

建设葡萄酒产区基础资源数据库。利用《宁夏贺兰山东麓葡萄酒产业高质量发展"十四五"规划和 2035 年远景目标》、农村土地承包经营权确权登记等数据，建设贺兰山东麓葡萄酒产区基本信息数据库，对葡萄原料基地面积、品种、树龄、保存率、空间布局及酒庄企业等进行登记，建立产区葡萄酒产业大数据库；细化产区技术标准，建立生产技术标准体系数据库，为产区提供实用有效的技术指导；建立产区葡萄酒全产业链大数据库，梳理产区像橡木桶、酒塞、酒标、包装箱等物品的市场来源、价格、缺点等市场信息库。

建设智慧葡萄园管理系统。加快推广葡萄园气象监测、无人机辅助水肥病虫诊断、水肥电子调控、葡萄产量预估等电子信息技术，从出埋土预测、生产调控到产量预测，实现智慧化管理。

建设葡萄酒庄智能酿造系统。现代信息技术可以在酿造工艺流程设计、酿造智能控制方面发挥很好的作用。一是葡萄酒酿造中的应用，群体数据处理方法适用于非线性、复杂或者鲜为人知的过程，它将构建一个多项式模型，可将数据处理方法与神经网络进行融合，进而预测酒精发酵动力学，如美国加利福尼亚开发的"Miracle Machine"。二是在品酒中的应用，AI 品酒师能够直接获取真实可靠的统计数据，消费者可以根据 AI 品酒师给出的葡萄酒成分和比重选出最适合自己口味的酒款。三是在侍酒中的应用，人工智能借助强大的数据库对数据的处理能力和对数据的忠诚度，结合消费者的消费偏好，可为不同消费者提供适合自己的葡萄酒推荐，如 iWine App、Wine App、也买酒和红酒世界等。

建设葡萄酒质量安全检测追溯数据库。通过与阿里云及京东等大型电商企业合作，依托人工智能、大数据、云计算、物联网、遥感等信息手段，以质量监管追溯与流通体系平台建设为重点，建立产区质量监管数字化、智能化数据中心和数字化交易平台。

5. 建设绿色发展人才队伍

葡萄酒产业是一个横跨一、二、三产业，覆盖20多个行业的多门类、多学科的产业。近十年来，宁夏产区葡萄酒产业得到快速发展，葡萄基地建设和酒庄建设已经初具规模，人才的需求正逐步从第一产业和第二产业过渡到第三产业。葡萄酒产业发展越来越需要"宽专多能"的复合型人才，所需岗位人才覆盖葡萄种植业、葡萄酒酿造业、葡萄酒营销和文化推广。在葡萄酒产业国际化趋势下，国际化人才需求也越来越强烈。随着葡萄酒产业的迅速崛起，葡萄酒专业人才严重匮乏，特别是具有国际竞争力的应用型技能人才更加稀缺。虽然目前宁夏大学、北方民族大学、宁夏职业技术学院、宁夏葡萄酒与防沙治沙职业技术学院相继开设葡萄与葡萄酒工程及相关专业，基本形成高、中、低不同层次的人才培养基地，但对于葡萄种植、酿酒师、品鉴师、检测员等专门性人才的培养质量、数量及结构层次远远不能满足产业发展的需求，制约了产业的发展，也制约了产区走向中国、走向世界的速度。

　　另外，葡萄酒产业人才评价和使用体系仍不完善。葡萄酒产业高等学历人才持证比率较低，这也使其在薪酬福利和晋升渠道方面受到一定的影响，特别是酒庄中人才评价方式单一，未能有效结合酒庄的生产实际，业绩考核未落到实处，评价与培养、使用、激励相结合的机制没有形成整体氛围。专门性人才的培养基地构建薄弱，技术工培养的基地更是数量少、规模小，高级技工的实际训练场地和设备也很少，难以满足人才培养需要。因此，人才的培养在宁夏贺兰山东麓葡萄酒可持续发展战略的实施中尤为重要。

　　为实现葡萄酒产业的绿色可持续发展，一是引进葡萄与葡萄酒专业人才，推进贺兰山东麓产业发展关键技术瓶颈的科研攻关，根据宁夏风土特点，着力解决葡萄区域化、标准化栽培及葡萄酒酿造的技术瓶颈问题；二是采用国外先进的理念，引进国外先进的设备、酿酒师和品酒师队伍，根据原料质量、环境条件、市场需求等情况，推进葡萄酒企业加工工艺技术标准体系建设；三是强化葡萄以及葡萄酒质量检测，积极建设国家级葡萄酒质量检测中心；四是加强人才培养，推进高校葡萄酒学院建设，为中国葡萄酒产业培养本土一流的葡萄及葡萄酒人才。

6. 提高绿色发展竞争力

　　2023 年上半年国产葡萄酒同比下滑 16.5%，但自 3 月起，下滑幅度明显收窄，5 月、6 月甚至与上一年同比持平，呈现了少有的止跌态势。同时，国内规模以上企业数量也在近两年趋于稳定，2022 年较 2021 年新增 3 家企业，总计达到了119 家。宁夏贺兰山东麓葡萄酒产区应加快葡萄酒全产业链的整合，促进产业集群化发展并壮大龙头企业，打造产区明星品牌，促进葡萄酒产业与旅游文化产业的融合发展，将宁夏贺兰山东麓葡萄酒产区的产品推向全世界。

　　1）加快全产业链整合

　　建议统筹发展、科学合理布局宁夏贺兰山东麓的葡萄酒产业，加快原料种植标准化、生产过程智能化、物流配送合理化、产品流向可追溯化、消费理念科学化，形成全产业链系统布局和有效链接，促进产业升级，引导产业走向特色化、价值化、优质高效、环境友好之路。

　　宁夏葡萄酒产业要坚持中国化的方向，调整优化产业体系、生产体系、经营体系。用推进标准体系提升质量优势来对抗成本上升的劣势；用推进现代化发展提高产品质量和服务质量来优化供给体系；用葡萄酒文化中国化、本土化培育产区品牌与葡萄酒的自主品牌，加快实现国产葡萄酒走向品牌国际化、产业提质增效、可持续发展。

　　酒庄（企业）作为葡萄酒产业发展主体，要转变思维方式，实现由资源占领型向价值创新型转变，从经销商思维、价格思维、渠道思维向共享思维、价值思维、资本思维转变。宁夏葡萄酒产业进入现阶段，更要突出资本与品牌对葡萄酒产业的整合提升功能，以实现优势资源与资本融合的聚变裂变，酒庄（企业）要做好价值链条中能增值的部分，促进宁夏葡萄酒产业全面转型升级。

2）促进产业集群化发展

葡萄酒产业链是第一、二、三产业融合发展的产业，产区要以优质葡萄种植基地为基础、以历史文化为灵魂、以旅游为手段、以中高档葡萄酒为核心，聚集多产业集群化发展。在产业发展过程中，培育各个产业领域的龙头企业。通过龙头企业带动整个宁夏产区，拓展国内外葡萄酒市场。另外，积极引导国内外葡萄酒龙头企业参与宁夏葡萄及葡萄酒产业发展，加快培育壮大加工龙头企业。

促进产业集群化发展，提升产区核心竞争力。建议利用国内外宣传平台，打造贺兰山东麓葡萄酒"紫色名片"。督促产区内大小酒庄协同发展，打造集群化产业基地。促进特色酒庄企业文化提升，将发展葡萄酒文化纳入宁夏文化产业建设规划。创新营销战略，快速抢占国内市场，加快国际市场输出。加强生产服务能力，创新夯实基地发展基础，制定清晰、合理的短、中、长期发展规划，既要符合中央的总体发展规划，又要结合自身的具体情况确定发展方向和发展目标。同时加大地区政府扶植能力，将本土优势转化成为与进口葡萄酒对抗的优势，转化成产品自身的优势、赢得市场的优势、获得消费者青睐的优势，完成产区核心竞争力提升的战略目标。

3）提高产区品牌知名度

根据贺兰山东麓葡萄酒各产区特色，打造各酒庄的葡萄酒文化，宣传贺兰山东麓葡萄酒文化，加强与国内外媒体的合作，用好新媒体，集中宣传推广，打造整体品牌形象；支持电影电视拍摄队拍摄贺兰山东麓葡萄酒作品，讲好中国葡萄酒产区故事。探索本土品牌成长激励机制，推动本土品牌发展成为世界知名品牌。

葡萄酒品牌总部基地建设工程。对接国际葡萄与葡萄酒组织，以及大型葡萄酒行业协会和重点企业，在闽宁镇建设总部基地，打造集商务办公、企业孵化、国际会议、金融服务、产品展示、休闲娱乐等功能于一体的现代化新型产城综合体。

4）葡萄酒产业与旅游文化产业融合

推动"葡萄酒+文旅"产业融合发展。葡萄酒的历史文化自古就有不同的地域，不仅可以延续葡萄酒自身的文化内涵，也可以挖掘特定地域带来的新文化，当然也包括与当地文化旅游资源相融合的文化内容。作为丝绸之路上的重要节点，贺兰山东麓本就有着浓郁的历史文化。黄河文化、沙漠文化、边塞文化、西夏文化、伊斯兰文化等都是贺兰山东麓地区的民族特色文化，具有深厚的文化底蕴。对于贺兰山东麓本土葡萄酒文化要有标准化的判断，贺兰山东麓产区品牌语言要有一致性，各个企业品牌要有独特的品牌文化。

1.4.4 宁夏贺兰山东麓葡萄酒产业提质增效目标与路线图

(1)实施种子工程解决原始驱动力问题。明确宁夏贺兰山东麓种质资源适宜度，对宁夏贺兰山东麓葡萄种质资源进行开发及利用，建立特色葡萄庄园；采用合适的种植和防寒过冬手段，保护酒庄老藤，进而实现原材料可控、产品品质可控；引进优质种质资源，将种植技术融入酒庄文化中，培育具有自主知识产权的酿造微生物体系，解决宁夏产区同质化严重问题。

(2)推进葡萄品种、酒种区域化，解决葡萄酒特色不鲜明的问题。培育具有本土风情的品种，提高品牌的竞争力，明确酿造微生物和葡萄酒风味、功能成分之间的关系，将宏基因组学、风味组学、代谢组学等组学技术进行整合，采用原位筛选、高通量筛选、生物信息学分析等新技术和实验、计算方法研究微生物群落系统的构成、动态、功能与调控，进而实现绿色可持续发展以及优势性发展。对葡萄酒酿造机理进行解析，坚持"风味、健康双导向"。走"种酿一体化、酒庄酒"的路子，研发升级酿造工艺，塑造个性鲜明的产区特色。

(3)发展智慧农业解决日益短缺的劳动力问题。建设智能化、机械化体系代替人工，建立无人化的生产场地(葡萄园、酒庄、生产车间)，推进绿色农业、智慧农业发展，解决劳动力短缺的问题。

(4)发展共享经济解决重复低效问题。提供从种植到酿造的全产业链服务，通过共享等方式提高设备利用率，降低葡萄酒生产经营成本。集中推进葡萄酒生产过程中的废物利用，减少加工过程中的废弃物排放。

第2章　宁夏贺兰山东麓葡萄酒个性化优质产品开发战略研究

2.1　宁夏与其他产区葡萄酒产业链问题的对比分析

2.1.1　宁夏贺兰山东麓产区与法国波尔多产区差异及优势分析

1. 法国波尔多产区概况及分析

波尔多产区位于法国西南部的阿基坦地区，西临太平洋，有着得天独厚的气候与地理条件。波尔多产区被由南向北的吉伦特河分开，可以划分成左、右两岸和两海之间三大子产区。其中，吉伦特河以西及以南被称为"波尔多左岸"，吉伦特河以东与多尔多涅河以北则为"波尔多右岸"，中间多尔多涅河与加龙河之间的产区则为"两海之间"。左岸产区主要由梅多克区与格拉夫产区两大小产区构成，右岸著名的小产区主要有波美侯产区和圣埃美隆产区等。此外，波尔多产区还有一个专门生产甜白葡萄酒的子产区苏玳，总种植面积达 12 万公顷。

波尔多产区属于温带海洋性气候，整体气候温和平顺，年降水量约为 900～1200 mm，年均日照时数为 1600 h 左右，太阳总辐射在 3400 MJ/m^2 左右。夏季相对干燥温热，日平均温度在 25℃以下；冬季潮湿但并不寒冷，日平均温度在 10℃以上，且整年昼夜温差变化不大，因而冬季无需进行埋土防寒作业。年降水较多且分布较为均匀，冬春季节降水相对较多，但葡萄生长、采收的关键期在夏秋时期，此时降水相对较少。波尔多属温带海洋性气候，全年多雨，并且降水量较大（图 2-1）。这会导致葡萄坐果不均匀、易滋生霉菌等病害、果实成熟不均匀等问题。若在采收期遇到大雨，很可能让葡萄在前几个月充足阳光中积累的优质潜力被降水稀释，导致当年的葡萄酒缺乏层次、入口寡淡。此外，温带海洋性气候年份间变化较大，这也会使得葡萄酒表现出较大的年份差异。

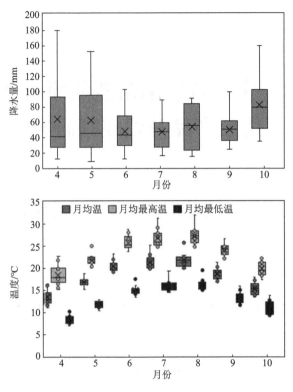

图 2-1　波尔多产区降水与温度概况

波尔多有 6 个法定红葡萄品种,分别是'赤霞珠'、'美乐'、'品丽珠'、'小味儿多'、'佳美娜'和'马尔贝克';3 个法定白葡萄品种,分别是'长相思'、'赛美蓉'和'麝香'。波尔多地区常常使用混酿技术,选取几个品种混合酿造,调配出口感均衡、风味丰富的葡萄酒,即"波尔多混酿"。受到传统观念和法规的限制,波尔多产区对酿酒葡萄品种有着严格的限制,葡萄种植者往往不能自由选择种植的葡萄品种,只能根据规定和传统种植其固有的酿酒葡萄品种。

2019 年,为了减轻气候变暖和非季节性霜冻对葡萄种植和葡萄酒生产的影响,波尔多和优级波尔多葡萄酒生产商联合会通过了 7 个葡萄品种的使用,分别是 4 个红葡萄品种'艾琳娜'、'国产多瑞加'、'马瑟兰'和'卡斯泰';以及 3 个白葡萄品种:'阿瓦里诺'、'小芒森'和'丽洛拉',并计划在 2020~2021 年开始种植第一批新葡萄藤。其中,'艾琳娜'、'马瑟兰'和'丽洛拉'是法国通过杂交新选育的新品种。然而,为了不削弱产区葡萄酒的特性,波尔多产区的葡萄园将被允许在其不超 5%的种植面积内种植新的葡萄品种,如果是出产 AOC 级别的酒,则新葡萄品种不得超过混酿的 10%,限制依然很严格。

波尔多产区土壤包括砾石质土壤、黏土、沙土、黏质石灰岩和石灰岩等(表 2-1)。

左岸土壤类型主要为砾石质土壤，通透性高，且能通过反光作用增加叶幕曝光量，适宜'赤霞珠'等葡萄品种的生长，顶级酒庄的葡萄园大都建立在砾石质土壤的小山丘上。由于左岸的气候受大西洋的影响更大一些，所以常常会有阵雨甚至是暴雨，而砾石质土壤的排水性较好，大雨之后多余的水分可以迅速排走，避免了对葡萄的不良影响。此外，砾石质土壤还可以储存热量，将白天吸收的热量在夜间释放给葡萄，有利于葡萄的生长和成熟。右岸土壤类型主要为石灰岩和黏土，特别是黏土与砾石质土壤性能相反，储水能力较强，排水能力相对较差，相对凉爽的黏土土质适宜果粒较大、早熟品种的种植，因而波尔多右岸以种植'美乐'等葡萄品种为主。

表 2-1　波尔多各小产区土壤类型、主栽品种、产品风格及知名酒庄

小产区名称	土壤类型	主栽品种	产品风格	知名酒庄
梅多克	以黏土为主，少数以砾石为主	'美乐'　'赤霞珠'　'品丽珠'	陈酿型混酿红葡萄酒	波坦萨酒庄
圣埃斯泰夫	砾石、黏土和砂土等	'美乐'　'赤霞珠'　'品丽珠'	葡萄酒颜色一般较深，口感厚重但细腻，陈年潜力强	爱士图尔酒庄
波亚克	砾石山丘	'赤霞珠'　'美乐'　'品丽珠'	酒体丰满、口感丰富、陈年潜力强，精致而又细腻，尤以醋栗和雪松风味为主	拉菲古堡、拉图酒庄、木桐酒庄
圣于连	强沙砾、卵石、沙子和黏土	'赤霞珠'　'美乐'　'品丽珠'	颜色较深，口感优雅，陈年潜力较强	雄狮、波菲、金玫瑰、宝嘉龙
上梅多克	砾石土、黏土	'赤霞珠'　'美乐'　'品丽珠'	风味浓厚，带有精致的香草和黑色水果香气	拉拉贡酒庄、拉图嘉利城堡、佳得美酒庄
利斯特拉克	黏土、石灰岩	'赤霞珠'　'美乐'　'品丽珠'	新鲜的红葡萄酒口感略紧涩，但浓郁度稳定	克拉克酒庄、福卡浩丹酒庄
穆利斯	石灰质黏土、砾石土	'赤霞珠'　'美乐'　'品丽珠'	具有与上梅多克葡萄酒相似的结构，陈年潜力强	宝捷酒庄、忘忧堡酒庄
马尔戈	碎砾石土	'赤霞珠'　'美乐'　'品丽珠'	以'赤霞珠'为主要混酿品种，口感圆润优雅、香味馥郁、单宁柔和	马尔戈酒庄、士金酒庄、鲁臣世家酒庄
佩萨克-雷奥良	沙砾土	'长相思'　'赛美蓉'　'赤霞珠'　'美乐'　'品丽珠'	红葡萄酒一般颜色浓郁暗沉且带有肉质感；干白葡萄酒风味复杂、酒香浓郁，陈年潜力强	侯伯王酒庄
格拉夫	黏土和砾石土的混合土壤	'长相思'　'赛美蓉'　'赤霞珠'　'美乐'　'品丽珠'	红葡萄酒风格常带有雪松味，但浓郁度和复杂度较之要低，通常酒中会有更高比例的'美乐'；白葡萄酒以干白为主，主要由'长相思'和'赛美蓉'混酿而成，酒液色泽金黄，普遍带有槐花、蜂蜜及柑橘等水果的香气	鸣雀酒庄

续表

小产区名称	土壤类型	主栽品种	产品风格	知名酒庄
波尔多首丘和卡迪亚克波尔多丘	石灰质黏土	'长相思' '赛美蓉' '美乐' '品丽珠'	红葡萄酒混酿以'美乐'为主,颜色澄净、浓郁度良好;甜白葡萄酒主要由'长相思'和'赛美蓉'混酿	卡里南酒庄、卡森酒庄、瑞隆酒庄
卡迪亚克	白垩土和砾石	'长相思' '赛美蓉' '美乐' '品丽珠'	主要生产甜白葡萄酒,风味浓郁、糖较高	苏奥酒庄
卢皮雅克	石灰质黏土	'长相思'、'赛美蓉'	以酿造甜白葡萄酒为主,颜色深沉、酒体饱满、风味浓郁	克罗酒庄、卢皮雅克酒庄
塞龙	黏土	'长相思' '赛美蓉' '赤霞珠' '美乐' '品丽珠'	红葡萄酒多为经典的波尔多混酿,干白葡萄酒则是以'长相思'和'赛美蓉'等品种酿制而成	塞龙酒庄
巴萨克	沙石和石灰土	'长相思' '赛美蓉'	以酿造贵腐甜白葡萄酒为主,风格较苏玳更轻盈	克里蒙酒庄、古岱酒庄
苏玳	砾石、黏质石灰岩、石灰岩	'赛美蓉' '长相思' '密斯卡岱'	以贵腐甜白葡萄酒为主,风味浓郁,具有杏、蜂蜜和香草香,酸甜平衡,陈年潜力强	滴金酒庄
圣十字山	砾石土	'赛美蓉' '长相思'	主要生产甜白葡萄酒,一般酒精度和糖分较高,风味浓郁	蒙特酒庄
圣马凯尔	石灰岩、黏土	'赛美蓉' '长相思'	以甜白葡萄酒为主	福洛雷斯酒庄
波尔多-上伯诺日和两海之间-上伯诺日	石灰质土	'赛美蓉' '长相思' '密斯卡岱'	以干白葡萄酒为主,芳香浓郁,口感强劲,结构良好	菲兰酒庄
两海之间	黏土和含砂黏土	'长相思' '赛美蓉' '美乐' '赤霞珠' '品丽珠'	干白葡萄酒风格清新、果香突出;红葡萄酒酒体轻盈,无需陈酿	凯萨天堂酒庄、伯涅酒庄
波尔多圣富瓦	石灰质黏土	'美乐' '赤霞珠' '品丽珠'	新鲜浆果风味明显、层次分明、酒体中等、单宁柔和	玛婷酒庄
圣埃美隆	北部和西部:沙砾和石灰石土;南部和东部:石灰石黏土	'美乐' '品丽珠'	酒体柔和,红色浆果香气复杂,陈酿葡萄酒具有烟草和雪松香气	白马酒庄、欧颂酒庄、金钟酒庄、柏菲酒庄
卡斯蒂永	黏土、石灰土、含淤泥的沙石土	'美乐' '品丽珠'	以'美乐'为主,辅以其他混酿品种,无需陈酿的新鲜型干红葡萄酒	艾吉尔酒庄
波美侯	黏土和砂质土	'美乐' '品丽珠'	以'美乐'和'品丽珠'混酿葡萄酒为主,酒色深沉、果香浓郁成熟、口感细腻温润、单宁丝滑	柏图斯酒庄、里鹏酒庄、拉弗尔酒庄
卡农-弗龙萨克	石灰土和砂土	'美乐' '品丽珠'	单宁感明显,红色浆果香和香料香气明显	卡农酒庄

小产区名称	土壤类型	主栽品种	产品风格	知名酒庄
瓦雷格拉夫	砾石、沙石和石灰质砾石	'长相思'　'赛美蓉'　'密斯卡岱'　'美乐'　'赤霞珠'　'品丽珠'	大部分干白采用'长相思'、'赛美蓉'和'密斯卡岱'混酿而成；红葡萄酒年轻时多带有纯净浓郁的水果味	费奇酒庄
布尔丘	黏土、石灰岩、沙砾土	'美乐'　'品丽珠'	以'美乐'为主、混以少量'赤霞珠'和'品丽珠'，酒体较为丰满，富含单宁，红色浆果香浓郁，陈年潜力强	康贝酒庄
布拉依、布拉依丘和布拉依波尔多丘	石灰土	'长相思'　'赛美蓉'　'美乐'　'赤霞珠'　'品丽珠'	干白葡萄酒酒体轻盈，带有柔和的果香；红葡萄酒果香浓郁，适宜在新鲜时饮用	布迪酒庄

波尔多产区最主要的葡萄整形方式为单居由和双居由，即长枝修剪的垂直单主干单臂或双臂架形。由于架形比较稳定，适合葡萄园机械化操作，已经有越来越多的葡萄园开始采用机械化栽培管理，但传统手工管理仍占有很大比例。大部分葡萄种植园采用传统的常规栽培管理，也有部分葡萄园尝试有机栽培管理甚至生物动力学栽培管理，但规模均不大。

在葡萄酒酿造技术方面，波尔多产区的酒庄基本上均保持着各自较为传统的酿造工艺和技术。虽然不少酒庄开始使用机械采收来降低成本，但仍有大量酒庄采用传统的人工采摘和人工分选技术以保证葡萄酒的品质。酿造中常常使用较长的浸渍工艺，特别是发酵后浸渍工艺以及橡木陈酿工艺，适宜酿造陈酿潜力较强的葡萄酒，特别是红葡萄酒。该产区少有在新技术上的突破与尝试，较为广泛应用的新技术主要有气囊压榨、冷浸渍等。一方面，固有传统的工艺与技术保持了葡萄酒质量的相对优质和稳定，但另一方面也限制了葡萄酒质量的进一步改良与提升。

法国对本国葡萄酒有着严格的法律保护，实行原产地控制命名制度，即 AOC 制度。这个保护制度将葡萄酒划分为日常餐酒（VDT，占 11.7%）、地区餐酒（VDP，占 33.9%）、优良地区餐酒（VDQS，占 0.9%）和法定产区葡萄酒（AOC，占 53.4%）。但在波尔多产区，AOC 级别的葡萄酒占产量的 95% 左右，占法国 AOC 级别葡萄酒产量的约 25%，其中 87% 为红葡萄酒，11% 为干白葡萄酒，2% 为甜白葡萄酒。由于历史悠久，波尔多产区多以独立酒庄的模式经营，即酒庄自有葡萄园，自主管理，自主采收并酿造葡萄酒。

2. 宁夏产区与之相比的差异和优劣势

1）气候差异

宁夏贺兰山东麓产区位于宁夏黄河冲积平原和贺兰山冲积扇之间，西靠贺兰山脉、东临黄河、北接石嘴山、南至红寺堡，平均海拔在 1000 m 以上，属大陆性干旱半干旱气候，干燥少雨、光照充足、昼夜温差大。贺兰山东麓产区无霜期为180 天，葡萄生长期一般为 4 月 15 日左右至 10 月 10 日左右，持续约 175 天，气温日较差为 12～15℃，降水量为 150～240 mm，日照时数在 1700～2000 h，年均日照时数为 1800 h 左右，但太阳总辐射则达 5900 MJ/m² 左右。夏季多雨炎热，日平均温度可达 30℃左右；冬季干燥寒冷，日平均温度降至 10℃以下，整年昼夜温差变化较大，冬季昼夜温差较大，夏季昼夜温差较小，因而冬季必须采用埋土防寒等措施越冬。年降水分布不均匀，冬季降水量较少，但葡萄生长收获的关键在夏秋季节，这个时期降水比较集中(图 2-2)。

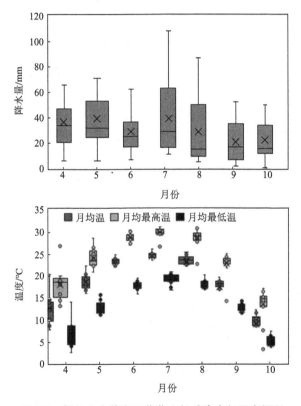

图 2-2　贺兰山东麓产区葡萄生长季降水与温度概况

相比而言，虽然贺兰山东麓产区与波尔多产区所处纬度相近，但两地气候条件有着极大的不同，前者属于大陆性干旱半干旱气候，而后者属于温带海洋性气候，因而过分强调"宁夏贺兰山东麓产区与法国波尔多产区属于同一纬度，是种植酿酒葡萄的黄金地带"的说法是不当的。虽然夏季贺兰山东麓产区日照时数略高于波尔多产区(1800 h *vs.* 1600 h)，但太阳总辐射则高得多(5900 MJ/m² *vs.* 3400 MJ/m²)；

尽管降水量比波尔多低得多(150~240 mm *vs.* 900~1200 mm),但降水主要集中在葡萄旺盛生长的夏秋季节,而波尔多产区的降水主要集中在冬春季节。此外,贺兰山东麓产区冬季寒冷干燥,特别是冬季昼夜温差较大,最低温度常常低于冰点,因而冬季必须采用埋土防寒等措施越冬。

2)土壤差异

宁夏贺兰山东麓土壤以淡灰钙土为主(占50%以上),多为沙壤,并含有丰富砾石或砂粒,土层厚度为40~100 mm。土壤容重偏大,平均达1.39 g/cm^{3}以上。土壤表层以通气孔隙和毛管孔隙为主,次表层以毛管孔隙为主,底层则以非活性孔隙和毛管孔隙为主,土壤通透性好,但水肥渗漏严重。土壤底层田间持水量最高,表层饱和含水量最高,田间持水量变异系数较大,饱和含水量变异系数相对较小,土壤干湿转换快,保水性能差。土壤 pH 值为8.3~9.1,偏碱性,有机质含量相对低,微量元素除有效钙、有效镁和有效铜外均处于低水平状态,且土壤的碱性环境加重了微量元素供应不足,在葡萄苗木定植初期常常需要适当改良土壤。

贺兰山东麓产区的土壤构成与波尔多产区有着极大的不同,分布方式也有着不同的规律。贺兰山东麓产区土壤分布受贺兰山山坡和黄河故道的双重影响,多为冲积土或沉积土,沙石质含量较高;而波尔多产区主要受到吉伦特河与多尔多涅河两河的冲积影响,土壤构成更为丰富多样,左岸子产区与和贺兰山东麓产区土壤有着一定的相似性,均含有较多的砾石,而右岸子产区的土壤构成则与贺兰山东麓产区有着极大的不同。

3)品种差异

贺兰山东麓产区起步较晚,栽培的葡萄品种多为国内外广泛栽培的品种,以'赤霞珠'为主,其次为'美乐',此外还种植有少量的'品丽珠'、'西拉'、'蛇龙珠'、'黑比诺'、'霞多丽'和'贵人香'等品种。近年来,'马瑟兰'作为自法国新引进的特色新优品种在我国各产区都有广泛试种和栽培,在宁夏贺兰山产区许多葡萄园也有一定规模的种植。虽然贺兰山东麓产区已经有多次大规模的国内外引种,但引种酿酒葡萄的品种和品系基本相同,大量其他优质酿酒葡萄品种并未在该产区进行规模化的引种试验,新优品种的开发有着极大的潜力。波尔多产区各子产区均对当地酿酒葡萄品种的栽培有着严格的规定,种植者只能按照官方指导选择所要种植的葡萄品种,不能私自根据个人喜好或市场需求变化而随意更改所种植的葡萄品种,极大地限制了新品种的开发和使用,固化了酿酒葡萄品种和葡萄酒种的选择,限制了葡萄酒产业的创新与发展。

4)栽培管理

贺兰山东麓产区由于需要冬季埋土防寒,最主要的葡萄整形方式为适宜酿酒葡萄栽培的倾斜式单龙干型(即"厂"字形),也有部分酒庄仍旧使用我国北方传统的单蔓、双蔓或多主蔓扇型等栽培架形,采用人工或半机械化方式埋土防寒。葡萄园杂草生长量较低,且部分企业采用葡萄园地面生草管理,因而机械化除草使用率较低,日常机械化操作主要用于农药喷施。在葡萄园管理方式方面,贺兰山东麓陈酿区以常规/传统葡萄园管理为主。由于许多企业的葡萄园是近年来由荒地开发改造而来,未经受施用农药、化肥的影响,因而许多企业在建园之初便以生产有机产品为目标,有机管理葡萄园的比例相对较高。此外,也有少量企业采用智能化管理葡萄园,还未出现生物动力学管理。

由于开发较晚,土质较生,许多葡萄园在建园伊始需要进行大量的土地整理工作,如平整土地,筛除较大、较多的石块,改良土壤等,新建葡萄园需要投入极大的人力、物力和财力。但也正因为如此,贺兰山东麓的葡萄园往往建园面积较大,地块连片且较为规整,适宜大规模机械化操作。

5)酿造技术

贺兰山东麓产区目前以人工采收为主。就除梗技术而言,贺兰山东麓产区使用旋转滚筒式比例较低,振动式垂直除梗技术的比例较高,此外也存在一定比例的横向摆动梳齿式和倾斜摆动摆桶式等除梗方式;大部分企业采取人工穗选和粒选为主要分选方式,也存在少数企业采取光学粒选技术;贺兰山东麓产区酒厂使用框式压榨的比例较高,而使用气囊压榨的比例较低;在浸渍技术方面,目前多以冷浸渍为主,也有一些酒庄仍旧使用常温浸渍,有个别酒庄尝试使用二氧化碳浸渍以提高葡萄酒的果香风味;浸渍过程中,许多酒庄选择使用"抽汁工艺"以加深红葡萄酒的颜色,增强红葡萄酒口感并增加红葡萄酒的风味;发酵方面以使用商业化的活性干酿酒酵母为主,尝试使用非酿酒酵母的比例也相对较高;以不锈钢发酵罐为主,使用橡木桶发酵的比例相对较低。发酵后处理方面,葡萄酒澄清技术以自然沉降为主,其次为深层过滤和表面过滤,使用离心过滤和浮选法的比例较低;使用的下胶剂主要为皂土,其次为鸡蛋清和动/植物明胶,近年来也广泛选择新产品"土豆蛋白"用于下胶澄清;使用的冷稳定处理技术以冷冻罐为主(依靠冷带或米勒板等降温),其次为速冻机(依靠冷带或米勒板等降温)。

总体而言,宁夏贺兰山东麓产区使用的葡萄酒酿造技术更为现代化,选择使用的葡萄酒酿造技术范围更广,也更为自由,没有受到当地政府和行业协会的限制。该产区所酿葡萄酒的类型也更多,不仅包括各种干白、桃红和干红葡萄酒,也有少量酒庄生产起泡葡萄酒,甚至有酒庄开始尝试使用葡萄酒酿造葡萄蒸馏酒(葡香型白酒)和白兰地,并开始尝试生产强化葡萄酒。宁夏贺兰山东麓产区不像波尔多产区那样受传统拘束,可以选择的新技术比较多,使用的葡萄酒酿造辅料也更多样化。

6）经营管理模式

贺兰山东麓产区企业自主型葡萄园基地所占比例较高,中小型酒庄/酒厂以企业自有基地自主管理为主,大型企业则在企业自有基地自主管理的同时也存在企业自有基地分包管理的情况。近年来,随着当地葡萄酒产业的快速发展,有不少农户利用自有土地栽培酿酒葡萄用于出售,也存在一定比例的企业合同基地和合作社/农户自营基地。产区的葡萄酒企业类型主要包括:国有控股公司、混合所有制公司和私营公司,但以私营公司所占比例最大;生产类型以原酒+加工灌装企业为主,也有一定比例的原酒企业;经营模式类型以酒庄式为主,且多以葡萄栽培、葡萄酒酿造、葡萄酒销售和旅游的混合经营最为常见,生产规模多在 1000 吨级以下。

相比于波尔多产区,贺兰山东麓产区的管理经营模式更加多样化,受到地方政府对产业的支持力度也更大,有专门的政府部门——宁夏回族自治区葡萄产业发展局等对产区的葡萄酒产业进行统一的管理,产业规模增速也很大。波尔多产区葡萄酒产业发展已经处于稳定期且基本饱和,几乎没有新的土地可供新葡萄园的开辟与建设,很难出现新的酒庄或酒厂等其他生产型企业,大部分新增葡萄酒行业相关企业多以酿酒辅料供应和葡萄酒贸易为主,特别是葡萄酒出口企业所占比例最大,其中以专门从事法中贸易的公司最多。

2.1.2　宁夏贺兰山东麓产区与美国纳帕产区差异及优势分析

1. 美国纳帕产区概况与分析

纳帕产区是美国最为著名的葡萄酒产区,位于加利福尼亚州圣帕布罗湾的北侧以及圣弗朗西斯科湾地区的东北角,实际上是美国加利福尼亚州(简称加州)产区的子产区之一。除了纳帕产区,美国加利福尼亚州产区还包括索诺马海岸、俄罗斯河谷和中央山谷等子产区。

纳帕产区东侧是瓦卡山,西侧是梅亚卡马斯山,南北长约 50 km,东西跨度为 5 km 左右,面积约为 1.8 万 hm²,其葡萄酒产量只占加州葡萄酒总产量的 4%,但其产值达到了加利福尼亚州葡萄酒总产值的 20%,葡萄酒以优质和高价著称。纳帕谷地势变化多样,产区总体气候凉爽,拥有多种不同的微气候和 30 多种各不相同的土壤类型。按照不同的气候、土壤、地形和地理分界线,纳帕产区被划分成 16 个美国葡萄种植区(American viticultural area, AVA, 即小产区),每个小产区风土和葡萄酒风格都不相同。

美国纳帕产区属于地中海气候,不同子产区年降水量差异较大,低至 70～100 mm,高达 900～1500 mm,年均日照时数约为 2600 h,太阳总辐射在 4800 MJ/m²左右。整年日平均温度和日昼夜温差变化不大,均在 15℃左右。年降水分布极不均匀,降水主要集中在冬春季节,葡萄生长收获的关键期夏秋时期降水极少,可以有效促进酿酒葡萄果实的成熟并有利于葡萄真菌性病害的减少。此外，由于纳帕产区地处北美洲大陆西岸，西邻太平洋，构成了当地独特的气候条件，即在葡萄果实生长发育最为重要的夏秋季节，上午光照充足，下午来自太平洋的潮湿气流带来的云雾可以有效遮蔽强烈的阳光，避免过强日光的照晒和极端高温的出现。纳帕产区葡萄生长季降水与温度概况如图 2-3 所示。

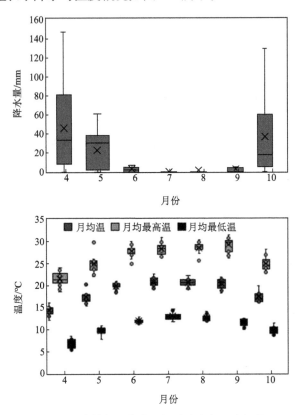

图 2-3　纳帕产区葡萄生长季降水与温度概况

纳帕产区拥有 30 多种各不相同的土壤类型，组成 2000 种以上不同的排列组合，是世界上土壤复杂性最高的地区之一。从排水性良好的砾石土壤到高度保湿的粉质黏土，这些土壤都具有不同的深度和肥力。纳帕产区土壤类型如此之多，是由该产区所处太平洋海岸的特殊地理位置和地质构造决定的，这里地处环太平洋地震带，地质活动频繁，有多座火山或死火山，许多小产区以火山口喷发后沉积下来的火山土或火山岩为主要土壤类型；产区河流众多，最为著名的是俄罗斯河谷，一些小产区以河流冲积土或沉积土为主要土壤类型；此外，有的小产区还有风化土；更有许多产区兼有多种土壤类型，甚至还有混合土。纳帕产区各主要小产区土壤类型、气候特点、主栽品种及葡萄酒风格等归纳如表 2-2 所示。

表2-2　纳帕各小产区土壤类型、气候特点、主栽品种、产品风格及知名酒庄

小产区名称	土壤类型	气候特点	主栽品种	产品风格	知名酒庄
卡利斯托加	火山土，包括岩石、壤土、卵石、砾石、微粉黏土	气候炎热，湿度低，夏季气温最高可达32℃，夜间最低温度约11℃，昼夜温差较大；由于西北方向的海洋空气，下午较为凉爽，有微风。年降水量为960~1560 mm	'霞多丽''赤霞珠''仙粉黛''西拉'	酒单宁强劲、酒体饱满、平衡感较好、层次变化复杂	蒙特莱那酒庄
蒙威尔山	火山岩土	整体略微温暖，干燥，夏季白天温度约为32℃，夜间温度约为10℃，昼夜温差大；年降水量约为1200 mm	'霞多丽''维欧尼''赤霞珠''美乐''仙粉黛'	白葡萄酒结实、坚固，果香浓郁，但富有柑橘、核果类水果的香气，红葡萄酒单宁较强劲，酒体坚实，富含黑莓、黑醋栗的厚重的香气	邓恩酒庄、拉箬塔酒庄、史密斯酒庄
智利谷区	火山岩风化土、冲积土、黏土和砾石	气候较为温暖，夏季白天温度为28~31℃，夏季夜晚含有雾，夜间温度约为10℃，昼夜温差大	'赤霞珠''美乐''品丽珠''仙粉黛'	'赤霞珠'葡萄酒单宁结构感强，具有樱桃、黑莓的风味；'美乐'葡萄酒有丰富的黑莓酒香，且带有可可味	绿民红酒庄
钻石山区	土壤中含有大量的火山岩晶体	中等温暖，整体气候较为温暖，夏季白天温度约为32℃，夜间温度约为10℃，年降水量约为1300 mm	'霞多丽''赤霞珠''品丽珠'	'霞多丽'葡萄酒带有矿物香味，酸度突出；'赤霞珠'和'品丽珠'葡萄酒体饱满，单宁结构强劲有力，具有浓郁的醋栗、矿物质和雪松松质的香气	钻石溪酒庄
春山区	火山土和沙石土	气候较凉爽，夏季平均气温约30℃，夜间温度约为10℃，昼夜温差较小	'仙粉黛''赤霞珠''美乐''霞多丽'	所产红葡萄酒圆润、柔和	春山酒庄
圣海伦娜	冲积土，包含砾石和黏土	气候较为温暖，很少受到雾气和海风的影响，夏天最高温度可达30~35℃。年降水量为950~1010 mm	'长相思''赤霞珠''品丽珠''美乐''西拉''仙粉黛'	'长相思'葡萄酒具有白香果、柠檬香气，没有明显的草本气息，酸度脆爽，单宁结实等混酿葡萄酒具有果香酱香气，'赤霞珠'酸度良好，适合长期窖藏。'仙粉黛'葡萄酒单宁结构良好，有类似黑莓的香气	贝灵哲酒庄、查尔斯酒庄、克鲁斯酒庄
卢瑟福	西部：冲积土，包括沙质沉积土、砂砾等；东部：火山岩风化土	中等温暖，光照充足，早晚会受到太平洋海风的影响，气候较为凉爽，昼夜温差较大，夏季白天温度约为34~35℃；年降水量约950 mm	'赤霞珠''美乐''品丽珠''仙粉黛'	单宁强劲，酒体饱满，带有一定酸度，层次复杂，带有浓郁的樱桃和李子的香气，陈年潜力强	柏里欧酒庄、卢蒸福山酒庄、鲁黍德酒庄、炉边酒庄、佳蒸酒庄

续表

小产区名称	土壤类型	气候特点	主栽品种	产品风格	知名酒庄
奥克维尔	西部：沉积风化后带有砾石的土壤；东部：火山岩土	中度温暖，光照充足，受夜间和清晨雾气影响强烈；夏季白天平均温度为32~34 ℃，夜间平均温度约为10 ℃；年降水量为875 mm	'赤霞珠''美乐''品丽珠''长相思'	波尔多式混酿葡萄酒，单宁强劲，酒体饱满，带有一定酸度，陈年潜力强	作品一号酒庄、鸣人维酒庄、银橡木酒庄
阿特拉斯彼得	红色的火山土，含有铁质	产区温度较低，昼夜温差小，夏季最高温度超过32 ℃，较为凉爽10~15 ℃；年降水量为960 mm	'霞多丽''长相思''赤霞珠''美乐'	白葡萄酒酸度脆爽，具有花朵、梨子和油桃特有成熟的黑醋栗和薄荷的香气，水果味丰富物的口感；红葡萄酒有结构坚实，风味饱满	康斯卡德酒庄
鹿跃区	火山土，以砾石和黏土组成	中等温暖，光照充足，整体温度较高，夏季最高温度可达37.7 ℃，夜间温差32~34 ℃；年降水量为750 mm	'霞多丽''长相思''赤霞珠''美乐''桑娇维塞'	白葡萄酒圆润而成熟，有丰富的柑橘和苹果香气。红葡萄酒单宁丰富，细腻且柔和，有细腻感的樱桃等红色浆果香气	鹿跃酒窖
央特维尔	冲积土，含有砂石粉黏土，沉积土、砾石冲积岩	气候较为温和，凉爽，夏季最高温度不超过32 ℃，夜间平均温度约为13 ℃，昼夜温差较大；年降水量为800 mm	'霞多丽''赤霞珠''美乐'	白葡萄酒酸度良好，有矿物香气，有柑橘的香气；红葡萄酒香气浓郁丰富，有紫罗兰的香气，单宁丰富柔顺且坚实，酸度微高，陈年潜力强	多明纳斯酒庄
维德尔	沉积岩的风化土，沙质或沙壤土	气候凉爽至温和，夏季白天凉爽，温度不超过30 ℃，夜间温暖，昼间温度温暖；年降水量875 mm	'赤霞珠''美乐''仙粉黛'	结构饱满，单宁较为柔顺丰富，带有一定酸度，陈年潜力较强	赫斯精选酒庄
纳帕谷橡木海丘区	西北部：火山土，由砾石和壤土组成，东部：砾石、黏土和壤土	气候温和到凉爽，夜晚常有海风，平均气温31~32 ℃，夏季夜间温度约为10 ℃；年降水量为900 mm	'霞多丽''霞司令''黑比诺''赤霞珠''美乐'	白葡萄酒带有清脆的苹果，矿物质和带水果的香气；红葡萄酒风格优雅，带有黑醋栗、小草和烟草的香气	特拉克费森酒庄
库斯维尔	火山灰和火山岩石冲积土	气候温暖，昼夜温差小，冬季有霜冻危害；年降水量为620 mm	'霞多丽''赤霞珠''美乐''西拉''黑比诺'	'霞多丽'葡萄酒有清脆的苹果，矿物质和'赤霞珠'葡萄酒，酸度适中	华福酒庄、至尊酒庄
野马谷	野火山岩风化土	气候较为冷凉，东部较温暖，年降水量为940 mm	'霞多丽''赤霞珠''黑比诺''桑娇维塞'	'霞多丽'葡萄酒具有花朵和油桃特有'物'风味，酸度活泼，口感清爽。'黑比诺'葡萄酒具有明显的樱桃和草莓等香气，酸度微高	奥利维尔酒庄、鹭湖酒庄

续表

小产区名称	土壤类型	气候特点	主栽品种	产品风格	知名酒庄
卡尼罗斯谷	以黏土为主的冲积土	气候凉爽，夏季最高温度很少超过27 ℃，昼夜温差较小；年降水量为72~96 mm	'霞多丽''美乐''黑比诺'	'霞多丽'葡萄酒带有梨、苹果、矿物质和香料的香气，口感清爽，质地细腻饱满。'美乐'葡萄酒强壮有力，带有轻微的药草味，单宁细致、结构感精巧。'黑比诺'葡萄酒有成熟的樱桃、肉桂等香气，以及朴实的泥土风味	嘉威逊酒庄

纳帕产区主要栽培的酿酒葡萄品种有'赤霞珠'、'美乐'、'黑比诺'、'仙粉黛'、'霞多丽'和'长相思'等，但实际种植和使用的酿酒葡萄有近百种，是世界上使用酿酒葡萄品种最为丰富的产区之一。其中，最为知名的'仙粉黛'原产自东欧，在当地名不见经传，但目前已经成为美国，特别是纳帕产区标志性的酿酒葡萄品种，不仅可以酿造果香浓郁的新鲜型干红葡萄酒，也可用来酿造橡木风味浓厚的陈酿型干红葡萄酒，近年来更是以桃红葡萄酒甚至白葡萄酒赢得了消费者的青睐。纳帕产区的'黑比诺'葡萄酒也备受消费者推崇。纳帕产区成为除法国勃艮第产区之外又一该品种著名产区，甚至早于新西兰中奥塔哥地区闻名世界。

纳帕产区葡萄种植园采用的架形多种多样，多采用 VSP 类架形，方便机械化修剪和采收，也有的采用斯科特·亨利分裂树冠或吉尼瓦双帘式的整形方式。该产区大部分葡萄园采用传统/常规方式管理葡萄园，也有大量葡萄园采用有机栽培管理模式，采取生物动力学管理方式的葡萄园比例也较高，整体机械化管理程度均比较高。由于毗邻硅谷，纳帕产区葡萄园信息化、智能化管理水平也比较高，甚至部分葡萄园开始尝试无人化管理。

在葡萄酒酿造技术方面，纳帕产区属于新世界葡萄酒国家，受到传统与旧世界法规的约束较少，大量新技术得以试验、应用和推广。例如，许多新型酿酒葡萄品种、新型酿酒酵母、其他新型酿酒葡萄加工辅料或技术往往都是从纳帕产区逐渐走向世界。此外，世界著名的加利福尼亚大学戴维斯分校也坐落于此，大量先进的葡萄栽培和葡萄酒酿造技术也在纳帕产区广泛尝试和应用，为产区葡萄酒产业的可持续快速发展提供了强大的科技和人才支撑。

在葡萄酒企业方面，纳帕产区几乎囊括了除国有制企业以外所有企业类型，例如私人所有公司、外商独资公司和混合所有制公司等。纳帕产区既存在拥有葡萄种植园的酒庄和葡萄酒厂家，也存在农户自有的葡萄园和依赖葡萄原料采购的葡萄酒酿造加工企业，以及主要用于出租的葡萄园、酿造厂和农机站，甚至产生了"虚拟葡萄酒商"。

2. 宁夏产区与之相比的差异和优劣势

1）气候差异

贺兰山东麓产区与纳帕产区的气候有着极大的不同。纳帕产区日照时数远高于贺兰山东麓产区（2600 h *vs.* 1800 h），但太阳总辐射则要少一些（4800 MJ/m^2 *vs.* 5900 MJ/m^2）。尽管纳帕产区各小产区降水量级差异极大，整体年平均降水量要比贺兰山东麓产区多得多（900～1500 mm *vs.* 150～240 mm），降水分布也极不均匀，但葡萄生长收获的关键期夏秋时期降水相对较少。纳帕产区的气温基本上常年保持在冰点以上，因此冬季无需埋土防寒。

纳帕产区各小产区之间微气候差异极大、复杂性较高、多样性较强，甚至同一小产区内部不同部分之间的微气候也有差异。纳帕产区整体属于地中海气候，但是这里从温热到冷凉各种类型的微气候一应俱全，使得各小产区酿造出来的葡萄酒各具独特风格。相比而言，贺兰山东麓产区各子产区虽然在微气候上也有一定的差异，但总体气候类型变化不大，不同子产区间微气候差异较小，无法形成纳帕产区那样的微气候复杂性与多样性。

　　2）土壤差异

　　纳帕产区地形地貌多种多样，有着 30 多种不同类型的土壤，囊括了冲积土、沉积土、火山土和风化土等各种土壤类型，混合型土壤也极为丰富，这主要是由纳帕产区地处太平洋东岸火山地震带以及当地众多河流冲积造成的。相比而言，宁夏贺兰山东麓土壤主要受到贺兰山和黄河冲积的影响，以淡灰钙土为主，多为沙壤，并含有丰富的砾石或砂粒，有机质含量相对低，不同子产区间土壤的差异不大，土壤类型相对较为单一。然而，到目前为止，并未对贺兰山东麓产区不同地块的土壤状况进行详细且系统的调查，亟待进一步深入、全面且系统的研究。

　　3）品种差异

　　与美国纳帕产区相比，贺兰山东麓产区起步较晚，规模化生产相差一百多年，栽培的酿酒葡萄多为国内外广泛栽培并且较为成熟的品种，仅仅局限在'赤霞珠''美乐''品丽珠''西拉''蛇龙珠''霞多丽'等有限几个品种。相比于纳帕产区，品种范围较小，不够丰富，也还未形成如美国'仙粉黛'这样纳帕产区乃至国家代表性的、世界闻名的酿酒葡萄品种及其葡萄酒。然而，贺兰山东麓产区作为新兴产区具备后发优势，可以充分考虑并引进试种适宜当地风土条件的酿酒葡萄品种。

　　4）栽培管理

　　与我国相似，纳帕产区政府部门和行业协会虽然对葡萄酒产业发展有一定的指导和规划，但是法规层面的约束性较小，纳帕产区的葡萄种植者和酒庄庄主几乎可以根据个人的喜好、传统或者行业协会的建议选择任何他们青睐的酿酒葡萄栽培架式，目的主要在于优化葡萄的栽培、保证优质且个性化葡萄酒的生产。与纳帕产区相比，贺兰山东麓产区在葡萄园管理方面机械化作业还比较有限，主要体现在半机械化埋土、机械喷施农药和少量的机械除草方面。在美国纳帕产区，已经开展了智能化管理和无人化管理，虽然也以常规/传统葡萄园管理为主，但有机葡萄园管理和生物动力学管理的葡萄园的比例较高。

　　由于美国加利福尼亚地广人稀，又较为富庶，历年来均有大量资本投入到葡萄酒产业中来，新建葡萄园、新建葡萄酒酿酒厂和酒庄几乎年年可见，并且时常伴随着企业重组、并购等相关商业活动，更是带动大量葡萄园和酒厂开设到周边其他产区，葡萄酒产业发展了一个多世纪后仍充满活力，这是与贺兰山东麓产区相类似的。

5）酿造技术

美国的纳帕产区使用的葡萄酒酿造技术较为现代化，各种新型的酿造设备、技术和生产辅料在该产区都可以找到身影，机械化、自动化、信息化程度均较高。相比之下，贺兰山东麓产区酿造技术和产品"同质化"倾向较为严重，在酿酒技术层面上也不如纳帕产区那样丰富多样。

6）经营管理模式

贺兰山东麓产区葡萄酒产业发展最大的优势在于地方政府的大力支持和企业的高度热情。相比之下，尽管现在纳帕及其周边产区已经赢得了大量的融资与宣传，获得葡萄酒旅游行业的持续旺盛，但在百余年的兴旺之后该产区的发展也陷入了一定的瓶颈——未来可控土地虽未饱和但越来越少，葡萄酒国际经济虽平衡但销量逐渐疲软。相比而言，葡萄酒产业相关的国内投资环境温和且较为平稳，需要的是长期与持久。除了独资外资公司外，宁夏贺兰山东麓产区几乎囊括了各种所有制企业，企业生产类型也较为丰富，基本满足产业发展的各种需要。贺兰山东麓产区在经营管理能力上与纳帕产区的国际化水平还有一定的差距，迫切需要国内外大型酒业贸易企业的推广和支持。

2.1.3　宁夏贺兰山东麓产区与我国其他产区的差异及优势分析

1. 山东与新疆产区的概况与分析

从气候类型上讲，中国大部分国土属于温带大陆性季风气候，也有着寒、旱、干、湿、温、热等不同区别。经过多年来的不断发展，我国逐渐建设形成了以山东产区、新疆产区为代表的近十个著名葡萄酒产区。

1）山东产区

山东省位于我国自西向东三级地势阶梯中的最低一级，地势和地貌类型主要以山地、丘陵、平原为主，海拔较低。山东产区也称胶东半岛产区，过去称为环渤海湾产区的一部分。核心子产区主要包括烟台产区、蓬莱产区和青岛产区，此外也包括威海产区等。其中，蓬莱产区的葡萄酒产业规模最大，于2019年经中国酒业协会组织专家考评认证，对其小产区进行了划分。蓬莱产区被划分为一带三谷共4个小产区，包括滨海葡萄观光带（150公顷）、南王山谷（330公顷）、平山河谷（210公顷）和丘山山谷（200公顷），是国内小产区划分最为细致的产区之一。

山东产区属于温带大陆性季风气候中的暖温带季风气候，年降水量为 670～800 mm，夏季降水较为集中，年平均气温为 11～14℃，无霜期约为 200 天。以烟台产区为例，由于滨海的地理位置受海洋的温度调节作用较强，温度变化相对较小，冬季温度与内地相比较高，相对湿度较大，在一般年份的气候条件下可以免除葡萄冬季埋土防寒工作(图 2-4)。然而，该产区风力较大，也会因寒潮来袭等因素出现极端低温，会对不采取埋土防寒措施栽培的葡萄带来不可逆的冷冻伤害。

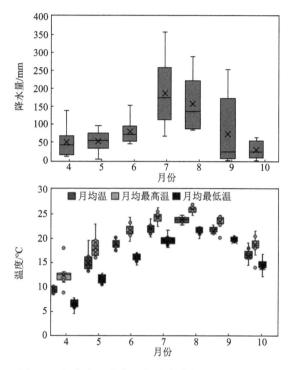

图 2-4　烟台产区葡萄生长季降水与温度概况

该产区的土壤包括棕壤土、褐土和潮土等，土壤的 pH 值为 6.0~8.5，相对而言土壤的持水力较强，部分地区土壤透气性较差。由于千百年来广泛的农业耕种，大部分地区为耕作熟土，土壤肥力适中，但常常因为肥料过量施加出现 N、P、K 等大量营养元素过剩等情况。

山东产区是我国最早开始酿酒葡萄栽培的产区之一，酿酒葡萄引种历史相对较为悠久、引种次数较多、引种规模较大，主要种植的葡萄品种较为丰富，有'赤霞珠'、'蛇龙珠'、'贵人香'、'霞多丽'、'白羽霓'、'马瑟兰'和'小芒森'等。

山东产区部分地区由于冬季可以选择不进行埋土防寒作业，部分葡萄园采取的整形方式为标准 VSP 架式，部分地区因保险起见冬季进行埋土作业，因而采用倾斜式单龙干型架式("厂"字形架式)，此外也有少量农户选择使用老式的多主蔓扇型等栽培架式。由于大部分葡萄园地块较小、行间距不符合要求、架形不够统一、标准不统一等问题，机械化修剪和机械化采收受到很大限制，仅个别大型企业(如张裕)有机械化修剪和采收的尝试。因此，葡萄采收仍以人工采收方式为主, 葡萄园机械化操作主要以农药喷施和除草为主。在葡萄园管理方式方面, 以常规(传统)葡萄园管理方式为主, 存在一定比例的有机葡萄园, 也有个别企业开始尝试使用生物动力学管理模式。

在葡萄酒酿造方面, 山东产区使用的酿造技术较为广泛, 既存在倾向于传统欧洲的葡萄酒酿造模式, 也存在倾向于美国、澳大利亚等新世界的葡萄酒酿造模式。在除梗技术方面, 山东产区以旋转滚筒式为主, 倾斜摆动摆桶式和振动式垂直除梗技术使用率较低。大部分企业采取人工穗选和粒选为主的分选方式, 此外也存在一定比例的企业不进行分选。大部分企业采用不锈钢发酵罐进行发酵, 也有一些企业采用大型橡木桶进行发酵, 发酵控温系统使用较为广泛, 特别是有越来越多的企业开始摒弃过去简单的不锈钢或水泥池发酵罐, 使用带有米勒板的可制冷不锈钢发酵罐, 因而发酵前冷浸渍使用的比例较高。目前, 山东产区绝大部分企业使用商业活性干酵母进行葡萄酒的酒精发酵, 也有少量企业采用自然发酵, 近年来也有企业尝试使用非酿酒酵母进行混合发酵。其他酿造辅料, 如橡木片、单宁等的添加和使用也较为广泛。在陈酿型红葡萄酒的酿造中, 大部分企业使用传统的橡木桶陈酿, 也有少量企业开始尝试使用不锈钢罐进行微氧化陈酿。

山东产区葡萄栽培基地的管理方式主要包括: ①企业自有基地自主管理, 企业栽培专业技术人员+聘用季节工+机械作业; ②企业自有基地分包管理, 企业栽培专业技术人员+分包户; ③企业合同基地, 企业栽培专业技术人员+合作社/农户; ④合作社/农户自营基地, 合作社/农户。截至 2022 年 12 月, 全省获得生产许可证的葡萄酒企业有 210 余家, 分布在全省 15 个地市, 主要集中在胶东半岛。该产区的葡萄酒企业类型分为以下几种。①所有制类型: 国有控股公司、混合所有制公司、外商独资公司、私营公司; ②生产类型: 原酒企业、加工灌装企业、原酒+加工灌装企业; ③经营模式类型: 一是酒庄式, 山东省通过调结构、转方式, 已建、在建葡萄酒庄园达 74 家, 葡萄酒生产原料主要依赖自种酿酒葡萄; 二是工厂式, 原料来源包括: 自种酿酒葡萄、收购酿酒葡萄(公司+合作社/农户)、购买原酒等。企业生产规模主要以 1000 吨及以下规模为主, 也有大型乃至超大型生产企业。

2) 新疆产区

新疆地处我国古代西域地区, 虽然有考古和文献依据的葡萄栽培与葡萄酒酿造可以追溯至西汉之前, 但现代葡萄酒工业起步还是在改革开放以后。新疆产区地处欧亚腹地, 是世界上距离海洋最远的葡萄酒产区之一。新疆的地理特征是山脉与盆地相排列, 盆地被高山环抱, 俗称"三山夹两盆"。习惯上称天山以北为北疆, 天山以南为南疆。产区内山脉融雪形成众多河流, 绿洲分布于盆地边缘和河流流域, 绿洲面积占全区总面积的 5%, 具有典型的绿洲生态特点。新疆产区的子产区主要包括天山北麓、伊犁河谷、焉耆盆地和吐哈盆地等, 其中天山北麓产区中以玛纳斯地区葡萄酒产业的发展规模最大。

新疆以温带大陆性气候为主，西、南部有少量高原山地气候，由于天山能阻挡冷空气南侵，天山成为气候分界线，北疆属中温带，南疆属暖温带。新疆产区多属于干旱半干旱气候：日照时间长、光照充足、积温多、干燥少雨、昼夜温差大、无霜期长，太阳能辐射量仅次于西藏，对葡萄的生长十分有利。其中，天山北麓产区(以玛纳斯为代表)位于天山山脉以北、准噶尔盆地南缘，海拔在 450～1000 m 之间，年平均气温 6.1℃，无霜期 160～170 天，最冷月平均气温−16.1℃，最热月平均气温24.9℃，昼夜温差达20℃以上，年降水量为170～230 mm(图2-5)，平均日照时数 2800 h。

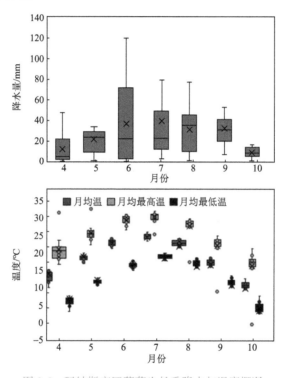

图 2-5 玛纳斯产区葡萄生长季降水与温度概况

新疆产区土壤为多层结构的砾石沙壤土，其中，天山北麓产区多为冲积平原或洪积平原，由南向北逐步倾斜，平坦开阔，地形起伏小，坡度较大，海拔在 1200 m以下。成土母质以冲积物为主，其中含有砾石、沙粒，土壤粒径较小，土质疏松，通水透气性能强，有利于葡萄根系的生长发育。土壤属于棕漠土、灰漠土和潮土，富含钙质，土层深厚，有机质含量为 0.2%～0.8%。

新疆产区发展起步较山东产区晚，主要种植的酿酒葡萄品种为'赤霞珠'、'美乐'、'马瑟兰'、'霞多丽'和'小芒森'等。吐哈盆地产区主要种植的酿酒葡萄品种为'赤霞珠'和'晚红蜜'等。焉耆盆地产区主要种植的酿酒葡萄品种为'赤霞珠'、'美乐'、'品丽珠'、'马瑟兰'、'霞多丽'和'雷司令'等。伊犁河谷产区主要种植的葡萄品种为'赤霞珠'、'霞多丽'和'雷司令'等。

新疆产区由于需要冬季埋土防寒,最主要的葡萄整形方式为适宜酿酒葡萄栽培的倾斜式单龙干型,此外也有大量还未经整改的单蔓、双蔓和多主蔓扇型等栽培架形存在。由于需要冬季埋土防寒、栽培面积较大、人工成本较高等问题,大量企业采用了半机械化埋土防寒措施。由于降水量较少,葡萄园杂草生长量较低,因而机械化除草使用率较低,机械化操作主要用于农药喷施。在葡萄园管理方式方面,新疆产区以常规/传统葡萄园管理方式为主,也有部分企业的葡萄园采取有机葡萄园管理方式,还未出现生物动力学管理。

新疆产区的葡萄采收均以人工采收方式为主,葡萄分选方式均以穗选和粒选为主。葡萄除梗技术以旋转滚筒式为主,压榨方式以气囊压榨为主,发酵前处理以冷浸渍为主。新疆产区绝大部分企业使用商业活性干酵母进行葡萄酒的酒精发酵,而使用自然发酵的比例较低。发酵罐类型以不锈钢发酵罐为主,但使用橡木罐发酵的比例也比较高。其他酿造辅料,如橡木片、单宁等的添加和使用也较为广泛。发酵后处理中,葡萄酒澄清技术以自然沉降为主,其次为深层过滤和表面过滤;使用的下胶剂主要为皂土,其次为鸡蛋清和动/植物明胶;使用的冷稳定处理技术以冷冻罐为主(依靠冷带或米勒板等降温),其次为速冻机。

新疆产区葡萄栽培基地的管理方式主要包括:①企业自有基地自主管理,企业栽培专业技术人员+聘用季节工+机械作业;②企业自有基地分包管理,企业栽培专业技术人员+分包户;③企业合同基地,企业栽培专业技术人员+合作社/农户。此外,由于新疆生产建设兵团这一特殊组织结构的存在,新疆产区部分企业,特别是大中型国有企业与新疆生产建设兵团有着紧密的合作甚至共生关系,主要体现在葡萄栽培基地的共同建设方面。

葡萄酒企业类型分为以下几种。①所有制类型:国有控股公司、混合所有制公司、外商独资公司、私营公司;②生产类型:原酒企业、加工灌装企业、原酒 + 加工灌装企业;③经营模式类型:一是酒庄式,葡萄酒生产原料主要依赖自种酿酒葡萄;二是工厂式,原料来源包括自种酿酒葡萄、收购酿酒葡萄(公司 + 合作社/农户)、购买原酒。新疆各产区发展特色明显。天山北麓产区以大型葡萄酒生产企业为主,主要生产中高档葡萄酒、佐餐酒和蒸馏酒。伊犁河谷产区以酒庄建设为主,主要生产优质干葡萄酒和冰酒。吐哈盆地产区以生产甜葡萄酒、蒸馏酒和干葡萄酒为主,并在南疆地区重点发展慕萨莱思葡萄酒产业。

2. 宁夏产区与之相比的差异和优劣势

1) 气候差异

贺兰山东麓产区与山东产区气候差异主要体现在:降水量低,相对湿度较低,生产季相对较短，有效积温较低，昼夜温差大，冬季一般需进行埋土防寒等。贺兰山东麓产区气候与新疆产区同属大陆性季风干旱气候，但相对于新疆产区，无霜期稍长、降水略多、总日照时数较少等。国内外不同产区葡萄生长季内气象统计数据如表 2-3 所示。

表 2-3　国内外不同产区葡萄生长季内(4~10 月)气象数据统计

产区名称	有效积温/℃	月均温/℃	月均最低气温/℃	月均最高气温/℃	无霜期/d	总日照时数/h	太阳总辐射/(MJ/m²)	总降水量/mm
宁夏贺兰山东麓产区	1872.1	18.8	12.1	24.7	180	1789	5400	183.9
新疆天山北麓产区(玛纳斯)	2095.1	19.8	13.3	26.5	194	2063	—	137.8
山东烟台产区(蓬莱)	2157.9	20.1	16.5	24.5	214	1574	—	583.1
法国波尔多产区	1726.1	18.1	13.0	23.5	214	1600	3400	407.2
美国纳帕产区	1851.9	18.7	10.9	26.6	214	2600	4800	112.4

注："—"为未获得相关数据。

2）土壤差异

与山东产区相比，贺兰山东麓产区土壤类型相对较为单一，由于很多葡萄园未经耕种或耕种时间短，土壤很少受到不当使用的农药、化肥的污染，但新建葡萄园过多的石块是葡萄园选址和葡萄定植时必须要处理的棘手问题。贺兰山东麓产区与新疆产区的土壤均以沙石土为主，但新疆产区土壤 pH 值略高，而贺兰山东麓产区土壤中石块更多。两产区的葡萄园多为新近开发，因而土壤受污染情况较少。

3）品种差异

相较于山东产区，贺兰山东麓产区品种丰富性小，特别是种植的白葡萄品种较少。新疆产区与贺兰山东麓产区主栽品种均以国内外广泛种植的经典酿酒葡萄品种为主，差异不大，最大的差别在于新疆产区目前还有少量源自苏联的葡萄品种。

4）栽培管理

山东产区已经有部分企业开展机械采收的尝试，机械修剪也更为常见，但贺兰山东麓产区目前则仍无法开展；相反，由于需要埋土越冬防寒，贺兰山东麓产区常常使用半机械化辅助埋土操作，而在山东产区不埋土的地区则不必使用这些技术和设备。由于贺兰山东麓产区许多葡萄园建园较晚，葡萄园地块普遍较大，连片且栽培架式较为规范统一，比较有利于葡萄园的一般机械化管理，如除草、喷洒农药等，而山东产区往往由于葡萄园地块小且不规整，只能在大规模的葡萄园开展机械化管理。与贺兰山东麓产区相似，新疆产区的葡萄园栽培管理均以传统栽培为主，有机栽培较少，且由于新疆产区降水较少，需要人工灌溉以满足葡萄生长的需要，新开辟的葡萄园均以滴灌模式为主。

5）酿造技术

就除梗技术而言，贺兰山东麓产区以旋转滚筒式为主，但所占比例是我国所有产区中最低的，振动式垂直除梗技术的比例较高，此外也存在一定比例的横向摆动梳齿式和倾斜摆动摆桶式等除梗方式。相较于山东产区，贺兰山东麓产区使用气囊压榨的比例较低，而使用框式压榨的比例较高；使用非酿酒酵母的比例相对较高；使用橡木桶发酵的比例相对较低；使用离心过滤和浮选法的比例较低；使用速冻机的比例相对较低。

与贺兰山东麓产区相似，新疆产区均以采用现代化的葡萄酒酿造技术为主。相较于新疆产区，贺兰山东麓产区酒厂使用旋转滚筒式除梗技术的比例较低，而使用振动式垂直除梗技术的比例较高；使用气囊压榨的比例较低，而使用框式压榨的比例较高；使用非酿酒酵母的比例相对较高；使用橡木桶发酵的比例相对较低；使用深层过滤和表面过滤的比例较低；使用皂土下胶的比例较低；使用速冻机的比例相对较低。

6）经营管理模式

贺兰山东麓产区的葡萄酒企业类型构成与山东产区基本一致，但以私营公司所占比例最大。贺兰山东麓与山东产区经营管理差异主要体现在：企业较为年轻，多以自主栽培、自主酿造和销售的酒庄式为主，且多配以葡萄酒旅游等经营方式；原酒企业较少，生产规模一般不大。贺兰山东麓产区与新疆产区的经营管理模式相似，除一般类型企业以外，新疆产区还有新疆生产建设兵团的参与。相比而言，新疆产区的葡萄种植和葡萄酒酿造规模都比较大。

2.1.4　宁夏贺兰山东麓葡萄酒产业链问题的解决方案

宁夏贺兰山东麓产区与法国波尔多产区、美国纳帕产区、我国山东产区（以烟台代表）和新疆产区（以玛纳斯代表）葡萄生长季主要气候指标如图2-6所示。这些数据表明贺兰山东麓产区与国内外著名产区在气候上有着极大的不同，波尔多产区属于温带海洋性气候，美国纳帕产区属于地中海气候，虽然宁夏贺兰山东麓产区与我国山东产区和新疆产区同属温带大陆季风气候，但由于地理位置不同，气候类型上也有着极大的差异。此外，宁夏贺兰山东麓产区与这些产区相比，在土壤构成上也有着极大的不同。因此，在宁夏贺兰山东麓葡萄酒产业的建设中，需要研究、探索并选择适宜自身产区的酿酒葡萄品种、葡萄栽培技术和葡萄酒酿造技术来生产具有自身独特风格的葡萄酒，而不能简单、盲目跟从和采纳国内外其他产区的技术和经验。

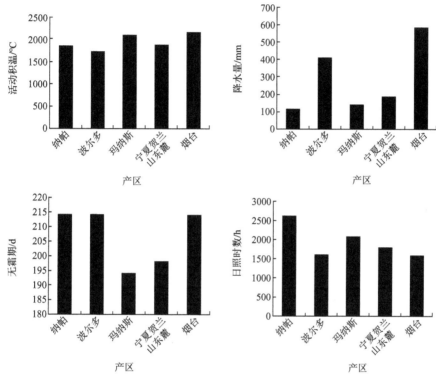

图 2-6　国内外主要产区葡萄生长季气候指标差异

2.2　宁夏葡萄酒产业科技应用现状和技术瓶颈分析

2.2.1　宁夏贺兰山东麓酿酒葡萄种植现状及原料特点

1. 主要酿酒品种及其种植现状

共调研了宁夏贺兰山东麓产区 70 个酒庄，共种植 25 个葡萄品种，最常见的是'赤霞珠'和'美乐'，各有 61 个酒庄和 45 个酒庄种植；此外，'霞多丽'有 21 个酒庄种植。近年来贺兰山东麓产区备受关注的'马瑟兰'，有 21 个酒庄种植。其他欧亚种红色品种，如'西拉''蛇龙珠''黑比诺''品丽珠'，分别有 17、15、

13、11 个酒庄种植；而'紫大夫''丹菲特''长相思''灰比诺''白麝香'等品种，只有 1～2 个酒庄种植(图 2-7)。

就种植面积而言，在宁夏贺兰山东麓产区，红色品种占酿酒葡萄种植总面积的 93%，其中'赤霞珠'接近 6 万亩、'美乐' 1.45 万亩，各占调研总面积的 63%

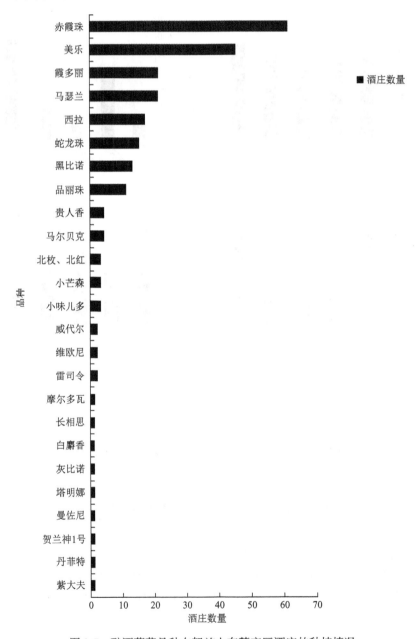

图 2-7　酿酒葡萄品种在贺兰山东麓产区酒庄的种植情况

和 16%；其次为'蛇龙珠'和'西拉'，分别是 5200 多亩和 3400 多亩。尽管有 21 个酒庄种植了'马瑟兰'，但总面积仅有 1547 亩，位列第 8，表明各个酒庄种植'马瑟兰'的面积都不大，对该品种表现持观望态度。种植较多的白色品种是'霞多丽'和'贵人香'，但总面积不足 4300 亩和 1700 亩（表 2-4）。

表 2-4　贺兰山东麓产区不同酿酒葡萄品种的种植面积及比例

品种	种植总面积/亩	比例/%
赤霞珠	58350	63
美乐	14546	16
蛇龙珠	5282	6
西拉	3430	4
黑比诺	1439	2
品丽珠	1774	2
霞多丽	4240	5
贵人香	1614	2
马瑟兰	1547	2
北红、北玫	372	<1
摩尔多瓦	120	<1

从贺兰山东麓 6 个子产区的种植情况看，永宁种植面积最大，贺兰最小。各子产区均是以'赤霞珠'种植面积最大，占 50%以上，尤其是在贺兰、红寺堡和永宁，'赤霞珠'种植面积占比超过 65%，永宁的'赤霞珠'种植面积为 2 万多亩。各子产区种植酿酒葡萄品种的丰富度有较大差别，永宁种植的品种最多，达 16 个，而贺兰仅有'赤霞珠'、'美乐'、'黑比诺'和'品丽珠'4 个红色品种（表 2-5）。

表 2-5　贺兰山东麓 6 个子产区主要酿酒葡萄品种的种植面积（亩）

品种	石嘴山	西夏区	贺兰县	青铜峡	永宁县	红寺堡
赤霞珠	1775	9737.88	955	4491.53	20993.35	20397.46
美乐	300	5153.1	86	1992.61	3549.89	3464.78
蛇龙珠	646	60	—	2883	861.16	832
西拉	265	166.4	—	281.2	1917.26	800
黑比诺	294	57.3	28	—	597.1	462.41
品丽珠	263	38	19	141.4	882.9	429.73

续表

品种	石嘴山	西夏区	贺兰县	青铜峡	永宁县	红寺堡
霞多丽	340	2172.42	100	15.2	1382.3	230.5
贵人香	—	30	—	1195	189.2	200
马瑟兰	—	697	17	400	274.86	157.82
北红、北枚	117	—	—	100	—	154.97
摩尔多瓦	—	—	—	—	—	120
威代尔	—	45	—	—	—	69.21
马尔贝克	—	—	—	30	14.29	49.16
雷司令	—	39.5	—	—	483.5	—
贺兰神1号	—	—	—	—	93.6	—
灰比诺	—	—	—	—	30	—
小味儿多	—	—	—	—	10.5	—
紫大夫	—	—	—	—	10.29	—
曼佐尼	—	—	—	—	17.1	—

注："—"为未获得相关数据。

从产量来看，产量最大的品种当属'赤霞珠'，其中红寺堡年产'赤霞珠'达到4355.17吨，占了全区该品种总量的大约36%；各子产区都有'美乐'，其中西夏区的产量最高；除了贺兰，其他5个子产区都有一定产量的'蛇龙珠'，其中永宁的'品丽珠'产量最高，青铜峡的'蛇龙珠'产量最高；此外，永宁、西夏区、青铜峡等均有一定数量的'马瑟兰'；西夏区、永宁和青铜峡等有数量不等的'霞多丽'（表2-6）。

表2-6 贺兰山东麓6个子产区主要酿酒葡萄品种的产量(吨)

品种	石嘴山	西夏区	贺兰县	青铜峡	永宁县	红寺堡
赤霞珠	441.11	2737.2	267	1350.4	2977.63	4355.17
美乐	52.96	1613.5	20	696.5	608.77	964.842
蛇龙珠	154	23	—	860.9	70.86	140
西拉	21	64.3	—	136.4	347.21	0
黑比诺	22.2	10	7	—	270.76	110.594
品丽珠	29.53	12	5	50.5	314.63	33.11
霞多丽	32.5	741.9	10	4.3	639.12	0

续表

品种	石嘴山	西夏区	贺兰县	青铜峡	永宁县	红寺堡
贵人香	—	12	—	358.5	75.35	0
马瑟兰	—	154.6	3	208	519.29	0.9
北红、北枚	10	—	—	21.3	—	6.79
摩尔多瓦	—	—	—	—	—	44
威代尔	—	10	—	—	—	38.263
马尔贝克	—	—	—	18	7.25	0.9
雷司令	—	20.9	—	—	142.55	—
贺兰神 1 号	—	—	—	—	19.14	—
灰比诺	—	—	—	—	8.16	—
小味儿多	—	—	—	—	5.28	—
紫大夫	—	—	—	—	4.84	—
曼佐尼	—	—	—	—	3.85	—

注："—"为未获得相关数据。

2. 宁夏贺兰山东麓主要酿酒葡萄原料的特点

贺兰山东麓产区系黄河冲积平原与贺兰山冲积扇之间的洪积平原地带,该产区西边有绵延 200 多千米的贺兰山脉作为天然屏障,贺兰山北高南低,使得从北到南子产区寒流和风速都不同,小气候差异明显;而该产区东边有黄河流经,不仅带来了丰富的矿物质营养和水源,也使葡萄园土壤类型依山远近而发生变化,红寺堡主要以黄绵土为主,整体肥力高于其他地区,树体营养生长相对较为旺盛;西夏区主要以淡灰钙土为主;青铜峡以普通灰钙土为主,灰钙土上种植的酿酒葡萄可溶性糖总体上有较高的积累,且果实单宁含量较高;而永宁以风沙土为主,果实的成熟较快。根据葡萄果实酿酒品质的星级评价表(表 2-7),对贺兰山东麓产区 6 个子产区常见葡萄品种原料特点进行了大致归纳(表 2-8~表 2-11)。

表 2-7　葡萄果实酿酒品质的星级评价表

评价指标	*	**	***	****	*****
生青味	强烈	较强	生青味中等	生青味微弱	无生青味
浆果香气	没有花果香	有微弱花果香	花果香中等	花果香较强	花果香浓郁
红色浆果色泽	粉色,光可透过果粒	淡红色,光可透过果粒	深红色,光可透过果粒	紫红色,完全着色	红色中带紫黑色

续表

评价指标	*	**	***	****	*****
白色浆果色泽	绿色且不透明	绿色且略透明	黄绿色，略透明	稻草黄，透明度高	琥珀黄，透明度较高
果肉糖酸比	非常酸，不甜，糖酸比极低；或非常甜，不酸，糖酸比极高	很酸，略甜，糖酸比很低；或很甜，略酸，糖酸比很高	较酸，略甜，糖酸比较低；或较甜，略酸，糖酸比较高	较酸，糖酸比略低；或较甜，糖酸比略高	糖度和酸度较高，糖酸比适中
种子颜色	嫩绿色	绿色泛褐色	绿褐色相间	灰褐色，无绿色	深褐色
皮肉比	极低	较低	中等	较高	很高
果皮和种子涩感	涩感极强	涩感较强	涩感中等	涩感较弱但口感较饱满	涩感弱，口感饱满

表 2-8　贺兰山东麓 6 个子产区 '赤霞珠' 成熟果实的酿酒品质特点

品质指标	石嘴山	贺兰县	西夏区	永宁县	青铜峡	红寺堡
生青味	***	****	****	****	*****	***
浆果香气	****	****	****	*****	*****	*****
红色浆果色泽	****	*****	*****	*****	****	****
果肉糖酸比	*****	****	****	****	*****	****
种子颜色	****	*****	*****	*****	****	****
皮肉比	****	****	****	****	****	****
果皮和种子涩感	***	*****	*****	*****	****	***

表 2-9　贺兰山东麓 6 个子产区 '美乐' 成熟果实的酿酒品质特点

品质指标	石嘴山	贺兰县	西夏区	永宁县	青铜峡	红寺堡
生青味	****	****	****	****	*****	*****
浆果香气	****	****	****	****	*****	*****
红色浆果色泽	****	*****	*****	*****	****	****
果肉糖酸比	*****	****	****	****	*****	*****
种子颜色	****	*****	*****	*****	****	****
皮肉比	****	****	****	****	****	****
果皮和种子涩感	***	*****	*****	*****	****	***

表 2-10　贺兰山东麓 5 个子产区 '蛇龙珠' 成熟果实的酿酒品质特点

品质指标	石嘴山	西夏区	永宁县	青铜峡	红寺堡
生青味	****	*****	*****	****	****
浆果香气	****	****	****	*****	*****
红色浆果色泽	****	*****	*****	****	*****
果肉糖酸比	****	***	****	*****	*****
种子颜色	****	*****	*****	****	****
皮肉比	*****	*****	*****	****	****
果皮和种子涩感	***	*****	*****	****	***

表 2-11　贺兰山东麓 3 个子产区 '霞多丽' 成熟果实的酿酒品质特点

品质指标	西夏区	永宁县	青铜峡
浆果香气	****	****	*****
白色浆果色泽	*****	*****	***
果肉糖酸比	****	****	*****
种子颜色	*****	*****	****

综上分析，尽管不同子产区土壤和气候各异、风土多样性明显，但主要品种都为 '赤霞珠'，其次为 '美乐'，种植品种高度单一化，品种布局缺乏科学依据，呈现跟风现象，不利于多元个性化优质葡萄酒产品的开发。

2.2.2　宁夏贺兰山东麓葡萄酒生产现状及产品特点

1. 葡萄酒的生产与销售现状

据不完全统计，贺兰山东麓产区年产葡萄酒 1200 多万瓶，涉及 15 个葡萄品种。以品种区分（表 2-12），'赤霞珠' 葡萄酒年产量最高，约 953 万瓶，占该产区年生产总量的 75.58%，几乎所有的酒庄都生产 '赤霞珠' 葡萄酒；紧随其后的是 '美乐'（约 101 万瓶）、'蛇龙珠'（约 74 万瓶）、'霞多丽'（约 65 万瓶），分别占 8.00%、5.84% 和 5.16%；'马瑟兰' 葡萄酒年产量不足 15 万瓶，仅占 1.17%；此外，'马尔贝克'、'威代尔'、'贵人香' 和 '小芒森' 等葡萄酒的占比均低于 0.1%，只有个别酒庄生产。贺兰山东麓产区葡萄酒的年销售量约为 850 万瓶，约占当年产量的 50%，虽然葡萄酒一般不在当年进入市场，但该数据可以在一定程度上反映葡萄酒库存情况，这是产区乃至我国整体葡萄酒产业的困境。

表 2-12　贺兰山东麓产区各个品种葡萄酒产量及其占比

品种	总生产量/瓶	产量占比/%
赤霞珠	9533841	75.58
美乐	1009605	8.00
蛇龙珠	737039	5.84
霞多丽	650946	5.16
黑比诺	178104	1.41
西拉	158428	1.26
马瑟兰	147517	1.17
品丽珠	94985	0.75
摩尔多瓦	33325	0.26
维欧尼	25000	0.20
雷司令	16000	0.13
马尔贝克	11108	0.09
威代尔	10000	0.08
贵人香	7000	0.06
小芒森	1333	0.01
总产量	12614231	—

2. 葡萄酒产品特点

贺兰山东麓产区干红葡萄酒产量占了绝大比例，高达 96.32%，干白葡萄酒仅占 3.68%（表 2-13）。根据生产干红葡萄酒的葡萄品种区分，产量由高到低依次是'赤霞珠'干红、'赤霞珠'和'美乐'干红、'美乐'干红、'蛇龙珠'干红以及上述 3 个品种的混酿干红，这些干红葡萄酒大约有半数经过了橡木桶陈酿；而在所调研的酒庄中，几乎所有的'马瑟兰'以及'赤霞珠'和'西拉'干红葡萄酒未经橡木桶陈酿（表 2-14）。从干红葡萄酒的酒种看，单品种酒与两个以上品种混酿酒的占比分别约为 82% 和 18%（表 2-15）。由上可见，该产区葡萄酒的品种和酒种都较单一，难以满足多元化消费市场的需求。

就各个子产区生产的葡萄酒品种而言，西夏区最多，有 11 个葡萄酒品种，其次为永宁和青铜峡，各有 8 个，贺兰最少，仅有 2 个；所有子产区都有'赤霞珠'和'美乐'葡萄酒，除贺兰外，其余 5 个子产区都有'蛇龙珠'葡萄酒（表 2-16）。就产量而言，青铜峡的'赤霞珠'、'美乐'和'蛇龙珠'葡萄酒占比都在 24%～39% 之间，较为接近；而其他 5 个子产区均是以'赤霞珠'葡萄酒占了绝对大的比例，其中，红寺堡和永宁的'赤霞珠'葡萄酒年产量分别达到 400 多万瓶和近 350 万瓶(表 2-16)。

表 2-13　贺兰山东麓干白与干红葡萄酒产量及占比

品种	总产量/瓶	占比/%
干红葡萄酒	14031665	96.32
干白葡萄酒	535664	3.68
干红与干白葡萄酒总量	14567329	100

表 2-14　贺兰山东麓各品种葡萄酒过桶/未过桶干红总产量(瓶)

品种	未过桶	过桶
'赤霞珠'干红	5074148	4459693
'赤霞珠'和'美乐'干红	1075871	924431
'美乐'干红	597535	404070
'蛇龙珠'干红	556936	180103
'赤霞珠''美乐'和'蛇龙珠'干红	103008	260000
'摩尔多瓦'干红	33325	—
'马瑟兰'干红	15000	132517
其他干红混酿	10000	—
'赤霞珠'和'西拉'干红	—	186620

表 2-15　贺兰山东麓单品种与混酿葡萄酒产量及占比

品种	总产量/瓶	占比/%
单品种葡萄酒	12614231	82
混酿葡萄酒	2781500	18
总量	15395731	100

表 2-16　贺兰山东麓 6 个子产区各品种葡萄酒产量及占比(%)

品种	石嘴山	西夏区	贺兰县	青铜峡	永宁县	红寺堡
赤霞珠	302000	751490	206700	667967	3491408	4114276
	(66.67)	(70.50)	(94.08)	(38.14)	(76.16)	(90.63)
美乐	20000	90410	13000	490530	358665	37000
	(4.42)	(8.48)	(5.92)	(28.01)	(7.82)	(0.82)

续表

品种	石嘴山	西夏区	贺兰县	青铜峡	永宁县	红寺堡
蛇龙珠	9000 (1.99)	20000 (1.88)	—	431003 (24.61)	131530 (2.87)	145506 (3.21)
霞多丽	35000 (7.73)	79100 (7.42)	—		370181 (8.07)	166665 (3.67)
黑比诺	26000 (5.74)	4000 (0.38)	—	17230 (0.98)	90874 (1.98)	40000 (0.88)
西拉	26000 (5.74)	24000 (2.25)	—	37108 (2.12)	68320 (1.49)	3000 (0.07)
马瑟兰	—	38970 (3.66)	—	95217 (5.44)	13330 (0.29)	—
品丽珠	35000 (7.73)	—	—	—	59985 (1.31)	—
摩尔多瓦	—	—	—	—	—	33325 (0.73)
维欧尼	—	25000 (2.35)	—	—	—	—
雷司令	—	16000 (1.50)	—	—	—	—
马尔贝克	—	—	—	11108 (0.63)	—	—
威代尔	—	10000 (0.94)	—	—	—	—
贵人香	—	7000 (0.66)	—	—	—	—
小芒森	—	—	—	1333 (0.08)	—	—

综上，贺兰山东麓 6 个子产区都存在葡萄酒品种单一的现象，几乎都是干红葡萄酒，且'赤霞珠'葡萄酒占了绝大比例，单品种酒的占比高，多品种混酿葡萄酒占比低。大部分酒庄都存在跟风生产的现象，未能充分考虑自身葡萄园的土壤、气候等风土特点和消费市场的实际需求，使得该产区整体的酒种品种多样性欠缺，能体现贺兰山东麓产区典型性的葡萄酒产量明显偏低。

2.2.3   宁夏贺兰山东麓葡萄酒产业科技应用现状

宁夏贺兰山东麓葡萄酒产业科技应用现状调查的数据来自 2020 年 7~8 月和 2021 年 5~6 月宁夏酒庄实地调研、2021 年 3~4 月全国范围的葡萄酒企业的"问卷星"调研以及不定期的线上访谈,涉及该产区的 28 家葡萄酒企业,来自石嘴山、西夏区、永宁、吴忠、青铜峡和红寺堡子产区,其中,生产规模大于 1000 吨的有 9 家,生产规模在 500~1000 吨的有 8 家,生产规模在 100~500 吨的有 6 家,其余 5 家生产规模较小,所获得的数据能够代表该产区葡萄酒产业科技的应用现状。

1. 葡萄园优质化省力化栽培技术的应用现状

我国新疆、宁夏葡萄酒产区均属温带大陆性气候区,在葡萄生长季节通常呈现强光干热气候,葡萄果实糖分增加很快,但香气和酚类物质以及种子单宁成熟通常与糖分积累并不同步,采用适宜的树体整形方式及与其配套的管理措施,有助于延缓果实成熟进程,这是该产区优质酿酒原料生产的关键;此外,针对劳动力短缺、用工成本增加的问题,葡萄园机械化、省力化成为我国葡萄酒产业发展的必然趋势;生态农业种植模式也是目前葡萄种植发展的趋势之一。针对上述 3 个方面,将葡萄园科技应用现状的调研重点放在葡萄树体的整形方式、机械化应用及生态农业种植模式的应用方面。

1)葡萄树体整形方式

采用适合当地气候生态特点的树体整形方式是实现葡萄园优质化、标准化和机械化生产的基础。倾斜式单龙干型("厂"字形)是一种适用于我国埋土防寒产区的酿酒葡萄整形方式,它可以减少葡萄树体埋土出土时的伤害,也易于控制结果带在同一水平面上,使果穗成熟一致、果粒成熟一致,利于精准调控果实品质,这种整形方式已得到国内学者和生产者的普遍共识。在该产区,70%以上的酒庄已经采用了倾斜式单龙干型树形,35%的酒庄有直立龙蔓型葡萄园,表明有些酒庄同时有上述两种架形的葡萄园;在所调研的 28 家酒庄中,只有 1 家至今仍保留传统的多主蔓扇型(图 2-8)。

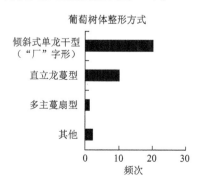

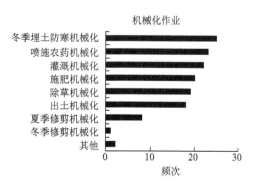

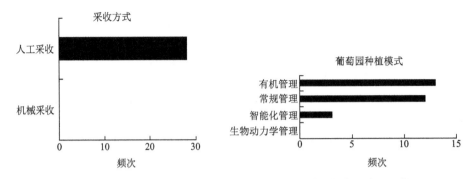

图 2-8　贺兰山东麓产区葡萄园优质化、省力化栽培技术的应用现状

2）机械化作业

葡萄园管理中实现机械化操作环节主要包括：喷施农药机械化、除草机械化、灌溉机械化、冬季修剪机械化、夏季修剪机械化和采收机械化等。在贺兰山东麓产区，90%的酒庄采用机械化进行冬季葡萄树埋土，82%的酒庄进行机械化喷施农药，75%的酒庄进行机械化灌溉和施肥，一半以上酒庄进行机械化除草和葡萄树出土，但只有28%的酒庄在夏季修剪时采用机械化。由于该产区葡萄树需要埋土过冬，相对于夏剪，冬剪的要求较高，在所调研的酒庄中，只有1家采用了机械化冬剪，大部分酒庄仍采用人工冬剪。在葡萄采收方面，该产区所有酒庄都采用人工采收，没有机械化采收。

3）生态农业种植模式的应用

国际上葡萄园依据其生态种植模式，分为有机葡萄园、生物动力学葡萄园和常规管理的葡萄园，后者还衍生出智能化管理葡萄园。在所调研的 28 家酒庄中，没有一家葡萄园采用生物动力学管理模式，有13家酒庄采用有机葡萄园种植模式；超过一半的酒庄仍采用常规的葡萄园种植模式，只有3家葡萄园采用了智能化管理。

2. 葡萄酒酿造新工艺新装备的应用现状

开展葡萄酒酿造新工艺新装备的调研，能够反映该产区葡萄酒酿造的技术水平和科技应用现状。本次调研涵盖了葡萄酒酿造的主要环节，包括原料前处理方式、发酵工艺及装瓶前的澄清稳定处理。

1）原料前处理方式

原料的前处理方式包括原料分选、除梗方式、压榨方式和原料前处理工艺。在原料分选方面，目前穗选和粒选设备使用较为普及，在所调研的28家酒庄中，有 23 家都采用了穗选和粒选相结合的分选方式，表明这种分选模式得到普遍认同；有2家还采用了较先进的光学粒选；没有酒庄采用浮选、密度分选或不分选等处理方式。在除梗方面，有15家采用旋转滚筒式除梗，占比为53.6%，各有 7 家、

5 家和 5 家采用振动式垂直除梗、倾斜摆动摆筒式和横向摆动梳齿式。多数酒庄依据生产目的不同，同时采用了 2 种或 2 种以上的除梗方式，没有酒庄采用倾斜链板抓手式除梗。在压榨方式方面，采用比较柔性的气囊压榨方式的酒庄最多，占 70%，其次为框式压榨和螺杆式压榨。在原料前处理工艺方面，依据生产目的不同，有冷浸渍、闪蒸、热浸渍、二氧化碳或半二氧化碳浸渍等，所调研的 28 家酒庄全部采用了冷浸渍工艺，而其他 4 种前处理工艺，只有个别的酒庄在生产特殊酒种时采用，例如，应用二氧化碳浸渍工艺有 5 家，应用半二氧化碳浸渍工艺有 3 家。因此，该产区大部分酒庄能够采纳葡萄酒生产中原料前处理的新技术和新装备（图 2-9）。

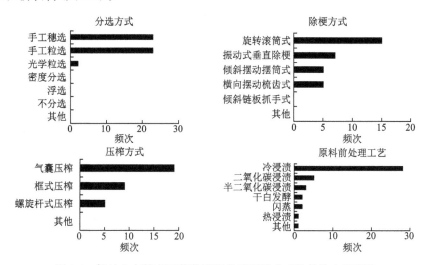

图 2-9　贺兰山东麓产区葡萄原料前处理技术或装备的应用现状

2）发酵工艺

葡萄酒发酵普遍采用不锈钢发酵罐，而现代酿酒技术研究表明，橡木桶发酵对于颜色稳定和酒体优化有着积极的作用。在该产区的 28 家酒庄中，有 5 家酒庄采用了橡木桶发酵罐，占比为 17.9%。此外，有 2 家酒庄还采用加尼米德罐，以通过加温、增强浸提效果达到提升味感的目的。在该产区，没有企业采用水泥罐和旋转罐，这与我国其他产区的情况类似。在葡萄酒发酵中，普遍采用商业酿酒酵母启动酒精发酵，近年来，利用非酿酒酵母改善葡萄酒风味质量备受关注，在所调查的 28 家酒庄中，有 6 家采用了非酿酒酵母，有 1 家采用自然发酵葡萄酒，占比为 25%，表明企业有意愿尝试新的工艺技术。近年来，低醇葡萄酒的消费呈现增长的态势，调研中，针对葡萄酒降酒精技术，有加水、反渗透、旋转锥蒸馏塔技术和未考虑降酒精处理 4 个选项，这些酒庄都选择了"未考虑降酒精处理"，没有生产低醇葡萄酒（图 2-10）。

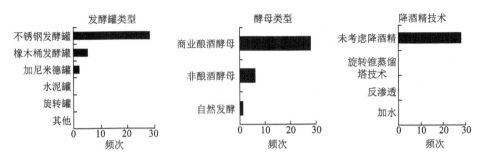

图 2-10　贺兰山东麓产区葡萄酒发酵技术应用现状

3）澄清稳定处理

　　澄清稳定处理是葡萄酒装瓶之前的重要环节，近年澄清和稳定处理装备和工艺在不断发展。在葡萄酒澄清技术的应用方面，针对不同酒样，多数酒庄采用了两种或以上的澄清方法，除了传统的自然沉降法，有一半以上的酒庄采用了深层过滤（硅藻土过滤、板框过滤、旋转真空过滤）和表面过滤（膜过滤和错流过滤）技术，只有少数酒庄采用离心过滤和浮选法技术。在葡萄酒下胶剂使用方面，有 2/3 的酒庄偏好皂土，同时，考虑到葡萄酒类型，他们也会用鸡蛋清、动/植物明胶或交联聚乙烯吡咯烷酮（PVPP）作为下胶剂。在冷稳定处理方面，与我国其他产区相似，贺兰山东麓产区的葡萄酒企业有 90% 采用了冷冻罐（依靠冷带或米勒板等降温）处理方式，此外，有 8 家采用速冻机处理，有个别企业采用添加偏酒石酸或采用离子交换柱的方式，针对不同葡萄酒，企业所采用的冷稳定处理方法也不是单一的（图 2-11）。

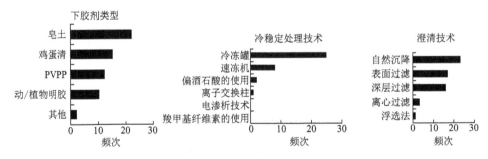

图 2-11　贺兰山东麓产区葡萄酒澄清稳定处理技术的应用现状

3. 企业人员获得葡萄栽培技术和葡萄酒酿造工艺新技术渠道

　　企业人员获得葡萄栽培技术和葡萄酒酿造新技术的渠道有很多，在所调研的选项中，大多数人认为最主要的渠道是与高校、科研院所合作，其次是科技讲座和设备等技术供应商的推介，还有网络资源，除上述这些之外，选择其他渠道的人员占比相对较低。葡萄酒企业人员最关注的是葡萄园管理、机械化操作及葡萄和葡萄酒相关的埋藏、发酵、陈酿、护色等技术。

在葡萄园优质化、省力化技术和种植模式的应用方面，一些容易达成的省力化栽培技术，如机械化喷药、机械化灌溉、机械化施肥、机械化出土等，都被大多数酒庄所采用；而一些技术水平要求较高的，如机械化夏剪、有机葡萄园等，只有部分酒庄采用；那些技术难度大的，如机械化采收、机械化冬剪和埋土等，在该产区极少采用，这与我国其他产区的技术应用情况相似。多数酒庄能够结合当地生态条件，采用适宜的倾斜龙干型整形方式，由于旧葡萄园不合理树形的改造需要时间和成本，目前仍有三分之一的葡萄园没有采用此架形，未来这一比例可能会降低。

在葡萄酒酿造新工艺、新装备应用方面，该产区大多数酒庄采用的工艺流程和装备基本相似，例如，采用穗选和粒选的原料分选方式、发酵前冷浸渍、不锈钢发酵罐、酿酒酵母启动发酵、自然沉降法澄清葡萄酒、利用冷冻罐进行冷稳定处理等，表明大部分企业对新装备、新工艺有较好的应用；但由于工艺参数属于企业技术保护的范畴，无法获得调研数据，从少数企业开始将非酿酒酵母应用于葡萄酒发酵中，可以认为，以突出风味为目的的葡萄酒生产工艺技术已受到企业的重视。

2.2.4　宁夏贺兰山东麓葡萄酒产业技术瓶颈分析

1. 葡萄园生产中防灾减损、生态保护一体化相关的技术不够成熟

与国外葡萄酒产区的温带海洋性气候和地中海性气候相比，贺兰山东麓产区为温带大陆性季风气候，在葡萄园生产中，农业气象灾害发生频率较高，尤其是萌芽展叶期和新梢生长期常出现强寒潮和低温，葡萄芽叶遭受霜冻；此外，葡萄果实生产季有时会出现短时暴雨，使葡萄园受涝，造成减产或绝产。然而，目前该产区并没有形成有针对性的防灾减损技术措施，多数情况下处于被动应对的状态。另外，贺兰山生态脆弱、冬季风沙很大，导致水土流失严重，而冬季葡萄树体需要修剪并埋土，这些农事作业不利于生态保护。针对这一现象，目前有些葡萄园建立了防风林带，有个别酒庄也开始尝试保留冬剪枝条在篱架上直至次年，以充当防风屏障的作用。如何更加高效、更加有效地将葡萄园防灾减损与贺兰山生态保护有机整合起来，形成一体化的栽培措施和管理规程，是该产区亟待探索并解决的瓶颈技术。

2. 葡萄酒品种和酒种区域化网格化布局的技术基础不足

贺兰山东麓产区从北到南、从东到西的风土条件差异性较大，但是各个子产区的酒庄都是以干红葡萄酒为绝对大的比例，而且以‘赤霞珠’为主；整体看，该产区葡萄酒的品种和酒种较为单一，盲目跟风、盲目引进、同质化现象较为明显，总体上，大部分葡萄酒没有体现葡萄园的风土特点，产品多样化欠缺，难以适应个性化、多元化的消费市场。与法国和美国等著名的葡萄酒产区相比，该产

区葡萄品种和酒种区域化布局明显欠缺，区域化划分的理论基础和相配套的栽培和酿酒技术不足，这些问题制约了该产区葡萄酒产业的做大做强。

3. 葡萄园标准化种植管理及机械化、智能化技术应用仍然不足

目前，贺兰山东麓产区葡萄园标准化种植管理及机械化、智能化技术应用仍然不足，因此，需要开展葡萄园标准化栽培与管理规程的研究，建立智能化、数字化葡萄园的基础数据库，研发适宜贺兰山东麓产区葡萄园管理的智能化控制技术体系和预测模型，研发适宜贺兰山东麓产区葡萄埋土、出土、采收、修剪等机械化栽培技术等。

4. 满足多元化市场需求的个性化优质葡萄酒生产技术研发及应用有待加强

针对产区不同区域酿酒葡萄原料品质特点，结合市场多元化需求，加强相关的应用基础研究，研发适应不同消费群体的个性化优质葡萄酒生产技术，是促进葡萄酒产业可持续发展的关键。针对原料品质特点及不同消费需要，加强贺兰山东麓产区葡萄酒靶向研究关键技术的研究与示范，争取三至五年突破宁夏贺兰山东麓葡萄酒产业瓶颈，促进本区域葡萄酒产业持续高效发展。

2.3　宁夏贺兰山东麓个性化优质葡萄酒产品开发战略

葡萄酒的风格和品质与其原产地有着密不可分的联系，特定产区的积温、光照、降水、地形地貌、土壤等生态因子塑造了最终葡萄酒的风格。通过宁夏与国内外其他产区葡萄酒产业链问题的对比分析，发现宁夏贺兰山东麓产区多样的风土特点与其产品风格同质化的矛盾比较突出。因此，有必要深入挖掘分析贺兰山东麓产区的风土潜力，依据各子产区的风土特征科学地进行酿酒品种的选择以及酒种类型的布局，科学表达宁夏贺兰山东麓各子产区的风土。

2.3.1　葡萄酒产区典型产品的风格特点

1. 宁夏贺兰山东麓葡萄酒产区风土特征

宁夏贺兰山东麓葡萄酒产区位于银川平原西部，系黄河冲积平原与贺兰山冲积扇之间的洪积平原地带，介于北纬 37°11′43″～39°05′27″，东经 105°46′43″～106°26′42″之间。该产区西有绵延 200 多千米的贺兰山脉作为天然屏障，抵御了寒流，增加了产区积温；东有黄河流经，带来了丰富的矿物质营养和水源，调节了葡萄生长期，从而造就了贺兰山东麓产区不可复制的地理环境，被誉为世界最适

合酿酒葡萄种植的地区之一。

　　无霜期方面，宁夏回族自治区无霜期较短，大部分地区的无霜期一般小于190 天，大致为南短北长，这与宁夏热量分布南寒北暖相一致。南部山区无霜期最短均小于 160 天，北部一般在 170 天以上，其中贺兰山东麓地区一般都在 180 天左右，石嘴山、吴忠和贺兰的无霜期最长，均在 185 天以上(表 2-17)。贺兰山东麓产区南部的永宁、青铜峡和红寺堡等子产区无霜期相对较短，春天的晚霜会使葡萄芽眼受冻，影响葡萄挂果，而秋天迅速降低的温度也会使葡萄植株合成碳水化合物的能力降低，也影响浆果的成熟度，过早的霜降致使叶片非自然脱落，将进一步减少糖在葡萄浆果中的积累及在多年生枝条内的分配。从干燥度方面，宁夏地区的干燥度较大，大部分地区大于 1。干旱有利于葡萄深扎根，以及葡萄果实中干物质的积累，尤其是多酚物质，使得酿造的葡萄酒色泽稳定优美、口感更佳，但过分干旱不利于葡萄果实的生长。

表 2-17　宁夏回族自治区酿酒葡萄栽培品质区划

气候区	站点	指标
1	永宁、贺兰、石嘴山、吴忠、青铜峡	$180 < F < 200$，DI > 3.5
2	同心	$180 < F < 200$，$1.6 < DI < 3.5$
3	石炭井、惠农、平罗、银川、中卫	$160 < F < 180$，DI > 3.5
4	麻黄山、韦州	$160 < F < 180$，$1.6 < DI < 3.5$

　　注：无霜期 F 是指春天的最后一次 0℃出现到秋天第一次 0℃出现的间隔时间；干燥度指标 DI 实际上是衡量一个地区的降水量是否满足葡萄生长所需，它是葡萄在生长季的蒸发蒸腾量(实际需水量 ETC)与降水量的比值。

　　贺兰山东麓产区的土壤类型主要是冲积扇灰钙土、风沙土、灰钙土和少量的黄河灌淤土，而以冲积扇灰钙土和风沙土最多。银川子产区靠近贺兰山山脚的土壤类型为沙石土壤，砾石含量高；永宁子产区西部靠近贺兰山脚下的区域为砾石土壤，东部为风沙土壤；贺兰子产区位于贺兰山苏峪口北侧，为贺兰山洪积扇地貌，土壤类型为重砾石及沙石土壤，越靠近山脚，砾石越大、越多；青铜峡子产区位于贺兰山脉的末端，土壤以灰钙土为主，矿物质丰富，微量元素含量高，土壤中含有较多的砂质，透水性好；红寺堡子产区位于宁夏贺兰山东麓葡萄酒产区保护范围的最南端，土壤为淡灰钙土，粉粒比例高，砂粒和黏粒含量较少，土壤毛管空隙较多，保水保肥能力较强；石嘴山子产区位于宁夏贺兰山东麓葡萄酒产区保护范围的最北端，葡萄园均靠近贺兰山脚下，土壤类型为重砾石及沙石土壤。由于贺兰山脉北高南低，南部与沙漠接壤，形成了从北到南不同微气候，加上贺兰山东麓葡萄酒产区地处山体和河流夹带，使得葡萄园的土壤类型又因离山体远近而有所差别，从而造就了该产区有多样的风土(表 2-18)。

表 2-18　贺兰山东麓主要土壤类型和微气候概况

序号	土壤类型	土壤性状	酿酒葡萄全生育期微气候 [a]
A	冲积扇灰钙土 1	石量较高，石粒直径较大	积温 [b]3628.0℃；降水 161.6 mm；日照时数 1545.9 h；日温差 12.8℃
B	冲积扇灰钙土 2	石量较低，石粒直径较小，有一定土壤涂层	
C	风沙土 1	地表壤土层较薄，低层为青沙	积温 [b]3605.7℃；降水 153.8 mm；日照时数 1605.4 h；日温差 13.3℃
D	风沙土 2	地表壤土层较厚，低层为黄沙	
E	冲积扇 1	土壤含石量较多，石粒较小	积温 [b]3608.9℃；降水 157.2 mm；日照时数 1682.7 h；日温差 13.0℃
F	冲积扇 1	土壤含石量较少，石粒较小	

注：a 数据来自当地 1981～2010 年的气象资料；b 指有效积温，在葡萄生长季(4～10 月)大于 10℃的温度累计之和。

2. 贺兰山东麓产区葡萄酒类型现状分析

目前，宁夏贺兰山东麓产区从北至南分为 6 个子产区，分别为石嘴山、贺兰、银川、永宁、青铜峡和红寺堡。通过调研宁夏贺兰山东麓产区 70 家葡萄酒生产企业的葡萄酒产品结构，得到表 2-19。可知未经橡木桶陈酿的'赤霞珠'干红葡萄酒的生产量最高，其次是橡木桶陈酿的'赤霞珠'干红葡萄酒。在调研的葡萄酒企业中，以'赤霞珠'为主的葡萄酒产品生产量超过 1000 万瓶，占所有类型葡萄酒总生产量的 70%；然后依次是未经橡木桶陈酿的'赤霞珠'和'美乐'混酿干红、其他类型、橡木桶陈酿的'赤霞珠'和'美乐'混酿干红、未经陈酿的'美乐'干红、'桃红'、未经橡木桶陈酿的'蛇龙珠'干红等。整体来说，宁夏贺兰山东麓产区生产的干红葡萄酒以'赤霞珠'为主，以及少部分的'美乐'、'蛇龙珠'和'西拉'。除此之外，'桃红'葡萄酒、'霞多丽'起泡酒以及'霞多丽'干白的生产量分别达到生产总量的 3.6%、1.6% 和 1.3%。

表 2-19　贺兰山东麓产区不同类型葡萄酒的生产情况

酒款	总生产量/瓶	比例/%
'赤霞珠'干红(unoaked)	5074148	31.7
'赤霞珠'干红(oaked)	4459693	27.9
'赤霞珠'和'美乐'干红(unoaked)	1075871	6.7
其他	1062247	6.6
'赤霞珠'和'美乐'干红(oaked)	924431	5.8
'美乐'干红(unoaked)	597535	3.7
桃红	575900	3.6

续表

酒款	总生产量/瓶	比例/%
'蛇龙珠'干红（unoaked）	556936	3.5
'美乐'干红（oaked）	404070	2.5
'霞多丽'起泡酒	262713	1.6
'赤霞珠''美乐'和'蛇龙珠'干红（oaked）	260000	1.6
'霞多丽'干白（unoaked）	201958	1.3
'赤霞珠'和'西拉'干红（oaked）	186620	1.2
'蛇龙珠'干红（oaked）	180103	1.1
'霞多丽'干白（oaked）	167406	1

注：unoaked，未经橡木桶陈酿；oaked，经过橡木桶陈酿。

从贺兰山东麓产区70家企业的葡萄酒销售情况可以看到，主要类型葡萄酒的销售量约为其生产量的一半，干红葡萄酒销售量最高，桃红次之，而'霞多丽'起泡酒的生产量和销售量基本持平，干白则较少（表2-20）。干红葡萄酒中，销售量最高的是橡木桶陈酿的'赤霞珠'干红葡萄酒，其次是未经橡木桶陈酿的'赤霞珠'干红葡萄酒，以及'赤霞珠'和'美乐'混酿干红葡萄酒。其中'赤霞珠'干红葡萄酒占49%的销售比例，'赤霞珠'和'美乐'混酿干红葡萄酒的占比为21%。

表2-20 贺兰山东麓产区不同类型葡萄酒的销售情况

酒款	总销售量/瓶	比例/%
'赤霞珠'干红（oaked）	2339777	29
'赤霞珠'干红（unoaked）	1592628	20
'赤霞珠'和'美乐'干红（unoaked）	1051206	13
'赤霞珠'和'美乐'干红（oaked）	639526	8
其他	497618	6
'桃红'	280597	4
'赤霞珠''美乐'和'蛇龙珠'干红（oaked）	260000	3
'霞多丽'起泡酒	241403	3
'美乐'干红（unoaked）	223815	3
'蛇龙珠'干红（unoaked）	211265	3
'美乐'干红（oaked）	147300	2
'蛇龙珠'干红（oaked）	145999	2
葡萄蒸馏酒	133800	2
'霞多丽'干白（unoaked）	113864	1
'赤霞珠''美乐'和'蛇龙珠'干红（onoaked）	97809	1

通过上述分析，可以看出宁夏贺兰山东麓产区存在产区风土多样化与产品同质化之间的矛盾，而且宁夏产区葡萄酒的产量大幅超出其销售量。因此，宁夏区有必要深入挖掘各子产区的风土潜力，总结现阶段各子产区酿造葡萄酒的风格特点以及物质基础，并深入分析现阶段的葡萄酒产品是否表达了各子产区的风土潜力，提出各子产区的酿酒葡萄品种和酒种布局。

3. 各子产区主要品种葡萄酒风格特点

宁夏贺兰山东麓6个子产区的主要酒种均是干红葡萄酒，种植的红色酿酒葡萄品种主要包括'赤霞珠'、'美乐'、'西拉'、'马瑟兰'和'品丽珠'，以及少量的'小味儿多'、'蛇龙珠'、'黑比诺'、'马尔贝克'、'桑娇维塞'、'丹魄'、'巴贝拉'、'丹菲特'、'冰红'、'北红'和'北枚'等。由于贺兰山脉北高南低，南部与沙漠接壤，形成了从北至南的不同微气候，而且贺兰山东麓葡萄酒产区地处山体与河流夹带，使得葡萄园土壤类型又因离山体远近而有所差异。因此，贺兰山东麓各子产区"风土"的差异，结合酿酒葡萄品种的多样性和酿造工艺的丰富性，使得贺兰山东麓产区展现出多样的葡萄酒风格。

依据 ISO 11035:1994 中建立感官描述词的方法，全面考虑贺兰山东麓产区葡萄酒的风味特点，采用选择合适项目（check-all-that-apply，CATA）法对贺兰山东麓产区47家葡萄酒企业不同年份生产的商业'赤霞珠'干红葡萄酒87款、'马瑟兰'干红葡萄酒23款和'霞多丽'干白葡萄酒34款进行感官特点分析。

1）'赤霞珠'干红葡萄酒

通过对宁夏贺兰山东麓产区永宁、银川、石嘴山、青铜峡、红寺堡和贺兰6个子产区的'赤霞珠'干红葡萄酒进行 CATA 法品鉴，得到宁夏贺兰山东麓产区'赤霞珠'干红葡萄酒的颜色基本呈深宝石红色或宝石红色。

进行 CATA 感官分析可知（表2-21），永宁产区'赤霞珠'干红葡萄酒颜色呈深宝石红，部分产品呈浅紫红或宝石红，黑莓、樱桃、青椒和焦糖/太妃糖等香气较为突出，酸度适中，单宁强度中等且细腻，酒体圆润，有明显的回甘，但常表现出高酒精度引起的热感。银川产区'赤霞珠'干红葡萄酒主要表现出深宝石红色，以香草、烟熏、黑莓、樱桃和甘草等复合香气为主，酸度适中，酒体圆润，单宁细腻且中等强度，回甘感突出。青铜峡产区'赤霞珠'干红葡萄葡酒主要呈深宝石红色，具有更浓郁的香草、树莓、草本和黑莓等香气，酒体较为圆润，回甘较为明显，单宁强度中等、细腻。红寺堡产区'赤霞珠'干红葡萄酒的颜色主要呈深宝石红色，香气呈现出香草、樱桃和草本等特点，酸度基本适中，部分产品单宁较为细腻、强度中等以及口感圆润，且回甘较为明显。贺兰产区'赤霞珠'干红颜色呈深宝石红色，具有浓郁的黑莓、烟熏、紫罗兰、树莓、甘草和草本等香气，酸度适中，单宁强度中等、细腻，回甘较明显，酒体饱满，热感突出。颜色方面，永宁和青铜峡产区葡萄酒的色度相对浅于银川、贺兰等产区；香气方面，贺兰、永宁、青铜峡和银川产区更多葡萄酒表现出黑莓和树莓的香气，而青铜峡、银川、红寺堡和贺兰产区更多葡萄酒使用橡木桶等橡木制品，表现出更多的香草和烟熏等橡木香气。酸度方面，银川、贺兰、永宁和青铜峡产区葡萄酒的酸度中等，而红寺堡产区葡萄酒的酸度更高，这与红寺堡产区的成熟期短、积温相对较低有关。与永宁、石嘴山、青铜峡和红寺堡产区相比，银川和贺兰两个产区大部分'赤霞珠'干红葡萄酒单宁细腻度突出且单宁强度中等，酒体圆润、饱满。银川产区的葡萄酒回甘相较更为明显，其次是永宁、贺兰和红寺堡。另外，贺兰产区的葡萄酒在口感上给人更多的热感。

表 2-21　宁夏贺兰山东麓产区'赤霞珠'干红葡萄酒风格特点

子产区	外观	香气	口感
永宁	深宝石红，部分浅紫红和宝石红	黑莓、樱桃、青椒、焦糖/太妃糖	酸度适中，单宁较为细腻，部分单宁强度中等，回甘明显，酒体圆润，热感
银川	深宝石红	黑莓、香草、烟熏、樱桃、甘草	酸度适中，单宁细腻，单宁强度中等，回甘明显，酒体圆润
石嘴山	深宝石红，宝石红	草本、草药、青椒、椰子、香草	酸度基本适中，单宁强度中等
青铜峡	深宝石红	树莓、香草、草本、黑莓、紫罗兰	酸度适中，单宁较为细腻，单宁强度中等，回甘较为明显，酒体较为圆润
红寺堡	深宝石红	香草、樱桃、草本	酸度基本适中，单宁较为细腻，部分单宁强度中等，回甘较为明显，酒体较为圆润
贺兰	深宝石红	黑莓、烟熏、紫罗兰、树莓、甘草、草本	酸度适中，单宁细腻，单宁强度中等，回甘较明显，酒体饱满，热感突出

2）'马瑟兰'干红葡萄酒

各个小产区的葡萄酒在外观方面无明显差异，均以深紫红色居多，其次是宝石红色。其中银川产区的宝石红色频率最低，仅为 8.3%，而青铜峡产区与贺兰产区有频率在 10%以上的深紫色出现。由表 2-22 可知，在香气方面，在香气方面，永宁产区有突出的樱桃、黑莓、巧克力和香草的香气；银川产区的黑莓、紫罗兰、烟熏和香草风格明显；石嘴山产区有明显的山楂、樱桃等红色浆果香气；青铜峡产区的黑莓、樱桃和香料香十分突出；贺兰产区的黑莓、香草和焦糖香最为典型。各个小产区的葡萄酒在酒精度和酸度方面并无显著差异，而在单宁方面，贺兰和银川单宁强度高于其他产区，永宁和青铜峡等产区的单宁表现较为细腻；银川产区葡萄酒的酒体更加圆润，而其他子产区葡萄酒的酒体均表现为中等；在回味方面，银川和青铜峡产区的回甘突出；相似地，银川产区和青铜峡产区葡萄酒的回味较长，贺兰和永宁产区的回味中等频率；此外，贺兰产区葡萄酒入口热感明显。

表 2-22　宁夏贺兰山东麓产区'马瑟兰'干红葡萄酒风格特点

子产区	外观	香气	口感
石嘴山	砖红色，宝石红色	山楂、樱桃、苹果/梨、槐花、玫瑰、紫罗兰	单宁细腻，酸度适中，酒体中等，略有回甘
贺兰	紫红色，浅紫红色	黑莓、香草、焦糖、薄荷、奶油	单宁中等，回味中等，酒体中等，入口有热感
银川	紫红色，宝石红色	烟熏、香草、黑莓、紫罗兰、蓝莓、玫瑰、巧克力	单宁中等，酒体圆润，有回甘，回味较长
永宁	浅紫红色，砖红色	樱桃、黑莓、巧克力、香草、甘草、青草	单宁细腻，酒体中等，酸度适中，回味中等
青铜峡	紫红色，宝石红色	黑莓、香料、樱桃、干草、紫罗兰、玫瑰、丁香	单宁细腻，酒体中等，有甜味和回甘，回味长

3）'霞多丽'干白葡萄酒

各产区的霞多丽干白葡萄酒外观较为相似，主要被描述为禾秆黄色、禾秆绿色与有光泽感。由表 2-23 可知，各产区的'霞多丽'干白葡萄酒香气之间具有差异，永宁产区的产品具有较强的蜂蜜和矿物香气；银川产区的产品具有更典型的蜂蜜、柠檬、青苹果、梨和香蕉香气；红寺堡产区的产品具有青苹果、糖渍水果、金银花等香气；青铜峡产区的产品蜂蜜、矿物和柑橘的香气更明显；石嘴山产区的唯一样品中香蕉、柑橘和青苹果或煮青苹果的香气明显；贺兰产区的产品中金银花和小白花的香气更明显。在口感方面，各产区的'霞多丽'干白葡萄酒较为相似，主要被描述为甜、酒体中等、回味中等和平衡。

表 2-23　宁夏贺兰山东麓产区'霞多丽'干白葡萄酒风格特点

子产区	外观	香气	口感
永宁	禾秆黄，浅禾秆黄	矿物、蜂蜜、糖渍水果、柠檬、青苹果、烤杏仁、煤油、氧化、柑橘	甜润，平衡，酒体中等，回味长
银川	禾秆黄，浅禾秆黄	柠檬、香蕉、小白花、蜂蜜、青苹果、梨、青草、柑橘、菠萝	酒体中等，甜润，回味中等
石嘴山	浅金黄	柑橘、苦柚、香蕉、苹果、煮青苹果、黄油、氧化	中酸，回味中等，圆润
青铜峡	禾秆黄，禾秆绿，金黄	柑橘、菠萝、青味、烤杏仁、焦糖、蜂蜜、香草、矿物	甜润，平衡，回味长，酒体中等

续表

子产区	外观	香气	口感
红寺堡	禾秆黄，禾秆绿	青苹果、糖渍水果、金银花、丁香、青味	甜润，回味中等，酒体中等
贺兰	禾秆黄，禾秆绿	金银花、小白花、奶酪、柑橘、菠萝、百香果、香蕉、热带水果、甘草	甜润，酒体中等，圆润

2.3.2 不同葡萄酒产品个性感官表现的物质基础解析

"风土"源于法语"terroir"一词，是指某一葡萄园气候、土壤、地形和环境微生物等因素的总和。一般来说，葡萄园的气候主要涉及光照、温度、降水、地形地貌等因素；而土壤特性则包含土壤质地、土壤容重、pH值、电导率、阳离子交换率和总有机质等，这些因素的相互作用影响葡萄原料的质量以及葡萄酒的风格与品质。因此，消费者能够通过感官鉴评葡萄酒的风味特征来辨别葡萄酒的产地来源。前人的研究发现，基于葡萄酒的感官轮廓，利用多元统计分析可以对葡萄酒按照产区进行判别分类，同时，也能够利用酚类物质和香气物质等风味物质的特征区分葡萄酒的产区。

利用紫外分光光度计、气相色谱-质谱联用仪和液相色谱-质谱联用仪分析了两个酒庄三个地块干红葡萄酒的颜色、挥发性组分和酚类物质组分，并采用感官定量描述性方法分析不同产区、不同品种葡萄酒的风格特点。

1）基本理化指标

从理化指标的结果上看，几个酿酒葡萄品种均表现出了贺兰山东麓产区的特点。'赤霞珠'、'小味儿多'、'马瑟兰'和'品丽珠'等晚熟品种在贺兰山东麓南北地区均能积累较高含量的糖度，葡萄酒酒精度均超过14.5%。除'西拉'和'美乐'外，北部地区 '赤霞珠'、'马瑟兰'、'品丽珠'和'美乐'干红葡萄酒的酒精度均显著高于南部地区，这是由于位于北部地区的仁益源酒庄葡萄园昼夜温差大，更有利于糖分的积累。除'美乐'外，贺兰山东麓产区北部地区 '赤霞珠'、'马瑟兰'、'小味儿多'、'品丽珠'和'西拉'的总酸均高于南部地区，酸度差异约达2～3 g/L，这与仁益源酒庄的夜间气温相对较低有关，酸度降解较慢，因此酸度高于位于南部地区的志辉源石酒庄。另外，贺兰山东麓产区东部地区 '美乐'葡萄酒的酒精度显著高于西部地区，但两者间的总酸度无显著差异。

2）挥发性组分

利用气相色谱-质谱分析宁夏贺兰山东麓产区两个酒庄三个地块不同风格葡

萄酒的香气物质，共检测到 61 种香气物质，其中包括 C_6/C_9 醇 6 种，高级醇 12 种，中短链脂肪酸 6 种，高级醇乙酸酯、脂肪酸乙酯和支链酸酯等酯类 23 种，萜烯和 C_{13}-降异戊二烯等 6 种，以及挥发性苯类物质 8 种。

香气物质的含量除了在品种之间存在较大差距外，在不同地区之间的表现也存在差异。不同地块的'小味儿多'相比，北部地区脂肪酸类物质含量较高，南部地区酯类物质含量较高。北部地区的'品丽珠'乙酸酯含量高于南部地区，可能是其新鲜果香浓郁度较高的原因。对于'西拉'而言，南部地区具有较高的里那醇、β-大马士酮、苯甲醇和苯乙醇等贡献花香的挥发性物质。对于'马瑟兰'而言，北部地区具有较高的香茅醇、香叶醇和 β-大马士酮等贡献花香、果香和甜味的萜烯类物质；对于'赤霞珠'而言，北部地区脂肪酸的含量高于南部地区。因此，可以认为贺兰山东麓北部地区和南部地区具有明显不同的风土条件。对比东西两个地区'美乐'的香气物质差异，东侧地区的'美乐'具有较高的萜烯和降异戊二烯类物质，而西侧地区乙酸酯类物质含量较高，结合感官数据可以认为东侧地区花香和甜香更浓郁，而西侧地区新鲜果香更浓郁。

3）酚类物质

通过 HPLC-QQQ-MS/MS 检测技术分析宁夏贺兰山东麓产区两个酒庄三个地块不同风格葡萄酒的酚类物质。对比南北产区可以看出，所有品种无一例外均在南部产区有着更高的花色苷含量和游离黄烷醇含量。较高的酚类物质含量也表征了该产区葡萄成熟度较高，可能更加适宜优质陈酿型葡萄酒的生产。这一结果也与所检测到的南部地区葡萄酒酒精度普遍偏低这一现象正好相反，说明酚类物质与糖酸成熟进程不一致。而对比黄烷醇和黄酮醇含量来看，南北两个地区的含量差异则不明显。整体来说，南部地区葡萄品种酚类物质更加丰富，主要表现在更高含量的花色苷和游离黄烷醇上。而对比东西地区'美乐'的酚类物质差异，西侧地区的'美乐'具有较高含量的黄烷醇和酚酸含量，但花色苷和黄酮醇较低。结合颜色数据可以认为西侧地区比东侧地区颜色表现较优的原因可能并不是具有较高含量的花色苷类物质，而是由于含量较高的黄烷醇和酚酸类物质通过辅色作用提高了呈色。

2.3.3　以市场需求为导向的个性化葡萄酒生产关键控制点

1. 我国消费者喜好的葡萄酒类型

我国消费者对葡萄酒颜色偏好主要为红葡萄酒，其次为白葡萄酒；含糖量偏好主要为半干型(微甜)，干型次之；二氧化碳含量偏好主要为静态葡萄酒；香型主要偏好果香和花香，其次是植物和橡木香味；口感偏好主要为柔和、单薄、清新，其次为饱满厚重口感与香甜口感；酸度主要以低酸型为主，中酸型次之。

根据我国葡萄酒销售市场现状调研分析，我国葡萄酒销售甜度类型以干型为主，香气类型为活泼果香型，口感以较强单宁为主，酒精度主要在 12°～15°，价格区间主要在 50～200 元（表 2-24）。

表 2-24　我国葡萄酒市场销售不同类型（A）、价格（B）、产地（C）、甜度（D）、酒精度（E）、香气类型（F）和单宁强度（G）葡萄酒的经销商占比

项目		不销售	小于 25%	25%～50%	50%～75%	75%～100%
酒种类型（A）	干红	0	7	9	28	56
	桃红	23	70	5	1	1
	干白	8	78	12	0	2
	甜酒	13	63	15	8	1
	起泡酒	20	59	10	9	1
	加强酒	33	63	1	2	1
	白兰地	24	59	10	2	3
	其他	30	64	3	1	1
价格（B）	50 元以下	22	40	26	12	1
	50～200 元	1	10	29	28	31
	200～400 元	8	44	28	17	2
	400～600 元	16	59	15	2	7
	600～1000 元	22	60	12	3	2
	1000 元以上	24	67	5	1	2
产地（C）	中国	20	37	9	19	15
	法国	20	31	22	15	12
	意大利	37	47	9	1	6
	西班牙	36	49	7	3	5
	美国	48	43	5	3	1
	澳大利亚	22	33	21	13	12
	智利	28	47	14	5	7
	新西兰	53	43	2	1	0
	南非	51	42	5	0	2
	其他	51	43	3	2	0

项目		不销售	小于25%	25%~50%	50%~75%	75%~100%
甜度(D)	干型	2	12	8	26	52
	半干	23	53	15	8	0
	半甜	28	49	19	3	1
	甜型	27	51	12	8	2
酒精度(E)	12°以下	35	49	6	6	5
	12°~15°	2	8	14	17	58
	15°~18°	36	50	8	2	3
	18°以上	56	42	2	0	0
香气类型(F)	活泼果香型	48a				
	陈酿型	40a				
	未关注香气类型	13a				
单宁强度(G)	单宁较强	57b				
	单宁较弱	33b				
	未关注单宁品质	10b				

注：以酒种类型(A)为例，调查葡萄酒经销商售出干红、桃红、干白、甜酒、起泡酒、加强酒、白兰地和其他葡萄酒分别占总销售量的占比。a代表各香气类型占比；b代表各单宁强度占比。

结合消费者需求和市场需求，贺兰山东麓应重点开发和研发如下几个葡萄酒品种。

(1)果香型干红葡萄酒：消费者偏爱的葡萄酒香气类型为花香和果香型，口感偏柔和、淡薄和清新。因此，简单易饮的果香型干红葡萄酒是重要的关注方向。

(2)陈酿型干红葡萄酒：具有橡木、香料等陈酿类香气和较强单宁的葡萄酒也有广大的消费者群体，且该类消费者以高收入、高学历的人群居多。因此，陈酿型干红葡萄酒也是关注的重点酒种之一。

(3)清爽型干白葡萄酒：我国消费者偏好花果香浓郁、干型的平静白葡萄酒，特别是口感清新的类型。因此，清爽型干白葡萄酒是需要开发的个性化产品。

(4)芳香型甜白葡萄酒：我国消费者在香味上偏好花香果香型，在口感上对半干或微甜酒种上喜爱度较高。因此，芳香型甜白葡萄酒是需要开发的个性化产品。

(5)桃红葡萄酒：我国年轻消费者具有巨大的消费潜力，针对年轻消费者喜欢清新爽净葡萄酒的特点，干型桃红葡萄酒也应该是关注的个性化酒种之一。

(6)葡萄蒸馏酒：根据我国进口葡萄酒产品结构变化调查，葡萄蒸馏酒进口量逐年增加，逐渐受到我国消费者的喜爱。因此，葡萄蒸馏酒是需要关注的个性化产品。

依据农业农村部酿酒葡萄加工重点实验室、中国食品工业协会和中国酒业协会联合发布的《全球葡萄酒中国鉴评体系》品鉴表，将上述 6 种葡萄酒的感官特点归纳如下（表 2-25）。

表 2-25 宁夏贺兰山东麓产区个性化风格葡萄酒感官特点

	产品类型	清爽型干白葡萄酒	芳香型甜白葡萄酒	桃红葡萄酒	果香型干红葡萄酒	陈酿型干红葡萄酒	葡萄蒸馏酒
外观	澄清度和颜色	★★★ ★★	★★★ ★★	★★★ ★★	★★★ ★★	★★★ ★★	★★★ ★★
	浓郁度	★★★★	★★★ ★★	★★★ ★	★★★★	★★★ ★★	★★★ ★★
香气	优雅细腻度	★★★	★★★★	★★★	★★★	★★★ ★★	★★★ ★★
	复杂性与变化	★★★	★★★ ★	★★★	★★★	★★★ ★★	★★★
	结构协调性	★★★	★★★ ★	★★★	★★★	★★★ ★★	★★★ ★
	酒体醇厚感	★★★	★★★ ★★	★★★	★★★	★★★ ★★	★★★ ★
口感	单宁质感及强度(红)/爽净度(白、桃红)/延续性及绵润(烈性酒)	★★★ ★★	★★★	★★★ ★	★★★	★★★ ★★	★★★ ★★
	层次变化(红、白、桃红)/口香(烈性酒)	★★★	★★★ ★★	★★★	★★★	★★★ ★★	
	回味	★★★	★★★ ★★	★★★	★★★	★★★ ★★	★★★
整体	风格和典型性	★★★★	★★★ ★★	★★★ ★	★★★ ★★	★★★ ★★	★★★ ★

注：此表格参考农业农村部葡萄酒加工重点实验室、中国食品工业协会和中国酒业协会联合发布的《全球葡萄酒中国鉴评体系》。

2. 个性化葡萄酒的生产关键控制点

根据我国消费者偏好的产品类型，总结出 6 类个性化风格的葡萄酒产品，包括果香型干红葡萄酒、陈酿型干红葡萄酒、清爽型干白葡萄酒、芳香型甜白葡萄酒、桃红葡萄酒和葡萄蒸馏酒。下面将从葡萄园和酿酒葡萄栽培选择、种植管理和酿造管理方式等方面，总结、归纳上述个性化葡萄酒的生产关键控制点（图 2-12）。

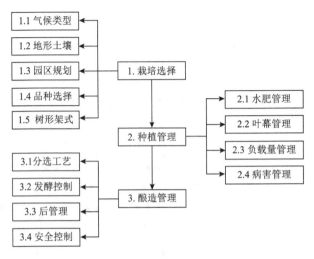

图 2-12　个性化葡萄酒的生产关键控制点

3. 举例说明关键工艺控制点

以清爽型干白葡萄酒为例，说明其关键工艺控制点。

1）葡萄园选址及规划

酿造清爽型干白葡萄酒的葡萄原料常需要保持一定的酸度且适中的糖度。针对宁夏贺兰山东麓产区而言，受到西北寒流的影响，永宁(玉泉营)南部、青铜峡和红寺堡受贺兰山脉的保护相对较少，平均气温相对较低，无霜期相对较短，秋季采收容易受到霜冻的影响。同时，青铜峡以灰钙土为主且含有较多的砂质，红寺堡以浅灰钙土为主且含有较少的沙粒。与贺兰山东麓其他子产区相比，这些产区土壤中砾石的比例相对较低，土壤保水保肥能力相对较强。因此这些产区相对适宜种植中早熟的白色酿酒葡萄品种用于酿造清爽型干白葡萄酒。永宁(玉泉营)和银川东部离贺兰山脉相对较远，土壤中砾石比例逐渐减少，呈现风沙土壤，地面反射光热相对较弱，也同样适宜白色酿酒葡萄果实的种植。石嘴山、贺兰和银川等子产区靠近贺兰山脉，太阳辐射强，土壤类型为沙石土壤，砾石含量较高，透水性好，保水保肥能力相对较差，种植的原料可用于酒体饱满、陈酿型干白葡萄酒的酿造，但需要进行大面积的筛土和土壤改良。葡萄园大部分坡向为朝东或者朝东南。

2）葡萄品种选择及栽培管理

目前贺兰山东麓产区白色酿酒葡萄种植的品种和规模都相对有限，但也为未来产区的品种和酒种布局提供了依据。相较于河北碣石山产区、怀来产区以及山东胶东半岛产区，宁夏贺兰山东麓的平均气温相对较高，温差较大，太阳辐射相对较强，适宜种植'霞多丽'、'贵人香'和'维欧尼'等适宜广泛气候种植的品种，而'灰比诺'、'雷司令'和'长相思'等适合冷凉气候产区种植的品种可做适当探索。

贺兰山东麓产区白色酿酒葡萄的种植均建议采用改良的垂直新梢定位树形（M-VSP），也称为"厂"字形或倾斜式单龙干型。种植密度方面，考虑土壤肥力和降水量均较低，株距设置为 1~1.2 m，考虑机械采收可将行距设置为 2.5~3 m。针对酿造清爽型干白葡萄酒，可适当提高葡萄原料的产量至 600~1000 kg/亩，具体根据品种的差异做适当调整。由于贺兰山东麓产区光热强，推荐采用生草的方式推迟葡萄成熟期，增加葡萄果实风味物质的积累；另外，葡萄叶幕可进行遮阴处理，使成熟期果实保持一定的酸度。

3）酿造过程控制

(1)葡萄原料采收与前处理：酿造清爽型干白葡萄酒，可以选择适当提前葡萄原料采收期，根据葡萄园的地形和管理方式，可选择机械采收或人工采收方式。为了保持葡萄果实的新鲜度以及低温入料，推荐在夜间或者清晨进行采收。葡萄原料尽快运输至前处理车间，可直接进行整串压榨或者经过分选、除梗后进行压榨，压榨方式以气囊压榨机压榨为主，且进行氮气保护，严格控制与氧气的接触。整串压榨可以减少葡萄果皮中酚类物质的浸提，但是有增加葡萄果梗中酚类物质浸提的风险，因此，是否选用整串压榨取决于葡萄原料的成熟度；利用除梗、脱粒后的葡萄原料进行压榨，关键要保持果粒的完整性，尽可能减少由于果粒破碎引起的果皮酚类物质浸出。压榨后的葡萄汁在低温条件下，利用果胶酶或皂土进行澄清，然后倒罐取清汁，接种酵母启动酒精发酵。清爽型干白葡萄酒酿造全过程需要严格控制氧气的暴露，发酵容器选用不锈钢发酵罐，压榨前还可以利用惰性气体(如氮气和二氧化碳等)排出罐内的空气。

(2)酒精发酵：采用商业酵母进行纯种发酵，能够保持葡萄酒产品风格的可控性，根据产品风格的需求选择不同类型的酵母菌种，如产酯或产硫醇能力强酵母。不建议使用自然发酵生产清爽型干白葡萄酒。推荐使用低温发酵，温度大概控制在 14~16℃，发酵过程中尽量减少循环，发酵后期如有还原味可适当进行开放式循环。

(3)苹乳发酵：清爽型干白葡萄酒属于新鲜型葡萄酒，重点是要突出产品的果香和纯净度，可以不进行苹乳发酵。苹乳发酵虽然能够分解苹果酸，增加葡萄酒的稳定性，发酵过程中产生的乳酸乙酯、双乙酰等香气物质会增加香气的复杂度，但是也可能大大破坏香气纯净度，因此尽量避免苹乳发酵的使用。

(4)橡木桶陈酿：不建议使用橡木桶进行陈酿。

(5)澄清、稳定与灌装：酒精发酵结束后，将葡萄酒降温至 4~6℃，并调整游离二氧化硫至 30 ppm(ppm 为 10^{-6})左右，具体浓度根据葡萄酒的 pH 值确定。经过一段时间的自然澄清后，倒罐，然后添加皂土进行下胶处理，倒罐后利用硅藻土过滤、板框过滤或错流过滤设备进行澄清过滤；然后对葡萄酒进行冷冻处理，再次过滤后，进行无菌过滤灌装。灌装过程中，严格控制溶解氧的含量，对玻璃瓶进行抽真空并充氮气进行保护，平液位后再次进行氮气保护，密封方式建议选择螺旋盖，也可以根据产品的目标市场选用软木塞或者高分子塞等。

2.3.4 宁夏贺兰山东麓葡萄酒种的定位和布局构想

宁夏贺兰山东麓葡萄酒产区位于银川平原西部，系黄河冲积平原与贺兰山冲积扇之间的洪积平原地带，具有"一山一河一长廊"的地理特点。"一山"指贺兰山，南北绵延200多千米的"天然屏障"，阻隔了沙漠与寒流；"一河"指黄河，流经宁夏397千米葡萄灌溉的"水源保障"，带来了丰富的矿质营养和水源，调节了葡萄生长期的气候；"一长廊"指葡萄酒产区，20万公顷地貌多样、"西高东低"的缓坡长廊，造就了多样气候的风土小区。葡萄酒产区品种和酒种的定位和布局与葡萄园的风土密切相关，主要涉及光照、温度、降水、地形地貌和土壤等因素。土壤方面，石嘴山、贺兰、银川和永宁西部等地区靠近贺兰山山脚的土壤类型为沙石土壤，砾石含量高。永宁东部为风沙土壤，而青铜峡以灰钙土为主，土壤透水性好。红寺堡土壤为淡灰钙土，砂粒和黏粒含量较少，保水保肥能力较强；无霜期方面，宁夏贺兰山东麓产区的无霜期分布具有一定的规律性，由于受贺兰山山脉遮挡的差异，大致为南短北长，这与宁夏热量分布南寒北暖相一致。因此，即使不同葡萄园同处在同一行政区域划分的子产区内，葡萄园的风土特征也存在较大的差异。现阶段贺兰山东麓产区按照行政区域划分葡萄酒子产区，而依据这些子产区直接布局酿酒葡萄品种和酒种无法满足实际的产业需求。根据上述总结的宁夏贺兰山东麓产区"一山一河一长廊"的地理特点，迫切需要提出基于产区风土特征的"地理网格化"品种和酒种布局。

一般来说，石嘴山、贺兰、银川和永宁北部的无霜期均在180天以上，热量条件能够满足早、中、晚熟葡萄成熟的需求，如'赤霞珠'、'小味儿多'、'西拉'、'马瑟兰'、'蛇龙珠'、'马尔贝克'、'美乐'、'品丽珠'、'丹菲特'、'黑比诺'、'霞多丽'、'贵人香'、'雷司令'、'维欧尼'和'小芒森'等葡萄品种均能够充分成熟。这些产区的干燥度(干燥度是指葡萄在生长季的蒸发蒸腾量与降水量的比值)均大于3.5，且成熟期(7～9月)的降水量较少，平均约为118 mm，有利于糖分和酚类物质积累，提高葡萄浆果和葡萄酒的品质。同时，这些地区恰处于引黄灌溉区，有便利的灌溉条件，使得葡萄的水分条件可以有效调控。结合这些地区的风土特征和我国消费者的偏好，适宜以'赤霞珠'和'马瑟兰'为主要栽培的红色品种，并种植适当规模的'西拉'、'美乐'、'品丽珠'、'小味儿多'和'马尔贝克'等中晚熟品种。这些地区的酒种重点突出酒体饱满、果香浓郁的优质陈酿型干红葡萄酒，特别是以'赤霞珠'和'马瑟兰'为主的单品种葡萄酒或混酿葡萄酒，其中混酿葡萄酒可利用'美乐'、'品丽珠'和'小味儿多'等品种增加葡萄酒香气的复杂度和优雅性以及结构感。

除优质陈酿型葡萄酒之外，可以生产大量酒体圆润、口感柔和、花果香突出的新鲜型干红葡萄酒，这类葡萄酒的生产可以选择'赤霞珠'、'马瑟兰'、'美乐'和'西拉'等品种，还可以使用'丹菲特'等花香突出的品种增加产品的花果香气。这些地区在生产新鲜干红葡萄酒和优质陈酿型干红葡萄酒的过程中，可以利用抽汁工艺生产适量的桃红葡萄酒，丰富该地区的葡萄酒产品类型。另外，该地区还能够利用'霞多丽'和'维欧尼'等品种酿造适量酒体饱满的陈酿型干白葡萄酒，以'小芒森'等品种酿造芳香型甜白葡萄酒作为该地区葡萄酒产品的补充。

永宁南部、青铜峡和红寺堡的无霜期大约在 160～180 天，稍短于贺兰山东麓产区的北部地区，这些地区的干燥度也同样大于 3.5，成熟期降水量也较低，仅为 120 mm，能够使早、中、晚熟葡萄充分成熟，如'马瑟兰'、'西拉'、'美乐'、'品丽珠'、'丹菲特'、'黑比诺'、'霞多丽'、'雷司令'、'维欧尼'、'贵人香'、'玫瑰香'和'小芒森'等，而'赤霞珠'和'小味儿多'等晚熟葡萄品种容易受到秋天霜冻的影响，致使部分年份这些晚熟品种无法充分成熟。这个地区的酒种重点突出新鲜型干红葡萄酒的酿造，以'马瑟兰'、'西拉'和'美乐'等中晚熟葡萄品种为主要原料，还可以通过加入少量的'丹菲特'等花香浓郁的品种整体提升产品的花果香气。该地区还可以生产清爽型干白葡萄酒，以'霞多丽'和'维欧尼'为原料，采收期早于贺兰山东麓产区的北部地区，可以通过加入少量的'玫瑰香'和'贵人香'等芳香品种提升葡萄酒产品的花香。

依据贺兰山东麓产区大体的土壤分布特点以及气候分布特征，仅能够提出产区品种和酒种布局的初步构想。由于宁夏贺兰山东麓产区的风土多样，需要更加细致地采集子产区下不同"小产区"的土壤及气候数据，为基于产区风土特征的"地理网格化"品种和酒种精准布局提供支撑。

2.4 宁夏贺兰山东麓个性风格葡萄酒生产的科技支撑战略

2.4.1 个性化优质葡萄酒产品开发的发展目标

葡萄酒的发展不仅对产地、气候有着严格的要求，不同的采收时期及相应的工艺条件也是影响葡萄酒特征的关键技术之一。在葡萄酒风格方面，各主产国，甚至一个国家内各主产区的风土条件都存在着显著的差异，随着采收时期的不同，工艺条件也采取了相应的调整措施,尤其是发酵、陈酿等工艺环节,并由此产生了各个产区乃至国家葡萄酒的独特风格特征。

从葡萄酒品鉴的角度来说,好的葡萄酒必须有优良的质量和独特的风格,而且其质量和风格必须持续稳定并能被消费者所辨认。世界著名的葡萄酒生产国如法国、德国、美国、澳大利亚等国生产的葡萄酒都有被消费者所认可的各自特色鲜明的葡萄酒风格。同时各个葡萄酒生产国基于不同产区、品种、酿造工艺和市场营销特色的葡萄酒企业都有各自独特的葡萄酒风格,并且同一葡萄酒企业不同系列的葡萄酒产品,其葡萄酒特色和风格也各自不同。葡萄酒风格差异的产生,是多方因素共同作用的结果,影响葡萄酒个性风格的因素如图 2-13 所示。

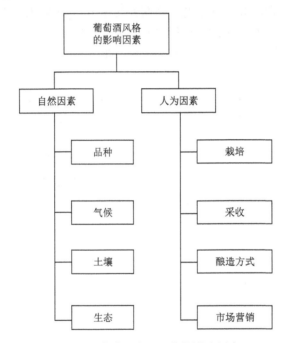

图 2-13　葡萄酒产品风格的影响因素

当前,宁夏贺兰山东麓产区葡萄酒品牌众多,但杂而不亮。因此,在充分挖掘区域自然禀赋的基础上,选择适合各葡萄酒生产企业的葡萄酒风格,实现葡萄酒企业之间的风格差异化,才能促进葡萄酒企业之间的良性竞争、增进葡萄酒产业的发展活力。具体来讲,建议从以下三个方面着手实施,打造贺兰山东麓葡萄酒个性化风格。

1. 依据风土自然条件梳理产区内不同区域的特点

风土自然条件是影响葡萄酒个性风格形成的先决条件。即使在不同产区,同一葡萄酒品种之间往往也会因为风土自然条件的不同而存在典型性差异。

气候因素(温度、光照和降水)和土壤条件不可复制,恰当的气候和土壤条件有利于葡萄酒形成个性风格产品。总体来讲,宁夏贺兰山东麓产区的气候条件与同纬度其他产区类似,具有有效积温较低、生长期短、昼夜温差大、光照充足、收获期降水少等优点,同时,产区内不同区域之间仍然存在较为显著的风土差异,具备开发不同个性风格葡萄酒产品的前提条件。基于对贺兰山东麓不同产区风土条件的系统研究和对比分析,建议开展对不同品种酿酒葡萄品质形成规律及影响因素的研究,建立产区不同区域风土特点、酿酒葡萄发育与品质、风土条件与风格数据库,进行科学合理的品种和酒种区域化布局。

2. 完善栽培酿造一体化技术体系

国外著名的葡萄酒生产国都有自己独特的酿酒葡萄品种,例如新西兰的'长相思'、阿根廷的'马尔贝克'、西班牙的'丹魄'、南非的'品乐塔吉'、德国的'雷司令'、澳大利亚的'西拉'都是各自国家的特色品种。这些特色葡萄品种构成了消费者对这些国家葡萄酒风格的独特印象。而好的品种只能在与其完全适应的生态条件和栽培管理技术条件下,才能充分表现其优良的特性,并在后续酿造过程中体现出其潜在的优良品质。后天的酿造工艺对于葡萄酒的质量也有很大的影响,好的葡萄酒酿造工艺能使葡萄的优良潜在质量最大限度地表现出来,并通过工艺措施掩盖葡萄潜在质量的缺陷。为了突出葡萄酒的个性特征,独特的酿造工艺不可或缺,对葡萄酒个性风格的形成有着举足轻重的贡献。同一个葡萄品种采用不同的酿造方法最终也会形成不同风格的葡萄酒,这些差异为葡萄酒个性化风格的筛选提供了可能性。

建议建立"种酿一体化"的技术体系,针对不同区域和不同产品目标,筛选适宜宁夏贺兰山东麓产区的主栽品种和砧木品种,采用合适的葡萄园周年管理规范,开展葡萄园标准化栽培与管理规程的研究,解决葡萄行间距、树形、叶幕果实管理、采收标准等一系列问题,为特定的酿造工艺选择恰当的种植技术,培育恰当的原料。另外,根据当地特色品种和优势品种,创新集成建园、修剪、水肥一体化、绿色防控、最适期采收、延长浸渍、发酵控温、副产物综合利用等关键技术,研发升级酿造工艺,突出产品个性化风格,塑造个性鲜明的区域公用品牌。

3. 构建以市场为主导的个性化葡萄酒营销理念

葡萄酒风格由原料和工艺决定,葡萄酒风格的塑造要通过市场营销过程来完成。葡萄酒的特色和风格必须被自己的目标客户群体所认同,也就是要通过对这一产品的重复消费形成对这一风格葡萄酒的准确认知。这一过程需要通过与消费者沟通来完成。从另一个角度来说,葡萄酒风格塑造是葡萄酒企业和消费者之间不断双向筛选的结果。一方面，葡萄酒企业对目标消费人群有一个选定的过程，包括人群定位、目标市场以及与之相配合的市场营销方式；另一方面，葡萄酒消费者对某种风格的葡萄酒产品以及该产品背后的葡萄酒企业也有一个选择的过程，这个选择过程受消费者社会经济和文化背景的强烈影响。

因此，利用贺兰山东麓不可复制的产区优势，针对产区不同区域酿酒葡萄原料品质特点，结合市场多元化需求，加强相关的应用基础研究，研发适应不同消费群体的个性化优质葡萄酒生产技术，形成"一区一品，特色鲜明"的贺兰山东麓葡萄酒产供销格局，是促进产业可持续发展的关键。

2.4.2 个性风格葡萄酒差异化酿造的技术支撑体系

1. 防灾减损生态保护一体化技术体系

葡萄酒个性风格建立在区域风土的基础之上，须重视区域生态区划、科学制定产业发展规划，构建基于气象、土壤、地形等因子的宁夏贺兰山东麓酿酒葡萄生态区划指标体系，进行酿酒葡萄栽培适宜性分区，为区域酿酒葡萄产业发展形成顶层设计方案。逐步把贺兰山东麓打造成中国西部独具特色的葡萄酒产区和特色葡萄酒酒庄集群。

同时，葡萄酒产业的发展规划应结合贺兰山东麓产区种植业布局，以生态恢复为中心，主动融入贺兰山东麓生态环境治理修复的整体规划中。

2. 栽培采收标准化技术体系

确定本区域优势品种，确定各个品种的最适种植区域，针对宁夏贺兰山东麓产区普遍存在的问题，筛选水分利用率高以及适宜于本区域土壤特殊属性的砧木。开展酿酒葡萄关键栽培技术研究与集成，构建基于本区域生态条件的酿酒葡萄简约高效栽培技术体系，明确本区域不同生态环境对葡萄及葡萄酒品质的影响，以研究结论指导科学建园，筛选最佳栽培树形，研究采收前摘叶修剪技术，实施水肥一体化施肥灌溉，查明区域酿酒葡萄病虫害种类，实现绿色防控，从采收期确定、延迟采收、采收量、采收前处理和采收后处理等方面，建立规范化的葡萄酒生产原料的采收标准，提高葡萄的采收质量。

机械化、智能化是未来农业发展的必然趋势，也是解决劳动力短缺和人工成本趋高问题的主要方案之一。然而，葡萄园机械化、智能化技术的有效应用，需要以标准化为前提。因此，建议开展葡萄园标准化栽培与管理规程的研究，建立智能化、数字化葡萄园的基础数据库，研发适宜贺兰山东麓产区葡萄园管理的智能化控制技术体系和预测模型，研发适宜贺兰山东麓产区葡萄埋土、出土、采收、修剪等机械化栽培技术等，以特色塑造品牌的独特性，以标准确保品牌的稳定性。

3. 酿造工艺集成技术体系

应加快葡萄酒加工关键技术的研发与集成，将企业工艺研发与原料基地建设相结合，加强自主创新，构建基于本区域酿酒葡萄原料质量特征的葡萄酒酿造工艺体系，从分选方式、除梗方式、压榨方式、前处理工艺、发酵罐类型、降酒精技术、澄清技术、下胶剂选择、冷稳定处理技术等方面，构建酿造工艺集成技术体系，研发升级浸渍技术、发酵温度控制技术、葡萄酒陈酿技术等。建议加强贺兰山东麓产区葡萄酒风味轮廓形成与调控的应用基础研究，明晰不同品种葡萄酒的风格和风味特点，通过多品种混酿提升葡萄酒的个性和典型性，生产满足不同消费者需求的葡萄酒产品。

另外，鼓励以葡萄为原料进行其他酒种研发，扩展产品线，增强企业在市场竞争中的弹性，鼓励进行酒渣综合利用的研究。

4. 检测评价技术体系

宁夏贺兰山东麓葡萄园多样的风土条件和市场的多元化需求，促进了当地葡萄酒企业个性化葡萄酒产品的开发，而葡萄酒作为一种嗜好品，对其品质的评价也应充分考虑人群特点和喜好，采取多角度、立体化的方式开展。

目前评价葡萄酒品质最有效的方法仍然是感官评价。现有国标已经不适应当前个性化葡萄酒开发的需求，为解决个性化葡萄酒品评和消费者购买难题，让消费者轻松判断葡萄酒品质优劣，应基于对中国葡萄酒消费的研究，基于中国消费饮食文化的特点、饮食习惯以及餐饮搭配的偏好，构建和完善具有中国特色和区域特点的葡萄酒鉴评体系，培养一批表现稳定、有资质的品酒员队伍，服务于贺兰山东麓区域特色葡萄酒的品鉴和研发。

葡萄酒的品质不仅与其中的主要成分有关，也与许多微量成分密切相关；不仅与各种物质的含量有关，更与各种物质间比例的协调性有关。因此，基于化学分析的统计分析技术也能从某个方面对葡萄酒进行评价。建议在贺兰山东麓产区构建推广葡萄酒的色度色调、挥发性组分和酚类物质组分种类和含量的检测技术，应用数学模型优化感官评分系统，综合不同地区葡萄酒产品的感官和理化指标构建多模型评价体系等。

5. 技术推广体系

宁夏贺兰山东麓产区葡萄酒厂员工需要了解葡萄园管理、机械化操作、葡萄和葡萄酒相关的埋藏、发酵、陈酿、护色等技术。建议通过与高校和科研机构合作，开展多形式的技术交流与培训，推广葡萄种植和葡萄酒酿造过程的标准化操作方式，特别是葡萄树整形方式和葡萄园管理中机械化操作的应用，例如，喷施农药机械化、除草机械化、灌溉机械化、冬季修剪机械化、夏季修剪机械化等。同时，通过技术推广，杜绝滥用植物生长调节剂、肥料农药投入品；强化绿色防控，把控关键用药时间，科学防治病虫害等标准技术的运用，控制产量、提高品质。建议加强品牌人才培养，以新型经营主体为重点，建设专业素质高、创新能力强、国际视野广的人才队伍，提高品牌经营管理水平。

第3章　宁夏贺兰山东麓葡萄酒
品牌提升战略研究

3.1　葡萄酒品牌传播与宁夏贺兰山东麓葡萄酒

3.1.1　葡萄酒产区品牌发展格局

葡萄酒地缘品牌的崛起，使得市场竞争的焦点从企业本身的优势逐渐过渡为不同产区之间的竞争。产区品牌、原产地、地理标志产品等概念都是产区竞争的一种形式，最早的"产区"概念和"地理标志"的概念，都出自法国。产区的概念一开始就为表明葡萄酒产地而诞生。产区品牌是某个特定区域的品牌化结果，这一区域品牌化的重要原因是其特定的地理环境因素或特定的地理人文传统因素而使生产的产品具有特殊的品质，并具有广泛的市场影响力。国内外的葡萄酒产区都具有相似的品牌特点，包括自然风土条件、个性化的种植规划、持续的技术和管理创新，以及产区文化基础上的多业态拓展。

1. 良好的自然风土条件和种植规划

"葡萄酒是种出来的。"好的葡萄酒来自于好的葡萄，立足自然风土条件和个性化的种植规划。因此，作为葡萄酒产区需要具备特殊的自然条件，如土壤、气候、降水量、光照、温度等优势，尊重葡萄酒产业发展的自身规律，制定合理的种植规模和发展速度，积极调整葡萄种植和产品结构，加大产品开发力度，研究具有本产区葡萄品种所特有风格的产品，塑造每个优秀产区的个性。同时出台加快葡萄基地建设的政策以及葡萄园管理标准规范，探索科学合理的栽培管理方式，引导葡萄酒企业与农民合作，建设科学化、规范化、现代化的葡萄基地，为葡萄酒产业发展奠定坚实的基础。

2. 持续的葡萄酒行业技术创新

法国的葡萄酒研发机构与生产部门密切联系，研发具有地域特色的新葡萄酒品牌，提升葡萄种植和葡萄酒酿造的关键技术，保证了法国葡萄酒长久发展的生命力。政府对葡萄酒科研和相关技术培训的补贴力度非常大，甚至达到90%，为葡萄酒相关人才的培养提供了保障。

3. 高度重视产区文化挖掘，创新葡萄酒产区新业态

全球葡萄酒产区走过了复合式发展的道路，通过几次大的产业融合，出现了法国波尔多、美国纳帕等独具个性的"葡萄酒+"产区品牌，成为全球的典范。国内葡萄酒行业在产业融合复合发展方面，创造了"葡萄酒+"烟台样板。"葡萄酒+"的产业融合，把葡萄与葡萄酒产业作为融合的基础产业，通过与当地民俗、文化、旅游等相关产业的融合，促进葡萄酒产业和产区的跨越发展。"葡萄酒+"是产业创新，是使要素在产业之间、区域之间、城乡之间自由流动，甚至突破传统产业布局与空间限制，形成新的产业空间和创新空间。

3.1.2 葡萄酒产品品牌发展格局

产品是营销的基点。以产品力打造销售力、提升品牌力是主要的营销方式。质量是品牌的灵魂。葡萄酒产品品牌体现高端葡萄酒的高质量和文化价值，满足消费者对于功能消费和精神消费的需求。从根本上提高葡萄酒的品质，将批量化酿造变革为艺术化酿造，为塑造优质葡萄酒品牌提供必要的品质保证。

（1）增加葡萄酒产品文化内涵。葡萄酒品牌需要塑造鲜明的品牌个性，突出自身品牌特性，产品背后的文化内涵尤为重要。消费者购买的不仅是产品的某部分特质，还有产品的附加价值与产生的主观心理感受。

（2）推广葡萄酒产品等级制。葡萄酒原产地控制命名（AOC）制度，从种植栽培、生产工艺、酿造方法等众多环节严格把关，实施定期严控监督检查，经检验合格方可获得 AOC 认证从而推广销售。遵照严格的规定，能够保证 AOC 管理制度下的葡萄酒始终如一的高品质和来源的真实性。因此，推广产品分级管理制度，对实现生产和销售的制度化、规范化有非比寻常的意义。确立中国葡萄酒产品质量等级制度，既要吸收国际上的先进经验，更要着重考虑我国的实际情况，批判地借鉴学习，一切从实际出发，因地制宜。

3.1.3 葡萄酒产品品牌营销类型

1. 概念营销

葡萄酒产品品牌的营销概念，可以出现在葡萄酒从品种、产地、制作工艺、

销售渠道和传播活动等整个产业链的各个环节。例如，中粮酒业提出"华夏葡园"产地概念、年份酒概念和"特定小产区"概念。长城葡萄酒推出"冠军酒"概念，将"冠军酒"赠送给奥运会上夺冠的中国健儿，在长城华夏葡园中为他们专门建立了"冠军窖"。

2. 文化营销

葡萄酒本身就是一种具有深厚历史文化内涵的产品，加上不同产区的风土人文文化，葡萄酒品牌的文化营销具有巨大的潜力。特别是高端葡萄酒品牌，品牌价值更多在自我表达和文化认同层面，而并非简单的功能层面，文化营销能够满足这种精神层面上的归属和共鸣需求。

3. 口碑营销

在数字互联网时代，口碑营销成为数字营销的主要形式，借助于用户自媒体的大规模转发，形成大众媒体传播效应。借助数字互联网高效的规模化人际传播方式，口碑营销从线下传统的、分散不确定的营销传播方式，转变为当前主流的线上品牌营销方式。口碑营销也扩展到品牌产品创意设计、生产制作、发行销售、营销内容等全流程的信息传播。口碑营销形式也从线下的重大公关活动引发口碑，扩展到线上更高效率、更大范围的口碑传播。

4. 小众营销

小众营销是指面向特定的少数、但高附加值的消费群体所展开的营销活动。对于葡萄酒来说，小众营销集中于高端葡萄酒，在渠道选择、媒体选择和沟通方式选择等方面的营销资源整合过程。

在渠道的选择上，集中于高端会所和俱乐部、五星级酒店、夜场和名烟名酒店或者葡萄酒专卖店，这些消费场合具有价格不敏感和品牌忠诚等消费动机；在媒体选择上，根据高端消费群体的媒体使用习惯来选择广告投放策略，如商务户外空间、航空媒体等。与小众消费者沟通还需注意沟通的场合，各大葡萄酒品牌在各种商务、政务、时尚和艺术等高端场合的频繁赞助活动，表明高端场合与葡萄酒产品调性适应性较好属于良好的营销沟通场合。

5. 体验营销

体验营销是一种通过眼观、耳听、使用、参与互动等手段，充分刺激和调动消费者的感官、情感、思考、行动等感性和理性因素的新型营销方法。拉菲酒庄每年对外开放其葡萄园和部分地下酒窖供游客参观，并定期举行采摘葡萄大赛和品酒会，是以葡萄酒文化为主题，集体验、娱乐、休闲为一体的消费理念。一方面，拉近消费者与葡萄酒产品及生产过程的接触距离；另一方面，通过体验，无形中为打造品牌形象起到很好的推广效果。

6. 植入营销

植入营销指品牌在内容作品中的呈现，这种内容载体可以是软文、综艺节目、纪录片、电影、电视剧等，品牌的呈现也从产品植入、品牌名称露出，深入到品牌价值观的植入、品牌故事的植入等。在数字互联网时代，植入营销演绎为内容营销，成为品牌创建的重要路径和数字营销的主要内容。二十世纪八九十年代，拉菲葡萄酒在香港电影中的大量植入，如《赌神》等，为进入内地市场发挥了重要作用。

3.1.4　宁夏贺兰山东麓葡萄酒品牌发展历程

1984 年开始起步的宁夏葡萄产业将贺兰山东麓葡萄酒产区品牌深植于贺兰山东麓地区的自然特征和历史文化传承之中，明显区别于中国其他葡萄酒产区，得到了国际认可。2002 年，宁夏贺兰山东麓被确定为国家地理标志产品保护示范区，保护范围总面积达 20 万公顷。2003 年，宁夏产区获得了贺兰山东麓葡萄酒原产地域产品保护，并于 2008 年制定了《地理标志产品　贺兰山东麓葡萄酒》（GB/T 19504—2008），产区的葡萄酒品牌也越来越丰富。2013 年，宁夏贺兰山东麓被编入《世界葡萄酒地图》，并被美国《纽约时报》评论为"可以产出最好的中国葡萄酒的旅游胜地"。2017 年，在第十四次 Decanter 世界葡萄酒大赛中，宁夏贺兰山东麓产区 59 款葡萄酒从参赛的 17200 款葡萄酒中脱颖而出，获得 10 枚银牌、14 枚铜牌和 35 项嘉许奖，第一次成为中国葡萄酒产区中获奖最多的产区。Decanter 世界葡萄酒大赛是世界最大规模的葡萄酒赛事，被称为葡萄酒界的"世界杯"。此后，宁夏贺兰山东麓产区的葡萄酒获奖数一直位列中国葡萄酒产区首位。2020 年 7 月 20 日，贺兰山东麓葡萄酒入选中欧地理标志首批保护清单。

经过近 40 年的努力，贺兰山东麓葡萄酒产区以"明星产区""新兴国产区"打入了国际葡萄酒平台，受到了国际葡萄酒行业的高度关注和认可，产区的知名度和影响力也逐年扩大，但与国际著名的葡萄酒产区品牌相比，还存在一定差距：产区品牌文化模糊、产区品牌经营缺乏系统性、产区葡萄产业与文化产业融合力度不够造成商业态和盈利模式单一等。

中国的葡萄酒本身就是中西文化融合的产物，自然属性中来自西方的品种，在中国水土的浸润之下，逐步赋予区域文化的内涵。作为中国重要的葡萄酒产区，贺兰山东麓产区品牌建设，既要立足于区域，也要具有国家全局观念和全球视野。贺兰山东麓葡萄酒产区品牌建设既要重视产区管理职能完善、产区产业化经营融合和产区形象推广，也要注重区域葡萄酒文化的传播以及中国葡萄酒消费者培育。

3.1.5　宁夏贺兰山东麓葡萄酒品牌优势

1. 自然环境优越

(1)土壤条件优越。贺兰山东麓葡萄酒产区地处山前冲积扇与黄河冲积平原之间的二阶台地，土壤为淡灰钙土，土质多为沙壤土，有利于葡萄根系的生长发育；同时土壤有机质含量低(多数土壤低于 0.5%)，pH≥8.5，土壤中较少的有机质含量可以控制葡萄的产量，使葡萄有较高的质量，可酿出酒味淳厚、耐贮藏、香气优雅、高质量的白葡萄酒和精美的红葡萄酒。

(2)降水条件优越。贺兰山东麓葡萄生长季节(4~10 月)内能够得到及时灌溉，因此具有发展早、中、晚熟酿酒葡萄品种的优越条件。加之贺兰山东麓地区光能资源丰富，日照时间长，昼夜温差大，在葡萄着色期的 8~9 月光照充足，有利于酿酒葡萄果皮色素的形成，有利于酯类物质积累，提高葡萄的香味成分，葡萄着色良好。

(3)种植面积条件优越。目前，宁夏贺兰山东麓产区的面积达 20 万公顷，已开垦利用面积为 4 万公顷，改造利用荒地资源、扩大葡萄种植基地不仅能改善生态条件，同时也能实现葡萄酒原料的绿色生产。

2. 生产技术独特

宁夏贺兰山东麓葡萄种植基地以'赤霞珠''蛇龙珠''美乐''霞多丽''雷司令'等品种为主栽品种，已实现品种区域化种植，并且在种植技术上实现突破，如采用高质量栽植的建园模式以及成龄葡萄园改造提升"一清三改"技术；果实充分成熟采摘之前 15 日内不施任何农药；按不同品种分类并分期采摘和运输，从采摘至加工的时间不到 8 小时。这些优势成为葡萄酒酿造中确保质量优化的前提。

3. 产业政策扶持

作为中国唯一一个实行葡萄酒产区列级酒庄管理制度的产区，宁夏回族自治区在 2013 年为贺兰山东麓出产的葡萄酒引进了分级制,并相继出台一系列政策大力支持宁夏贺兰山东麓葡萄酒产业化发展，还成立了全国首家省级葡萄酒产业管理机构，从苗木引进繁育、葡萄园管理，到酒庄建设、葡萄酒酿造销售，都有技术标准和管理办法。

从行业来看，多年来，宁夏葡萄酒产业一直是地方政府重点扶持的产业。《中国(宁夏)贺兰山东麓葡萄产业及文化长廊发展总体规划(2011—2020 年)》《宁夏回族自治区贺兰山东麓葡萄酒产区保护条例》《关于融入"一带一路"加快开放宁夏建设的意见》《银川市加快推进葡萄产业集群化发展实施意见》等政策的推出，不仅加快了产区"引进来、走出去"的速度，也加大了招商引资力度和企业走出去的力度。

3.1.6　宁夏贺兰山东麓葡萄酒品牌发展存在的问题

1. 地缘位置不具备最大限度发挥市场主体的优越性

地缘位置限制了宁夏贺兰山东麓葡萄酒产业的产能供应以及质量提升。宁夏贺兰山东麓作为新产区，其前期建园和葡萄种植总投入成本较高。此外，宁夏贺兰山东麓葡萄酒的生产成本与其他产区相比较高。宁夏贺兰山东麓产区地处中国季风区的西缘，冬季时间长、气温低，春季风大，使得葡萄栽培中的埋土防寒成本高。埋土防寒，即葡萄蔓在冬季需下架，同时春季需要出土，这是葡萄栽培中的主要成本支出，占葡萄园全年总支出的 30%～50%，使得宁夏贺兰山东麓葡萄酒的生产成本大幅度增加。

另外，受自然条件的制约和技术水平的影响，贺兰山东麓产区酿酒葡萄和葡萄酒的总产量不高，生产效率低下，致使酿酒成本居高不下，葡萄酒的市场竞争力较弱。因此优质原料供应不足、前期投入过大以及气候因素的影响等使得宁夏贺兰山东麓葡萄酒品牌不易发挥市场主体的优越性。

2. 葡萄酒产品在消费市场结构单调，缺乏核心竞争力

当前，宁夏贺兰山东麓的葡萄酒品牌发展主要面临两方面的竞争与挑战。一方面，国内各主要葡萄产区在市场中都在大力发展葡萄酒产业，例如张裕葡萄酒品种多，产品范围覆盖高、中、低档，品名新颖，深受消费者青睐。新疆、甘肃、云南等地也大力开发葡萄酒及其相关产业，而宁夏贺兰山东麓的葡萄酒从品类来看较为单一。另一方面，进口葡萄酒逐渐渗透进入中国人的生活，对国产葡萄酒的"围城之势"已经形成。

我国酿酒葡萄品种以'赤霞珠'、'梅鹿辄'、'品丽珠'、'蛇龙珠'、'黑比诺'、'霞多丽'、'意斯林'和'龙眼'为主，红酒品种和白葡萄酒品种的比例约为 7∶3。目前贺兰山东麓酿酒葡萄种植品种较为单一，红色葡萄品种中大多为'赤霞珠'，白色葡萄品种多为'霞多丽'，葡萄酒产品同质化现象严重，缺乏个性化；在葡萄酒种类方面，多数酒庄成立时间不长，规模不大，生产成本较高等原因导致所酿造的葡萄酒的种类单一，多为干红、干白和桃红。

此外，根据国际葡萄与葡萄酒组织发布的全球葡萄酒产业统计数据，各国家葡萄酒产量受全球气候变暖影响，2016 年是过去 20 年中全球葡萄酒产量最少的年份之一，但中国葡萄酒进口总量依然保持超过 10%的升幅，全年共进口葡萄酒 6.3 亿升。长期以来法国、意大利、澳大利亚等葡萄酒生产大国在中国各城市定期举办一些品牌和产品推广活动，在大型超市和购物中心随处可见进口葡萄酒的代销点，这不利于国产葡萄酒的推广和销售。另外葡萄酒海外销售的发展，节省了进口葡萄酒的代理成本，目前亚马逊和京东等运营商都开展了进口葡萄酒海外直接采购的业务，购买进口葡萄酒更有价格优势且方便快捷。同时，中国市场太大，国外市场模式在中国并不适用。而宁夏贺兰山东麓地区的葡萄酒缺少龙头品牌。以上这些因素使得宁夏葡萄酒品牌缺乏竞争力并且品牌辨识度较低，很难在消费市场中占据有利位置。

3. 葡萄酒与文化旅游等融合发展能力不足

首先，当前的葡萄酒旅游相关文化挖掘程度不够深入。现有的宁夏葡萄酒旅游文化还仅仅停留在葡萄酒文化自身属性的链条上，无法让消费者感受到葡萄酒与文化产业融合带来的享受，园区布局的规划理念等有待进行创新性开发。

其次，葡萄酒旅游服务缺乏专业性。葡萄酒旅游的地接工作具有细致和专业性强的特点，在大多数的酒庄里，讲解员的讲解很片面，缺乏专业的侍酒礼仪和品酒知识。此外，酿酒葡萄的种植、葡萄酒的酿造以及葡萄酒的储存讲解，也都存在缺乏专业性的问题，这也是影响葡萄酒旅游发展的间接因素。

最后，葡萄酒与旅游产业交融的核心吸引力不足。例如个性化的葡萄酒堡建筑、优美的景观环境，以及葡萄酒产业的文化、景观、艺术的结合都存在开发不足的问题。

4. 产区的品牌大事件营销能力较弱

通过梳理发现，当前宁夏贺兰山东麓产区的葡萄酒品牌营销专业性、广泛性、创新性等较为欠缺，缺乏专业的营销策划。在品牌营销过程中，缺少专业的营销人才，较弱的品牌营销能力使得宁夏贺兰山东麓产区葡萄酒品牌竞争力不强。

经过多年的发展，宁夏葡萄酒产业已实现了跨越式的发展，但依然面临巨大挑战。作为全国独具特色的十大葡萄酒产地之一，宁夏贺兰山东麓地区的葡萄酒与产地价值并不相符，也未形成优势的区域品牌资源，更没有在市场上体现出竞争优势，相反，优势资源被东部企业所转化，成为东部巨头的"原料车间"，而宁夏本土品牌的葡萄酒消费认可度、市场占有率和品牌知名度、美誉度还比较低。从区域经济发展的角度来看，宁夏葡萄酒产业要实现真正的发展，不能满足于为别的地区和一些企业提供优质葡萄原料及原酒加工，必须尽快培育、发展产区内知名葡萄酒品牌，提升产区品牌营销能力，逐步形成品牌竞争力。

5. 区品牌、企业品牌、产品品牌三者关系有缺位

宁夏贺兰山东麓产区是中国优质酿酒葡萄产区之一，但是产区内并没有知名的龙头企业和品牌。由于资金投入、管理、技术、品牌运作能力等方面的限制，大多数企业过多依赖政府。产区内知名品牌贺兰山、西夏王等先后被东部企业和国外企业控股，类人首、御马等中小企业品牌仅限于宁夏本地市场销售。由于龙

头企业不强，品牌不响，葡萄酒加工和销售发展缓慢，无法有效带动基地的发展，影响了葡萄酒产业整体的规模扩张和层次提升。其结果是失去发展机遇，承受更大的外部压力与挑战。

要培养知名的品牌，产区品牌、酒庄（企业）品牌、葡萄酒产品品牌三者缺一不可，这是一个长期的积淀过程，风土条件、历史文化、每个酒庄的风土和种植品种都是关键要素，如何把这些要素组合起来，形成最佳的融合，这是品牌的升级过程，并非打一两支广告就可以完成。

从品牌格局来看，贺兰山东麓葡萄酒品牌并没有产生绝对的品牌领导者。西夏王的历史积淀最厚，但由于品牌运营方面的不足，未能随着消费升级而实现更大的市场扩张和品牌提升。类人首是近几年迅速崛起的一个品牌，在几年的时间内就挤进了宁夏葡萄酒行业的前列，成为宁夏葡萄酒行业黑马之一，但是在品牌理念经营方面还需要深入。

另外，贺兰山东麓葡萄酒企业的品牌契合度都很高，品牌名称与产区的联想性非常契合，在营销运作上很容易形成品牌对产区、产区对品牌的相互作用。但是最突出的问题是在品牌的塑造上，大部分企业只追求产品内在的品质，而基本没有品牌塑造方面的意识和能力，在营销上更多的是在借用"贺兰山东麓"产区的价值，而卓越的产品品质和品牌形象、价值、理念之间的对称性不高，如标签的设计与产品价值的关联性不高，品牌形象创意设计更需要突出品牌内在价值主张等。

6. 缺乏本土葡萄酒文化的挖掘、再创造及传播

葡萄酒的历史文化自古就有不同的地域，不仅可以延续挖掘葡萄酒自身的文化内涵，也可以挖掘特定地域带来的新文化。目前许多的广告宣传活动只是表面上单纯地宣传葡萄酒文化，没有与宁夏极具特色的本土葡萄酒文化进行相应的结合，致使宁夏的本土葡萄酒文化没能被深度挖掘与传播，无法让消费者感受到与其他地域品牌葡萄酒文化的区别，从而不利于当地葡萄酒品牌的长远发展。

3.2 创建"世界的贺兰山"葡萄酒优质产区品牌路径

3.2.1 国际重要葡萄酒产区文化及产业发展格局

著名的葡萄酒产区由于葡萄品种、气候条件及地域文化不同而各有特色。从文化、历史、质量上，葡萄酒爱好者公认独占鳌头的始终是法国酒。那些售价不菲、被投资家追捧的世界名酒大部分出自法国。澳大利亚与美国并称两大新兴葡萄酒国，澳大利亚葡萄品种除了'设拉子'、'赤霞珠'和'霞多丽'"三巨头"外，还有'雷司令''长相思''歌海娜'和'黑比诺'等国际葡萄品种。美国是世界第四大葡萄酒生产国，也是全球第一大葡萄酒市场。

1．法国

法国的葡萄酒以其独特的品质和深厚的历史底蕴赢得了消费者的青睐。法国从东到西、从南到北出现了很多知名的葡萄酒产区，如波尔多、勃艮第、阿尔萨斯、卢瓦尔河谷、香槟以及罗纳河谷等，以产区为依托诞生了许多知名的法国葡萄酒庄园。

1）波尔多产区

波尔多是法国乃至全球最具知名度的葡萄酒产区之一。受益于墨西哥湾暖流的影响，波尔多地区拥有温暖的海洋性气候，使其成为葡萄种植的天堂。波尔多地区一共有超过 12 万公顷的葡萄园，每年生产超过 7.28 亿瓶葡萄酒，占法国 AOC 产量的四分之一。相比勃艮第和香槟产区，波尔多产区规模大得多，涵盖的葡萄酒等级也更全面。

拉菲的成功离不开品牌市场营销的努力。拉菲在中国的走红离不开 20 世纪 90 年代港片的兴起与其电影植入，在营销手段的塑造下，拉菲成为大众眼中高档葡萄酒的代名词。在公关方面，拉菲借助各种历史节点和参展机会将自己塑造成具有收藏价值的高端葡萄酒，同时利用中国消费者对于吉祥数字的推崇，打出营销的情感牌。英国《醇鉴》杂志出版总监沙拉·肯普将其称为"拉菲的中国现象"。

2）勃艮第产区

波尔多和勃艮第同时作为法国优质葡萄酒的象征。勃艮第位于法国的中东部，属大陆性气候，地形以丘陵为主，被称为"地球上最复杂难懂的葡萄酒产地"。不同于以酒庄为单位划分等级的波尔多，勃艮第产区更注重以葡萄园为单位进行等级的划分。根据风土的优越程度，这里的葡萄园从高到低被划分为特级园、一级园、村庄级和大区级 4 个等级。勃艮第的葡萄品种主要为'霞多丽'和'黑比诺'，大多数采用单一葡萄品种酿制葡萄酒。

酒庄出品的酒款彰显了品种特色和风土魅力，是全球最贵葡萄酒榜单上的常客。罗曼尼·康帝酒园是法国最古老的酒园之一，也是法国最顶尖的酒园，甚至被广泛认为是世界顶级的红葡萄酒园。

3）香槟产区

香槟产区位于法国巴黎的东北部，是法国最北部的一个葡萄酒产区，气候寒冷。但寒冷的天气赋予了香槟酒别样的清新之感，白垩土壤，让'霞多丽''黑比诺'和'皮诺莫尼耶'葡萄在这里大放异彩，成为酿制香槟的葡萄品种。

香槟产区以起泡酒而闻名。自 18 世纪末，香槟起泡酒的酿造工艺逐渐传播至法国的其他地区以及意大利、西班牙和德国等国家。19 世纪 30 年代起,为纪念香槟产区在起泡酒领域的首创之功,在香槟之外的产区,人们把酿造起泡酒的技术称为"香槟化"或"香槟法"。自 20 世纪开始,香槟作为第一批拥有原产地名称的产区之一被国内外机构承认。截至 2019 年,香槟原产地名称受到包括加拿大、韩国、越南和哥伦比亚在内的 121 个国家在产品和服务层面上提供的保护。

2. 澳大利亚

澳大利亚归属于新世界葡萄酒生产国,葡萄酒生产历史较短。20 世纪 50 年代,普通红葡萄酒和白葡萄酒取代了过去占主导地位的甜酒。与此同时,低温发酵技术应用于白葡萄酒的酿制过程中。与旧世界葡萄酒生产国相比,澳大利亚除了严格遵循的传统酿酒方式外,还采用先进的酿造工艺和现代化的酿酒设备,加上稳定的气候条件,澳大利亚每年出产的葡萄酒的品质都相对稳定。

1)克莱尔山谷产区

克莱尔山谷是南澳历史悠久的葡萄酒产区之一,以极具地区特性及品种特点的'西拉'和'雷司令'葡萄酒闻名。巨大的昼夜温差,使克莱尔山谷葡萄酒带着澳大利亚葡萄酒共有的强力,同时还带有独特的口感。

克莱尔山谷是极佳的农业产区,为蓬勃发展的精品葡萄酒产业提供了基础。克莱尔山谷是澳大利亚'雷司令'的主要产区,葡萄酒口感浓郁、风味丰富,饱含柠檬皮和白花等独特香气,拥有较低的糖分和较高的酸度。狭长的山谷布局,使得克莱尔山谷葡萄酒数量十分有限,这也是当地葡萄酒独特竞争力之一。

2)玛格丽特河产区

玛格丽特河作为一个年轻的高品质葡萄酒产区,与波尔多产区相似但具有鲜明果香、易亲近的葡萄酒风格。玛格丽特河风景优美,发展葡萄酒产业的同时,旅游业也非常发达。优美的环境让玛格丽特河产区的酒庄成为艺术的宝地,不论是酒庄的环境,还是当地的露天音乐会都受到消费者的认可。

澳大利亚将葡萄酒产业看作旅游业的重要组成部分,将葡萄酒产区作为重要的旅游线路,推动当地酒旅融合发展。结合自身地理与历史优势扩大品牌的知名度至关重要。

3. 美国

美国境内复杂多样的气候及环境条件,成就了世界一流的葡萄及葡萄酒产业,无论鲜食葡萄、葡萄干、葡萄酒还是葡萄汁产业,美国均在国际市场上占有一席之地。自 20 世纪末开始,美国掀起了葡萄酒消费热潮,消费量持续上涨。虽然美国葡萄酒有 400 年的生产历史,但一直发展缓慢。直到 1976 年"巴黎审判"事件,美国葡萄酒一炮走红，逐渐被世人所认识和接受，从而推动了葡萄与葡萄酒产业的发展。2012 年以来，美国成为世界第一大葡萄酒消费国。

1）华盛顿州产区

华盛顿州的葡萄种植史不到 200 年，如今有超过 900 家酒庄，平均每个月诞生 4 家新酒庄。华盛顿州的葡萄酒年产量约为 22 万吨，是全美第二大葡萄酒出产州。最受欢迎的红葡萄品种为'赤霞珠'和'美乐'，最受青睐的白葡萄品种则为'雷司令'和'霞多丽'。除此之外，华盛顿州还种植了'马尔贝克'、'桑娇维塞'、'琼瑶浆'、'维欧尼'和'赛美蓉'等葡萄品种。

华盛顿州的葡萄酒厂多数是年产量少于 5000 箱的小规模家庭式酒厂。全州 850 多家酒厂中只有约 20 家的年产量超过 40000 箱。该行业所具备的小规模工匠式的性质，有助于酿出品质上乘的葡萄酒，这也是小酒庄模式。

2）俄勒冈州产区

美国俄勒冈州是一个具有浓郁地方风味和特别酿造技术的葡萄酒产区，是世界上除德国和法国香槟外最寒冷的葡萄酒产区。葡萄酒的酿造历史相对较短，该州的葡萄酒 2007 年第一次进入中国市场。俄勒冈州产区能够扬名海外离不开当地文化产业和旅游产业，阿什兰市的莎士比亚戏剧节以及火山口湖国家公园等旅游景点，为当地葡萄酒产业带来了巨大的效益。2014 年的电影《涉足荒野》中的取景地就是俄勒冈州的阿什兰市，电影的上映带来了很多慕名而来的游客。

俄勒冈州 1999 年发起了一个低输入葡萄栽培和酿造项目，为在太平洋西北地区实现可持续发展的葡萄种植者们给予认证。葡萄酒在业界的名气不断增长，但仍属于一个年轻、缺乏厚重历史文化支撑的新兴产区，需要持之以恒的努力才能打造更好的产区品牌。

3）加利福尼亚州产区

加利福尼亚州是美国最重要、面积最大的葡萄酒产区。目前约有 139 个法定种植区，葡萄种植面积达 242000 公顷，葡萄酒产量约占全国总产量的 90%，几乎等同于整个法国葡萄酒总量的 2/3。体量大、种类繁多和新世界代表，几乎成为加利福尼亚州葡萄酒的标签。尽管加利福尼亚州 18 世纪就开始种植葡萄，但直到 1976 年才发展成为国际知名的葡萄酒产区，巴黎盲品会上加利福尼亚州葡萄酒凭借着优异的品质击败了法国名酒一举成名。

加利福尼亚州凭借着独特的气候与文化条件，积极发展文化旅游产业，带动葡萄酒产业发展。从 19 世纪中期开始，加利福尼亚州便以传统葡萄种植业和酿酒业为发展基础，如今已发展成为一个以葡萄酒文化、庄园文化闻名，包含品酒、餐饮、养生、运动、婚礼、会议、购物及各类娱乐设施的综合性乡村休闲文旅小镇集群。

加利福尼亚州葡萄酒旅游之所以具有如此的吸引力，除了它有世界级顶尖质量的好酒外，与当地积极开发丰富新颖的旅游产品是分不开的。在当地可以体验到的旅游活动包括：品酒列车、自行车谷地游、豪华轿车游、婚庆蜜月游、葡萄酒 SPA、葡萄园野餐、会展服务、其他特色活动等。

3.2.2　国际葡萄酒品牌市场竞争格局

1. 国外葡萄酒品牌市场竞争格局

国际权威杂志《国际酒饮》每年评选全球 50 大最受推崇的葡萄酒品牌，所涉及的品牌是由国际饮料协会的全球饮料买家和葡萄酒专家选出的，是目前为止全球范围内的权威排行榜之一。2020 年，《国际酒饮》全球酒类专家与全球葡萄酒市场调查专家联合评出全球 50 大最受推崇的葡萄酒品牌，其中排在前 8 名的品牌如下。

1）卡氏家族酒庄

卡氏家族酒庄位于阿根廷门多萨产区，是罗伯特·帕克所著的《世界顶级葡萄酒及酒庄全书》中唯一收录的南美洲酒庄，拥有门多萨产区面积最大的葡萄园。卡氏家族酒庄首次入榜就荣登首位，同时也被评为南美洲最受欢迎的品牌，实力不容小觑。

2009 年，庄主尼古拉斯·卡帝那·萨帕塔还被《醇鉴》杂志评为"年度人物"。酒庄最具代表性的酒款是卡氏家族尼古拉斯干红，该酒是阿根廷第一款被罗伯特·帕克评为 98+ 高分的葡萄酒，并在多次盲品比赛中完胜波尔多一级庄。

2）奔富

建立于 1844 年的奔富是澳大利亚最著名的葡萄酒庄，常被看作是该国葡萄酒的象征，成为 2019 年全球最受推崇的葡萄酒品牌，得益于其高品质的产品。此外，奔富"用最合适的葡萄，酿出最合适的风格"的酿酒理念，使得奔富的产品有着稳定的品质与风格。奔富能够根据市场情况及时调整产品结构，这也是品牌持续发展的基础。在奔富品牌取得成功后，通过创新酿造技术，推出一系列中档葡萄酒，以不同价位、不同口味的灵活组合进一步扩大市场占有率，同时也为不同层次需求的消费者提供了更多选择。

3）桃乐丝

桃乐丝酒庄自 1870 年创立以来，一直努力结合传统与革新，已成为上乘葡萄酒和白兰地市场的领导者之一，是西班牙最大的葡萄酒生产商。

自 2016 年至 2019 年，桃乐丝在全球 50 大最受推崇的葡萄酒品牌排名中未曾跌出前三名，取得这样的成就与桃乐丝稳定的产品品质密不可分。在栽培方面，桃乐丝引进'赤霞珠''黑比诺'等优质品种，保证葡萄酒原料的质量。在酿酒技术方面，桃乐丝引进了不锈钢控温发酵技术。高质量的葡萄酒原料与先进的酿造技术的结合使得桃乐丝生产出了稳定的高品质葡萄酒，巩固了桃乐丝乃至西班牙葡萄酒在欧洲葡萄酒市场的地位，重塑了西班牙葡萄酒的国际形象。

4）19 罪

19 罪是澳大利亚最大的葡萄酒集团——财富酒业旗下品牌，它是全球第 1 家在酒标上引入增强现实技术的公司，该品牌在商标上讲述了一个关于英国罪犯的故事，一段段离奇又真实的故事在社交媒体上快速传播开来，该品牌销量因此增长了 60%，销售额更是增长了 70%。品牌也因此一举夺得本年度榜单第 4 名。该酒庄的酿酒葡萄来自澳大利亚各大知名产区，有'赤霞珠'、'西拉'、'黑比诺'和'歌海娜'等。

5）干露

干露是智利最大的葡萄酒业集团，曾 3 年连登世界最受推崇的 50 大葡萄酒品牌榜首。此外，干露酒庄更是 25 次荣登著名杂志《葡萄酒与烈酒》的年度百强酒庄榜单。如今，干露酒庄拥有的葡萄园面积高达 11300 公顷，产品远销 140 个国家。旗下产品众多，如红魔鬼、迈坡、侯爵、活灵魂等著名品牌。

6）新玛利酒庄

新玛利庄园的成功始于 20 世纪 80 年代，并在随后的数十年间持续发展，体现了新玛利庄园对产品生产各阶段和产品品质的全情投入和坚定承诺。作为新西兰葡萄酒业的翘楚、新西兰过去 30 年获奖最多的葡萄酒庄园，这个以家族企业为荣的葡萄酒庄园，在新西兰各个最优质的葡萄酒产区种植葡萄，酿造优质的葡萄酒，享誉全球。

7）贝加西西利亚酒庄

贝加西西利亚酒庄是位于西班牙杜埃罗河岸的一家酒庄，有着 150 多年的历史。杜埃罗河岸是西班牙非常优秀的一个产区，这里出产的'丹魄'葡萄酒风味浓郁、酸度活泼，有着非常高的品质，在国际市场上享有盛誉。不过，贝加西西利亚酒庄的大名气可不是因为沾了产区的光，相反，是贝加西西利亚酒庄自身的名气极大地助力了杜埃罗河岸产区的崛起。

8）云雾之湾

云雾之湾成立于 1985 年，是新西兰马尔堡产区首批成立的 5 大酒庄之一。自成立便备受推崇，并迅速成为全球公认的白葡萄酒标杆级生产商。该酒庄以酿造'长相思'而闻名，从不同的葡萄园中甄选最好的葡萄进行混酿，以保持品质的优异和风格的统一。酒庄代表酒款迪科科干白葡萄酒馥郁的果香，彻底颠覆了以往

'长相思'草本清新的印象。此外,云雾之湾还是新西兰'黑比诺'的杰出代表。

2. 国内葡萄酒品牌案例

1)张裕

张裕是我国历史最悠久的葡萄酒品牌,1892年由爱国华侨张弼士创办,开创了中国工业化生产葡萄酒的先河。130多年来,张裕经历历代酿酒师的传承与积淀,一直延续聘请外国优秀酿酒师、中外酿酒师合作的模式,中西合璧,持续学习、吸收国际先进的酿酒技术。如今张裕已拥有国际一流水平的中外酿酒师团队100余名,传承百年酿酒传统,融合中西酿造之精华,为消费者呈上各具风味的葡萄酒。

2)长城

长城葡萄酒是全球500强企业中粮集团旗下驰名品牌,是"中国名牌产品"和"行业标志性品牌",上榜中国葡萄酒品牌排行榜,连续多年产销量居全国第一,是亚太经济合作组织(APEC)财长会议晚宴专用酒、博鳌亚洲论坛唯一指定用酒、人民大会堂国宴用酒等。旗下著名产品长城桑干酒庄系列、华夏葡园小产区系列、海岸葡萄酒系列等产品多次在巴黎、伦敦等国际专业评酒会上捧得最高奖项。

3)轩尼诗夏桐

夏桐酒庄全名酩悦轩尼诗夏桐(宁夏)酒庄有限公司,公司隶属于法国酩悦轩尼诗酒业集团,该集团是酩悦·轩尼诗-路易·威登旗下的酒业集团。全球一共有六个名叫"Domaine Chandon"的酒庄,宁夏夏桐酒庄是其中之一。夏桐酒庄是目前宁夏唯一专业生产起泡酒的酒庄,种植的葡萄品种和酿造方式都遵照法国香槟区的传统。夏桐酒庄的产品主要供应中国市场,因此在酒的风格上根据中国人的喜好做了调整,略微降低了酸度。

4)怡园酒庄

1997年香港企业家陈进强先生创建了怡园酒庄。该酒庄坐落于山西省晋中市太谷区绿色生态农业示范园区内,是按葡萄园环绕酒庄主体的建筑方式设计的。2006年,怡园酒庄在宁夏贺兰山东麓青铜峡葡萄酒产区建设酿酒葡萄基地和酒庄,获得了"宁夏名牌产品"的殊荣,酒庄产品被宁夏回族自治区人民政府列为政府指定用酒。怡园酒庄现有葡萄园1000余亩,产能近3000吨葡萄酒的生产设施,近年产量在150万~200万瓶左右。2018年6月27日,怡园酒庄在香港创业板上市。

5)贺兰红

2018年以来,为打造产区品牌,经过酒庄自主报名,宁夏整合多家规模葡萄园,多方吸纳意见,邀请国内顶尖葡萄酒专家助力,"贺兰红"葡萄酒的大单品项目应运而生,这款葡萄酒旨在打造符合中国人消费习惯,在定价上尤其体现其亲民价格，真正实现了"让每一名中国人都能喝得起优质国产葡萄酒"的目标。酒庄采用简约的中国风设计，定位为中国酒庄酒，具有较高性价比。特别是在 2018 年联合国中国美食节上，"贺兰红"大放异彩，以其优异的酒体表现和合理的性价比吸引诸多国际政要的认可，入选"2018 年联合国指定用酒"。

3.2.3　打造贺兰山东麓葡萄酒产区品牌的核心要素

1. 贺兰山东麓地域文化

贺兰山横亘在腾格里沙漠和宁夏平原之间，远远望去，巍峨险峻，如群马奔腾，南北延伸 200 多千米的高山左边是漫无边际的黄色沙漠，右边则是沃野千里的绿洲，山两侧的气候、植被、地貌也呈现出显著差别。作为中国为数不多的南北走向的山脉，贺兰山如同一道天然屏障，阻挡腾格里沙漠的东移，削弱了西伯利亚高压冷气流，守护了宁夏平原的良田万顷，百姓得以安居乐业。因此，宁夏人饱含深情地将贺兰山称为"父亲山"。贺兰山东麓的地理环境有利于葡萄的种植，并且是古代丝绸之路的重要节点，具有深厚的文化底蕴。

贺兰山在古代曾是匈奴、鲜卑、突厥、回鹘、吐蕃、党项等北方少数民族驻牧游猎、生息繁衍的地方。几千年来，农耕文化与游牧文化在这里碰撞，形成独特的历史文化遗存，游牧民族把生活和祭祀的场景刻在贺兰山的岩石上，形成贺兰山岩画。多元地形地貌、多元动植物生态、少数民族多元文化历史的碰撞、融合、演变，形成了贺兰山东麓独特的地理人文景观。

2. 贺兰山东麓葡萄酒产区品牌建设内容

1）产区品牌文化与品牌形象建设

产区品牌文化是贺兰山东麓葡萄酒文化的核心，是贺兰山东麓地域文化的品牌凝结。贺兰山的雄浑、黄河水的壮阔、多民族几千年来不断碰撞交融和游牧农耕文化的融合，造就了贺兰山东麓雄浑壮阔、厚重、多元碰撞交融的地域文化，这也成为贺兰山东麓葡萄酒产区品牌文化的重要特质。

贺兰山东麓产区品牌形象建设以品牌文化为导向，将产区品牌形象传播从"中国的贺兰山""世界的贺兰山"的功能性传播，转向为"多元·碰撞·融合"的观念传播，意指贺兰山东麓产区文化沉淀而来的价值观念，也表示作为世界重要的葡萄酒产区，贺兰山东麓葡萄酒产品和品牌的多元，各种葡萄酒文化观念的碰撞，以及西方葡萄与本地风土的融合创造出来的独一无二的"贺兰山东麓"产区。

在产区品牌传播方面，产区品牌建设机构既是产区的经营管理者、形象推广者，也是葡萄酒文化的传播者、贺兰山东麓地域文化的传播者。以产区品牌为主体，适当运用新媒体传播方式，借鉴国外成熟的葡萄酒产区品牌建设经验，积极推进中国葡萄酒文化传播、葡萄酒消费者培育和葡萄酒鉴赏区分机制。

2）贺兰山东麓产区经营管理

贺兰山东麓产区品牌的建设还体现在产区管理功能的完善和精细化发展，体现在产区内的酒庄品牌和产品品牌的助推、产区酒庄评级标准的制定和完善、产区葡萄酒产业与文化产业的融合发展等。

葡萄酒酒庄品牌和产品品牌是产区品牌影响力最直接的体现，产区经营管理应将酒庄品牌和产品品牌的打造放在首要位置，形成产区品牌、酒庄品牌和产品品牌的良性互动和共赢。其中，酒庄品牌建设可以对产区品牌和产品品牌都形成良好的"晕轮效应"，因为它既是产区品牌的内容之一，也是产品品牌的来源。

酒庄作为产区内的建筑实体，具有产品生产、储存和销售功能，也具有空间传播功能。这种空间传播，既包括建筑本身的景观传播，也包括以酒庄为主体的内外各种活动传播。酒庄品牌打造要结合独特的产品品牌风格，从产品品牌个性到酒庄建筑空间个性和活动特色，形成系统的品牌建设合力。在与文化产业融合的过程中，酒庄文化的深度挖掘和业态创新成为酒庄品牌发展的重要契机。

葡萄酒产品品牌的打造是产区品牌价值的核心体现。产区可以通过专家讲座、管理人员培训、员工技能培训等各种活动，促进葡萄酒品牌的孵化和创新，形成各具文化特色、面向不同消费人群、产品功能特色突出的葡萄酒产品品牌体系。

3）产区需要进一步调整和完善评级制度

产区评级制度是国外著名产区最具特色之处。波尔多产区1855分级制度为法国葡萄酒的酿造品质与销售提供了有力的保证，使波尔多葡萄酒成为世界葡萄酒的标杆。勃艮第产区根据风土的优越程度，以葡萄园为单位进行等级划分，形成其特有的产区品牌差异。澳大利亚葡萄酒的酒品则是以"五杯酒"的评分系统进行打分评级，可分为94～100分的顶尖葡萄酒，90～93分的强力推荐，87～89分的推荐饮用，84～86分的易于饮用。其中只有94～100分的酒品才可以获得五个杯子的标志，成为"五杯酒"标志葡萄酒，而且一个酒庄中拥有两款以上"五杯酒"标志的葡萄酒才可以成为五星级酒庄。贺兰山东麓葡萄酒产区的酒庄评级制度借鉴了国外的经验，已经推行多年，可以结合本地区特点进行调整、完善和细化。

3. 产区发展产业化、集群化和融合化

促进贺兰山东麓葡萄酒产业链条的完善发展，形成从种植、酿造、加工、包装、品牌设计、营销等后续产业服务的延伸，实现葡萄酒产业的集群化发展。

深度挖掘贺兰山东麓旅游资源，开发不同文化的旅游线路，积极开发葡萄酒产业与旅游业的融合新业态；根据产区内不同文化旅游区域的特色，结合演艺欣赏、文化体验、生活方式体验、亲子教育等不同旅游需求，打造葡萄酒产区旅游活动品牌。引入自行车赛、马拉松赛等国内外著名赛事，增加产区品牌关注度。

3.2.4　贺兰山东麓葡萄酒产区品牌文化构建

贺兰山东麓葡萄酒产区品牌文化深植于贺兰山东麓地区的自然特征和历史文化传承之中，使它明显区别于中国其他葡萄酒产区。

(1)深度挖掘自然风土与人文环境优势。在自然风土方面，充分发挥宁夏贺兰山东麓黄金地理位置以及优越的气候条件对于葡萄种植和葡萄酒酿造的优势，生产出更多更加优质的产品。在人文环境方面，近年，北京、广州和上海三处的宁夏贺兰山东麓产区葡萄酒展销展示中心已挂牌成立，承担宁夏产区葡萄酒在一线城市及其周边地区的展示、推广、宣传和销售任务。在实体推广基础上，可加大互联网和新媒体等虚拟领域的推广，使广告投放更加精准和富有成效。在宣传中应突出宁夏葡萄酒的"品牌自信"，注重培育中国人的葡萄酒文化。

(2)独家制定经典游览路线和丰富游览体验项目。宁夏地处西北，红色文化、回族文化、西夏文化和黄河文化构成了宁夏文化的主体。依托宁夏独特的文化和自然资源，贺兰山东麓葡萄酒产业应积淀本土特色，将葡萄酒产业的发展与区域特色结合起来，带动行业的全面发展。目前，宁夏共有 4 处景区被评为国家 5A 级景区，分别是：灵武水洞沟旅游区、银川镇北堡西部影视城、中卫市沙坡头旅游景区、石嘴山市沙湖旅游景区。每年有大量游客到宁夏旅游参观，这为宁夏的文化输出奠定了坚实的基础。同时，贺兰山东麓葡萄酒地理标志产品保护产地横跨银川市、石嘴山市、青铜峡市、红寺堡区和农垦系统 5 个产区，与国家 5A 级景区的所在地重合度极高，非常适合打造"葡萄酒+文化旅游"的发展模式。

(3)科学技术与国际化产业管理相融合。大多数葡萄酒产区注重科学技术对葡萄酒产业的推动作用，如卫星定位系统和地理信息系统的应用已十分普及。大部分的葡萄园从建设到管理均采用系统的定位，可以快速掌握该地区的土壤情况及病虫害发生情况，并能做出综合性分析和判断。加利福尼亚大学戴维斯分校距离加利福尼亚产区不到 100 千米，是世界农业与环境科学研究和教育中心，农业技术研究水平排名全美第一。通过与该校的长期合作，产区在葡萄种植管理和葡萄酒酿造方面融入了很高的科技含量。无论是对地质、土壤、气候、气象、地形等基础条件的研究，还是在病虫害防治、滴灌种植技术、酿造工艺改良上，都走在葡萄酒技术实践和创新的前沿。同时，许多新世界的葡萄酒产区积极采用先进的酿造工艺和现代化的酿酒设备，并结合当地独特的气候条件与土壤条件生产出世界知名的葡萄酒，并打响自己的产区品牌。

当今世界多数葡萄酒产区已经形成完整的产业链条，但宁夏贺兰山东麓产区目前在产业链条中仅负责了葡萄的种植与葡萄酒的酿造，后续的酒瓶、酒标等依然需要到全国各地进行采购，这对整体产业的发展极为不便利。若能打通葡萄酒生产的全部链条，对葡萄酒产业的内循环和发展来说是极为便利的。

（4）构建品牌文化生态多样性与世界性。世界著名的葡萄酒产区几乎都具有良好的生态环境，这是产区葡萄酒产业和葡萄酒旅游发展的先天基础。为了保护生态环境，加利福尼亚于1968年成为全美第一个农业保护区，有效防止了对土地的过度开发。而加利福尼亚的酒商协会与其他行业的组织和环境社区进行合作，共同制定出一套适合葡萄园种植和运行的标准。该标准鼓励种植者使用可持续的农业技术，减少化学品的使用，以保护土壤和水资源，修复被侵蚀的土地以及恢复动物的栖息地。而良好的生态环境反哺葡萄酒产业，以达到生态与产业的可持续发展。

（5）全面提升产区品牌世界葡萄酒文化表达力。著名葡萄酒产区的旅游业离不开当地的历史文化，充分开发当地的历史文化条件，以文化内核带动旅游业发展，以旅游业带动葡萄酒产业的良性发展。宁夏贺兰山东麓产区有着悠久的历史，但并不被国人所熟知，诸如贺兰山岩画等历史遗产，记录着远古游牧民族的故事。如果能深度开发当地文化，与葡萄酒酿造产业相联系，一定可以带动当地葡萄酒产业的发展，提升产区品牌的文化内核。

世界著名的葡萄酒能够享誉世界，离不开积极的市场营销活动，无论是法国的拉菲还是香槟，都成功地提高了产区品牌的知名度。积极主动地营销，提高消费者对葡萄酒知识的认知，树立葡萄酒品牌在消费者心中的地位，使其对产区有所了解。积极开展有效的宣传，拍摄相关纪录片，培育消费者。同时开展品鉴会等传统葡萄酒营销的策略，参加国际知名的评奖大赛，获奖后通过品鉴会进行传播，带给消费者直观的消费感受，以多种营销手段，提升自身影响力与知名度。

全球葡萄酒产区和品牌优质案例的分析，对宁夏贺兰山东麓的葡萄酒品牌建设起到了重要的启示作用。虽然宁夏贺兰山东麓的葡萄酒多次在国际和国内大赛中获得好评，但还未占领国内市场，未代表中国在国际葡萄酒市场中占据"一席之地"，其中一个很重要的原因是"有名无牌"，即缺乏优秀的品牌。因此，要把贺兰山东麓葡萄酒企业结构调整的重点放在培育具有竞争力的世界级葡萄酒和葡萄酒品牌。

3.3　新媒体时代葡萄酒消费变革

3.3.1　新媒体时代的新零售场景

在新媒体时代的背景下，葡萄酒传统零售与互联网、大数据、人工智能等技术深度融合,不断调整商品和业态结构,引领葡萄酒消费呈现新发展态势。

1. 新媒体时代葡萄酒消费状况

自 2013 年以来,我国葡萄酒产量呈逐年下降趋势,葡萄酒行业进入了调整期。移动互联网的普及应用,促进了葡萄酒销售电商平台的崛起,为消费者开拓了新的消费渠道,改变了葡萄酒传统零售模式。线上销售以流量为竞争焦点,低价引流虽然能在短时间内提升销量,刺激消费市场,但带来的一个问题就是严重影响了消费者的体验感和高品质、品牌化的追求,有损我国葡萄酒树立的品牌形象。因此,葡萄酒电商发展之路陷入了流量置顶的僵局。

中国复杂的用户结构也带来了需求分层,年轻群体成为消费新主力。根据艾媒研究院发布的《2020~2021 年中国酒类行业发展状况与竞争态势分析报告》,2019 年葡萄酒消费者平均年龄在 34 岁,多以 80 后为主,具备消费实力和需求。而第六次全国人口普查数据显示,90 后占全国总人口的 14.1%,占据网络消费人群的 28.1%。90 后群体热衷于线上消费,追求健康节俭享乐,颠覆传统的白酒消费观念,消费能力强劲且呈现增加态势,是葡萄酒的潜在消费者。

尤其是"互联网+"战略实施后,葡萄酒行业积极响应国家战略,将互联网思维融入实体零售行业,开启新零售模式,实现线上线下互通。比如在不同的消费场景下兴起的葡萄酒连锁店、葡萄酒自动售卖机、葡萄酒无人超市等,拓宽了葡萄酒的消费场景,给消费者带来便捷化的消费体验。此外,葡萄酒行业还加快与旅游业、文化产业融合的步伐,开展酒庄体验,调整消费结构。

总之,在新媒体的发展之下,不同阶层的消费者逐渐找到了符合各自需求的产品,葡萄酒的金字塔型消费结构渐渐成型,越来越多的中国消费者对于葡萄酒正在从入门级走向进阶级,面对千人千面的消费市场,葡萄酒消费在各方面都呈现新趋势,具备较强的经济态势,这也预示了葡萄酒蕴含着非凡的市场活力与发展前景。

另外,在新媒体时代下,数字经济与新媒体技术的驱动使葡萄酒的生产模式与消费模式都发生了改变,呈现出新的情景,缩小了城乡消费差距,可以从消费环境与消费个体两方面来概括其总体特征。

(1)消费环境变迁,提供全方位服务。2018 年天猫全球酒水节数据显示,二三线城市葡萄酒消费增长速度高于一线城市。一线城市葡萄酒消费已经接近饱和,增长空间较为有限,而二线到五线城市葡萄酒消费意识还不够成熟,发展空间大。在 2019 年,天猫全球酒水节更是把品牌数字化转型列为重点,为消费者营造数字消费环境。数字化的运营可以为消费者提供高品质的产品,实现零差别服务,通过为葡萄酒消费者制造更多的消费场景来培养消费习惯,实现非一线城市销量激增。

(2)消费个体自主意识强,个性化、创新性需求多。在新经济时代,年龄、性别、地域、社会地位、受教育程度等划分依据逐渐细化,消费者圈层化进一步加深，产生了新中产、00 后、三线到五线城市的小镇青年等各种标签，他们更喜欢创新性的体验，以满足自己个性化的需求。消费者在产品价值链中的主导地位已经确立，扭转了商家主导的市场格局。与此同时，消费者的自主意识得以提升，在数字经济提供的自由消费环境中，消费者根据喜好、需求自主选择心仪产品，还可自行选择购买渠道，不再受导购的"诱导"。

总而言之，消费市场的主体是"人"，尤其是年轻化群体的增加，为葡萄酒消费市场注入了活力，葡萄酒营销首先要解决的就是"人"的问题。

2. 新媒体时代的新零售场景与表现

新零售是在传统电商与实体零售面临发展困境、消费不断转型升级、各类科技创新驱动的背景下产生的。新零售就是以消费者为核心，以互联网新科技和新思想为依托，以改造传统零售业态、提升行业效率为目标的新概念，包括服务到门、社交电商、个性化定制和新物种四种模式(图 3-1)。

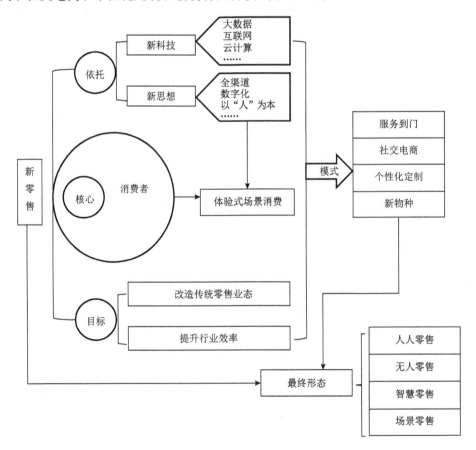

图 3-1　新零售模式图

在传统零售时代通常采用同一种模式来服务多个消费对象,容易造成客户不满的后果,甚至影响品牌形象;在新零售时代,以数据为依托,对消费者进行全面分析,准确挖掘消费者需求,提供个性化服务。场景精准化得益于大数据驱动,将关注点放置于对消费者的洞察能力及消费者数据的分析能力上(图 3-2),了解消费者需求的实时变化,在合适的时间为特定的目标消费者营造符合其心理需求的购物场景,通过多种方式将消费者与商品建立有效连接,为消费者提供真实的消费体验、更周到体贴的个性化服务,进而优化营销效果,扩大品牌知名度,培养客户的忠诚度。

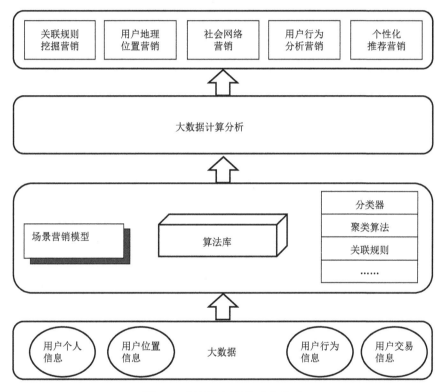

图 3-2　新零售场景精准化模型

新零售场景的特点是数字化与互动性,增强现实(AR)和虚拟现实(VR)等技术的应用可以为消费者提供一个体验式的虚拟场景,吸引用户沉浸其中,消费者可以在购买前直接看到自己使用该产品的场景,而企业也可以通过消费者的体验时长等数据进行分析,评估、判断消费者对该产品或该品牌的关注度与体验感,从而调整产品结构。

新零售的核心在于消费者的场景体验,尤其是情感体验,为消费者营造娱乐、休闲的体验场景，提升消费者的参与感和幸福感，从精神层面满足其心理需求。对于葡萄酒新零售行业来说，葡萄酒庄园、葡萄酒文化博物馆、葡萄采摘基地的设立为消费者提供了休闲、娱乐、舒适的场景；而葡萄酒与餐厅的场景融合，更是让消费者有一种高雅、温馨的感觉。

当前，我国线上渠道的产品与服务无法与线下完全一致，经常出现产品质量问题、物流安全问题。场景无界化就是通过线上线下渠道融合，资源共享，实现"同价、同款、同服务"的统一，解决单一零售模式的弊端，消除消费者的不确定性心理，真正让消费者感受到无差别服务，将场景无界化深入到消费者生活中(图3-3)。

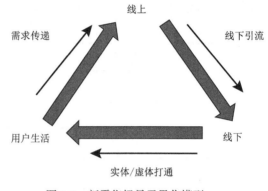

线上

需求传递　　　　　　　　　　　　　　　线下引流

用户生活　　　　　　　　　　　　　　　线下

实体/虚体打通

图 3-3　新零售场景无界化模型

场景无界化的原则是消费者线上线下信息同步、产品同步、服务同步。首先企业要定位消费者的线下消费门店，掌握其消费行为数据，为其设定标签；然后企业向目标消费者线上推送其可能感兴趣的内容或提供线下门店针对性服务；最后，消费者根据信息和自身需求自主选择线上或线下渠道购买产品，但前提要保证线上线下的产品、服务一致，真正为消费者打破时空限制、产品限制，让消费者体验无处不在。

总之，新零售场景的出现对葡萄酒产业有着深远的影响，必须掌握技术运用，为产业发展赋能，也必须以消费者为核心，创新场景服务。

3.3.2　构建全场景的葡萄酒消费

目前，消费场景不再局限于实体零售时代的商场、超市，也不再局限于电子商务时代的网站、小程序(APP)，或是线上到线下(O2O)时代线上线下的机械拼接，而是线上、线下高度融合，不分彼此；消费行为可以发生在任何时间、任何地点，每次消费行为中都可能应用到线上线下多种技术和平台；零售企业不仅是商品提供商，也成为服务的提供商，结合人工智能、大数据、物联网等新的技术，更加了解消费者的需求，从而提供更加精细化和定制化的服务。

　　未来零售就是智慧零售，就是运用互联网、物联网、大数据和人工智能等技术，构建商品、用户、支付等零售要素的数字化，采购、销售、服务等零售运营的智能化，以更高的效率、更好的体验为用户提供商品和服务。各种零售渠道业态都要基于移动端、基于场景来发展，以用户为中心，实现让用户买得好、买得爽。

　　中国未来的营销模式也将会出现以渠道为中心的营销，逐步向以用户的情感共鸣和产品品牌体验为中心的营销转化，消费定制化的趋势日益明显，葡萄酒企业营销模式理应随消费需求而改变。

3.3.3　年轻群体葡萄酒消费趋势与变革

　　据调查，中国葡萄酒市场将在 11 年内追上白酒市场规模，那时将是超过 5000 亿元的巨大市场，而新生代消费者将对这个奇迹产生决定性的作用。随着 80 后、90 后、00 后新生力量逐渐成为新生代消费的主力军，时代的发展和观念的改变让他们对品质和个性化的追求不同前人，成就了当下的消费升级。新生代人数和收入均快速增长，成为消费中坚人群。尤其是 Z 世代群体（1995 年至 2009 年出生的一代人），他们个性特征鲜明，有较高的人文素养，对内容有独立的理解，具有高潜力、高能量和高黏性，具有强烈的创造及表达意愿，愿意充分展示自己的才华和能力，这一群体也是消费的主力人群。而以 Z 世代为主的新生代在进行葡萄酒消费时主要具有以下特征。

　　1. 消费个性化，注重体验感

　　新生代具有独特的见解与价值观，个性与品位成为他们消费较为讲究的问题。"我的消费我做主"的观念已经成为新生代消费群体个性化与时尚化标语，而关注流行与追逐时尚，也成为他们追求个性化消费的趋势。随着新型消费文化的不断深入推进，他们在保证理性消费的基础上，透露出更多的个性化。追求葡萄酒个性化的风格，注重自我形象在葡萄酒消费中的刻画，基于大多数情况下新生代消费群体往往会根据自己对个性化的追求，进一步突出葡萄酒消费的个性化特点。比如，追求包装独具个性化、时尚新颖、色彩靓丽的葡萄酒产品。个性的葡萄酒消费正在逐渐成为新生代日常生活和社会活动中具有象征性和大众化的色彩和基调，即成为一种风格化的东西。

　　除了追求个性化的葡萄酒消费以外，新生代注重体验感。除了将葡萄酒作为一种产品进行消费以外，也在将其作为一种新兴的生活方式。新生代不仅会被葡萄酒本身所吸引，而且容易被具有黏性的体验式活动所吸引，如迷你葡萄酒学校、和葡萄酒爱好者一起讨论和品尝最新的葡萄酒产品、到主题化和场景化的葡萄酒售卖点消费等。由此可以看出，新生代让葡萄酒成为自己时尚、个性的代名词，喜欢在实际的消费过程中，注重体验到与众不同的感觉。

2. 消费趋于理性化，追求性价比

新生代虽然具有明显的个性化特征，愿意为自己消费，但是他们在购买产品时会综合考虑多种因素，更加趋于理性化，当消费者出现购买葡萄酒的欲望时，他们会去 APP 上搜索相关产品信息，通过社交媒体、电商平台或私下询问其他人，或者观看行业博主的测评或推荐。经过"货比三家"及多层次的考虑，才会选出自己认为性价比最高的一款葡萄酒，意味着实现了消费的"最大价值化"。从一定程度上来说，新生代消费者受他人的评价影响比较大。

在新生代消费者眼里，品牌、价格和品质是最具有影响力的因素，力求物美价廉。首先，挑选一款葡萄酒，他们通常会首选品牌知名度比较高的，如张裕、长城等。因为对他们来说，品牌知名度高就意味着品质好。其次，他们并不认为价格越低越好，而在他们每个人心里都有一个价格区间。低于这个价格区间的，通常被认为是"劣质产品"，高于这个区间的，则超出了自己的承受能力，直接忽略。最后是品质，涉及品质就比较复杂，考虑的内容会更多。当消费者挑选产品时，第一印象就是包装，给予视觉刺激，包装精美但不华贵是最佳的；然后消费者会详细查看产品信息，如原料、产地、存储等，综合多种信息进行考察。理性消费是新生代的一种消费观念。对商家来说，如何打造出高性价比、高品质的葡萄酒才是根本。

3. 购买渠道多样化，网购成新生代首选

随着互联网电商行业的崛起，葡萄酒行业乃至其他行业都正在由线下销售转为线上销售并呈现融合发展态势，拓宽了消费者的消费渠道，摆脱了以往单一的购买方式。60 后、70 后的消费者通常选择线下专卖店、商超作为主要购买渠道，喜欢面对面实物交易。而从整体的葡萄酒零售行业发展现状来说，新生代并不喜欢受限于传统的消费方式，而更喜欢追求多样化、便捷化的手段来实现消费目的。

电商、物流行业不断深入发展，直播、种草形式不断更新，为新生代创造了更多的生活便利。面对电商行业的冲击，传统零售业也做出一些变革举措，但新生代群体作为数字原住民，接触互联网平台较多，完全生活在互联网环境下的他们，生活高度互联网化，仍然将网购作为第一购买渠道。对他们而言，拥有互联网，就拥有了整个世界，甚至比现实世界更加真实。

新生代选择网购的原因不仅受自身媒介使用习惯的影响，更主要的在于互联

网，尤其是电商满足了自己的"懒系"需求。通过互联网，他们可以快速搜集到
自己想要的葡萄酒信息，来帮助自己做决策，或者看到自己感兴趣的葡萄酒推送，
可以直接点击链接购买，送货上门，足不出户便可完成消费，简化了购买流程，
节约时间精力与成本。

3.4　葡萄酒品牌态度及消费习惯分析

3.4.1　葡萄酒品牌认知现状

1. 国内品牌葡萄酒销售情况

品牌直接关乎企业在消费者心中的印象，在产品同质化的今天，更是为企业
赋予了特殊的意义。对消费者来说，它是企业产品或服务优劣品质的判断标准之
一，影响着消费者做出购物决策。品牌认知度是品牌资产的重要组成部分，在我
国，葡萄酒品牌集中度高，长城（72.56%）、张裕（68.05%）是消费者最常购买的品
牌（图 3-4）。相较于同行业的其他品牌来说，其品牌优势明显、影响力强、市场认
可度高，这与其品牌宣传策略和市场深耕策略密不可分。

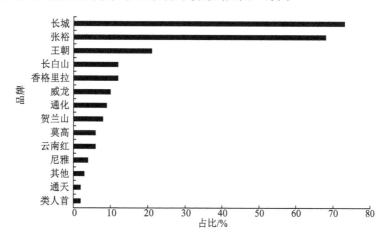

图 3-4　消费者最常消费的国产葡萄酒品牌

长城葡萄酒是中国葡萄酒第一品牌，也是"中国名牌产品"和"行业标志性
品牌"。我国第一瓶干红、干白和起泡葡萄酒均诞生于此品牌，其产销量和市场综
合占有率已连续领跑行业多年。长城将各葡萄酒产区的特色风土文化和葡萄品种
相结合，形成了桑干、五星、华夏、天赋、海岸五大战略单品，并不断推进品牌
活动与各产区文化相融合。在价格方面，它为五大战略单品搭建了一个价格金字

塔，以价格错位来满足消费者的差异化需求。同时，"国有大事，必有长城"，在国家重大活动中，长城葡萄酒用高品质铸就了款待世界的"国酒"品牌。正是凭借这种深厚的风土文化气息和绝佳的品质，长城葡萄酒才赢得了众多消费者的喜爱和信赖。

张裕葡萄酒所采取的策略和长城葡萄酒略有差异，作为中国第一个工业化生产葡萄酒的厂家，它紧紧抓住品牌历史这个诉求点，以"百年张裕"为主题进行品牌宣传，并以文化渗透的方式来提升消费者认知，与终端渠道实力商合作推动国际化发展。质量是张裕百年来坚定不移的信仰和追求，为了让消费者喝得放心，它给葡萄酒贴上电子标签，便于消费者查询产品信息，确保产品的全程回溯与问题召回。张裕在营销方面的核心亮点是体验式消费，通过感官体验、情感体验、思考体验、行动体验、关联体验等方式，让消费者切实感受到张裕葡萄酒的品牌价值，从而使消费者乐于购买相关产品，形成品牌忠诚。

2. 消费者对葡萄酒国内产区的认知度

葡萄酒市场一直处于一个不断变化、发展的过程中，从生产源到产品端，消费者对葡萄酒的认识也在不断加深。其中，消费者对葡萄酒产区的认知越来越明显。就国内葡萄酒产区而言，其分布广泛，但消费者对新疆产区、宁夏贺兰山东麓产区的认知度要高于其他葡萄酒产区(图 3-5)。这两个产区地处葡萄种植的"黄金地带"，优越的自然环境和特殊的地质土壤培育出了优质的葡萄品种，酒庄的建立融合了地域文化和人文风情，并打造出了一条葡萄酒旅游文化经济带，吸引了大批的消费者来体验参与，进而提升了产区的知名度。

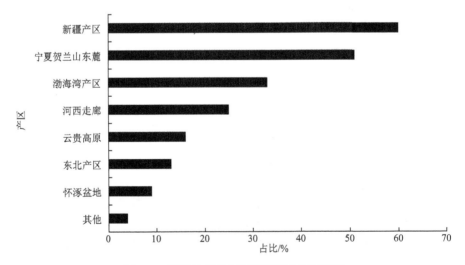

图 3-5　消费者对国内葡萄酒产区的认知度

结合消费者常消费的国内葡萄酒品牌来看，产区认知水平与品牌消费偏好不对等。也就是说，认知度高的产区在葡萄酒品牌建设方面仍存在短板，缺乏产区龙头企业，无法打开大众消费之门。因此，葡萄酒在加强产区品牌建设的同时也要优化企业品牌战略，从而获得产区、企业双名利。

因此，不论是国内品牌还是国外原产国品牌，消费者的选择倾向都比较集中，高知名度的葡萄酒更容易被市场所接受。就国内外葡萄酒品牌消费而言，消费者的认知差异逐渐缩小；但是就国内葡萄酒产区而言，消费者很少购买熟知产区的葡萄酒品牌。因此，我国葡萄酒未来发展不但要推行国际化战略，更重要的是在消费者心中形成完整的认知体系，扩大品牌影响力。

3. 进口品牌葡萄酒销售情况

葡萄酒消费意识的兴起与早期国外葡萄酒的输入有着密切的联系，随着市场的进一步开放，越来越多的葡萄酒涌入中国，形成了全方位、多品种的进口产品格局，为消费者提供了多样化的消费选择。对于众多进口产品，消费者的喜好不同，消费选择也有所差异。结合进口葡萄酒消费状况来看，法国的葡萄酒（78.97%）最受消费者欢迎，在进口产品中拔得头筹（图 3-6）。首要原因就是历史悠久、酿酒技术先进，并创建了行业标准与原产地保护标志，形成了完备的生产体系，为行业发展树起了标杆。此外，凭借优越的地理位置和气候条件，法国建立了多个世界闻名、功能各异的葡萄酒产区，为生产酿造提供了高品质的葡萄酒原料。同时，定期举办的葡萄酒博览会及后续的媒体曝光，使得法国葡萄酒的文化与品牌完美结合，国际知名度在市场化运作中大幅提升。

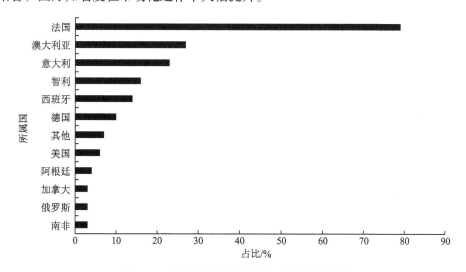

图 3-6　消费者最常消费的进口葡萄酒所属国

4. 国内外葡萄酒品牌消费差异

现在的消费是一种多元融合的全球化交易，在民族品牌崛起并走向国际化市场的时候，也有许多国外品牌进入中国市场，两者在商品流动的过程中构成了消费者的选择偏好。当价格比较相近时，消费者更乐于购买进口葡萄酒。这也说明，进口葡萄酒在我国获得了一定的市场认可度。一方面在于它对国人产生了根深蒂固的影响，消费者热衷于购买进口品牌；另一方面，国内葡萄酒产品参差不齐，进口产品更容易赢得消费者信任。

在葡萄酒消费偏好的选择上，虽然选择国产葡萄酒品牌的消费者比例略低于选择进口葡萄酒的消费者比例，但仍有34.93%的消费者认为两者皆可，无关葡萄酒所属国，这也意味着消费者对国内外葡萄酒品牌的偏好差异会逐渐缩小，对国产葡萄酒的认可度不断加强。结合目前葡萄酒行业发展情况来看，自2017年以来，我国葡萄酒进口量逐年降低，市场份额也在减少。与此同时，国产葡萄酒品牌迅速崛起，行业规范、生产品质都得以提升，产品结构也迎合了消费者的需求，从而使国产品牌在消费者心中的地位有所提升。因此，在民族品牌的战略支持下，消费者对国内外葡萄酒的消费偏好会逐渐趋于平衡，国产葡萄酒甚至会超过进口葡萄酒。

3.4.2　葡萄酒品牌传播

1. 葡萄酒消费者媒体接触广泛

技术的进步使互联网走向了大众化，手机媒体的发展让网络应用变得更加便捷化、多样化。形色各异的网络应用覆盖了新闻、金融、出行、教育、社交、购物、娱乐等各个领域，无时无刻不充斥着人们的日常生活。通过消费者网络应用调查情况来看，消费者媒体接触广泛，且呈现出分层性的特点。

按照消费者的网络应用接触度，可以划分为三层：第一层是消费者常用的网络新闻和网络购物。这两类应用均高于50%，使用率偏高；第二层是消费者接触度在30%～50%之间的应用类型，如网上支付（49.55%）、网络视频（48.74%）、网上银行（45.22%）、搜索引擎（37.36%）、地图查询（32.58%）和网订外卖（32.22%）；其余几种消费者使用偏少、接触度低于30%的网络应用则属于第三层（图3-7）。

由此可以发现，首先，消费者对网络应用的依赖程度比较高，种类需求繁多。但接触度越高，应用类型就越集中；其次，消费者网络应用选择余地大，但其上网的首要目的是通过浏览新闻来获取信息，其次才是休闲娱乐。

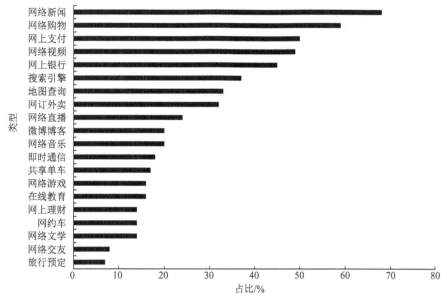

图 3-7　消费者网络应用接触度

2. 葡萄酒品牌信息类型丰富

品牌信息是企业通过各种符号组合和宣传手段向消费者展示的与品牌相关的内容，既包括品牌标识等感官性内容，也包括思想文化等具有精神意义的信息。消费者在信息传播过程中通过与企业、媒体和其他消费者的互动，创造出新的品牌信息，如产品口碑等。因此，品牌信息是企业与消费者之间关联的载体。

面对扑面而来的各种信息，消费者的关注点是不一样的。过去消费者总是将价格和品牌知名度作为选购葡萄酒时的首要考虑因素，单纯地认为购买价格贵的品牌更有面子。随着饮用葡萄酒成为一种生活方式，消费者开始从主观的口味选购适合自己的葡萄酒。数据显示，在各项关于葡萄酒品牌信息的内容中，消费者关注度比较高的是口感口味(70.13%)、品牌知名度(65.79%)、用户口碑(52.26%)、价格(49.64%)和品质认证(44.58%)，这些也是消费者在挑选产品时所考虑的影响因素。此外，与葡萄酒相关的新闻报道(5.96%)及品鉴方法(7.13%)是最不受消费者关注的，而且品牌广告(10.56%)、包装(10.83%)、国际获奖(11.82%)和品牌故事(12.64%)的关注度也比较低(图 3-8)。由此可以看出，消费者比较重视葡萄酒产品自身的特性和评价，而较少关注其外在宣传和专业性内容。因此，可以推断出消费者对葡萄酒的需求是口感佳、知名度高、口碑好、品质优、价格合理，也就是追求性价比。

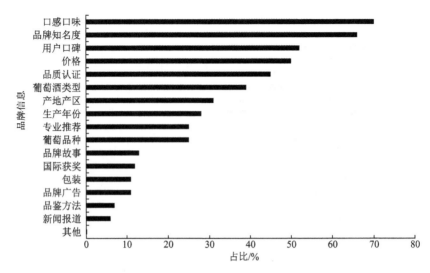

图 3-8　消费者对葡萄酒品牌信息的关注度

因此，葡萄酒的品牌信息可分为核心信息、重要信息、专业信息以及边缘信息。其中葡萄酒品牌的核心信息包含口感口味和品牌知名度，主要来自于主观的品鉴感受，以及主观化的品牌认知；重要信息包括用户口碑、价格、品质认证以及葡萄酒类型，相对来说，信息专业度比较低，又是比较容易解读的信息，并不要求消费者对葡萄酒有很深的了解；专业信息包含产地产区、生产年份、专业推荐以及葡萄品种，而此类信息专业化程度比较高，一般消费者很难利用；边缘信息包含品牌故事、国际获奖、包装、品牌广告、品鉴方法以及新闻报道等，边缘信息暂时还没有被消费者完全内化为品牌认知。

3. 消费者获取葡萄酒相关资讯的方式多样化

信息是依靠传播渠道进行扩散的，从线上到线下、从强关系到弱关系、从人际传播到大众传播，消费者可以从各种渠道中获取葡萄酒相关资讯。其中，广告（55.14%）是消费者获取信息最主要的渠道。从传统媒体到网络媒体，广告的内容形式不断丰富，一直都是品牌宣传的重要手段。它可以依附于各种媒介，辐射到消费者日常生活中的各个方面，并且用最直观、简洁明了的方式帮助消费者快速捕捉产品信息，形成品牌认知。此外，人际传播是最基础的一种传播类型，消费者通过人际传播可以获取亲朋好友分享的产品或经验，而且和广告相比，它的可信度更高，说服力更强，有效弥补了广告存在的缺陷。因此，亲朋好友（48.74%）也是消费者获取葡萄酒信息的重要来源。

除了广告和亲朋好友外，社交类知识平台（32.22%）、葡萄酒相关展览（30.6%）、电商平台介绍（30.51%）等也是消费者获取信息的重要渠道，但葡萄酒相关领域的自媒体（16.88%）和品酒会等线下活动（16.16%）的传播效果比较弱（图 3-9）。因此，企业在葡萄酒推广方面应当继续加强广告投放，利用亲朋好友间的传播积累口碑效应，提升品牌知名度，同时也要改善自媒体和线下活动的传播策略，借助权威的专业人士和各平台的力量向消费者普及相关知识，优化传播路径，提升传播效果。

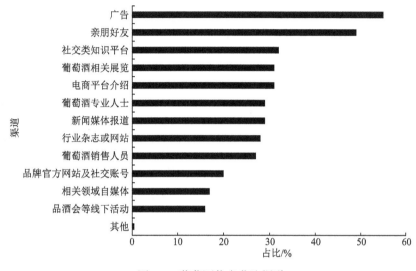

图 3-9　葡萄酒信息获取渠道

　　根据葡萄酒的品牌信息获取渠道调查，超过半数的人选择通过葡萄酒广告获取相关信息，可见品牌主动宣传的效果是显而易见的。其次有 48.70% 的消费者选择通过亲朋好友的推荐来对品牌信息进行了解，这表明强人际关系交际圈对于品牌推广有重要作用。除此之外，超过 30% 的人通过葡萄酒相关展览和线上平台获取相关信息，这些渠道的品牌宣传也对消费者获取信息起着非常重要的辅助作用。

　　在对口感口味、品质认证、知名度、用户口碑、价格等信息的关注中，消费者选择通过葡萄酒广告和亲朋好友这两个渠道来获取信息的人数明显高于其他渠道。但是对于品牌故事、包装等各品牌间个性化较为明显的信息关注中，广告和亲朋好友两个渠道并无明显优势，各渠道之间的差异不大。因此，品牌应当善于利用不同渠道的优势和特点，传播相对应的品牌信息，使其能够精准地到达使用不同渠道获取信息的消费者。

3.4.3　品牌态度调查

　　品牌态度是消费者对某一品牌的总体评价，包含认知、情感和行为倾向三种成分。本次调查通过建立利克特五级量表(1=最不符合，5=最符合)的方式，从与之相关的消费感受及行为、品牌文化、品牌形象和品牌传播四个维度来分析消费者对葡萄酒品牌的态度，其中得分越高，表示越认同/符合题项的描述。重点是"比较符合"和"完全符合"加起来的百分比比较高的情况(百分比"多"表示认同的人偏多)，以及"不符合"或者"不太符合"的百分比加起来比较多的情况(百分比"多"表示不认同的人偏多)；选择"一般"的情况(百分比，"多"表示态度方面模棱两可，"少"表示态度非常鲜明)。根据调查结果，总结出目前葡萄酒品牌消费过程中出现的几种现象。

1. 葡萄酒品牌消费"固化"现象严重

首先，从葡萄酒品牌消费感受及行为来看，品牌消费是消费者为了满足自己的物质文化需要而产生的购买行为，在这个过程中通常会伴随着一定的消费心理和消费行为内容。调查显示(表3-1)，大多数消费者认为，目前葡萄酒市场品牌过于庞杂、难以辨别(认同的人偏多，70.94%)。因此，消费者在购买产品时总是选择熟悉的葡萄酒品牌(认同的人偏多，83.21%)，并且愿意尝试认定品牌推出的其他产品(认同的人偏多，69.4%)，具有较强的品牌忠诚度。大多数消费者对于葡萄酒的购买行为都比较保守，愿意尝试小众葡萄酒品牌的较少(不认同的人偏多，37.28%；态度模棱两可，32.13%)。

表 3-1　消费者对葡萄酒品牌消费感受及行为表述的符合程度

描述	百分比/%				
	不符合	不太符合	一般	比较符合	完全符合
我觉得，葡萄酒市场品牌过于庞杂、难以辨别	2.71	6.59	19.77	53.70	17.24
相比大众品牌，我更倾向尝试小众葡萄酒品牌	10.29	26.99	32.13	21.66	8.94
购买时，我总是选择熟悉的葡萄酒品牌	0.90	2.89	13	49.55	33.66
若其他葡萄酒品牌价格优惠，我愿意尝试其他品牌	4.33	8.94	27.44	43.32	15.97
即使花费更高价格，我也愿意购买我现在消费的葡萄酒品牌	3.70	14.53	32.58	36.91	12.27
我认定现在消费的葡萄酒品牌，并愿意尝试该品牌推出的其他产品	1.53	5.51	23.56	50.54	18.86
我想把我现在消费的葡萄酒品牌推荐给身边朋友	2.89	8.48	26.26	40.88	21.48
我喜欢在微博或朋友圈晒有葡萄酒品牌标志的照片	22.38	24.28	26.35	18.05	8.94

消费者完成购买行为后通常会对该产品或该品牌做出评价。当消费者呈肯定态度时，就想把现在消费的葡萄酒品牌推荐给身边朋友（认同的人偏多 62.36%），进行分享，形成品牌的二次传播。但是多数消费者不喜欢在微博或朋友圈晒有葡萄酒品牌标志的照片（不认同的人偏多，46.66%），这在一定程度上影响着品牌的传播效果。

2. 品牌故事与文化吸引力大

从葡萄酒品牌文化来看，品牌文化是在品牌发展进程中沉淀下来的，以物质产品为基础的各种价值观念的总和。它超脱了产品的物质属性，利用内外部传播途径来引导消费者完成精神层次的消费，并形成对该品牌的文化认同。许多消费者赞同在人生的重要时刻饮用一些葡萄酒。在这种情景下，葡萄酒可以营造出一种仪式感，从而超出了其作为商品所具有的功能属性，成为一位"见证者"，具有象征性意义（表 3-2）。

表 3-2　消费者对葡萄酒品牌文化表述的符合程度

描述	百分比/%				
	不符合	不太符合	一般	比较符合	完全符合
对我来说，我现在消费的葡萄酒品牌，不仅仅是产品	4.06	9.57	31.77	45.22	9.39
我现在消费的葡萄酒品牌，对我而言，有着特别的意义	7.58	17.15	35.83	25.09	14.35
在我人生的重要时刻，喝点葡萄酒是不错的选择	3.16	5.42	15.61	44.40	31.41
我认同我现在消费的葡萄酒品牌的产品设计理念	2.35	5.51	32.22	42.96	16.97
我认同我现在消费的葡萄酒品牌所倡导的生活方式	3.25	6.95	27.89	44.40	17.51
我十分关注葡萄酒品牌在社会、文化、环境领域的贡献	5.96	13.27	34.48	32.22	14.08
我愿意了解现在消费的葡萄酒品牌背后的故事与文化	3.16	5.69	25.54	45.04	20.58

此外，大多数消费者对其现在消费的葡萄酒品牌的认识已经跳出了产品本身，而且比较认同其所传达的产品设计理念和倡导的生活方式，但是缺乏特殊性意义，无法产生消费共鸣，进而影响消费者形成品牌认同。不过，消费者表示愿意了解品牌背后的故事与文化，这同时也为葡萄酒品牌文化认同问题提供了解决路径。葡萄酒的仪式性意义被广泛认可，消费者表露了了解品牌故事与文化的意愿——寻找葡萄酒消费与自我人生的更多关联性的符号意义。对于品牌来说，深挖品牌故事与文化，成为赢得消费者认同的必要操作。

从整个市场上来看，消费者的品牌消费"固化"情况与现有品牌文化的"浅认同"两种现象共存于市场。

3. 消费者对葡萄酒品牌信任度高

调查显示,多数消费者认为其现在消费的葡萄酒品牌可信度高,在专业领域值得信赖,还可以满足他的需求,使其感到快乐和兴奋,从而在消费者心中树立了良好的品牌形象,获得了较高的美誉度。同时,消费者也指出了葡萄酒品牌需要改进的地方:一是缺乏产品诉求特异点,不具备个性化的特征,难以形成品牌印象;二是仰慕之人的"领袖"作用比较弱,如果消费者与比自己身份地位、学识能力高的人使用同一款产品,那么在他的意识里就会更加认可该品牌,进而提升品牌形象(表3-3)。

表 3-3 消费者对葡萄酒品牌形象表述的符合程度

描述	百分比/%				
	不符合	不太符合	一般	比较符合	完全符合
我现在消费的葡萄酒品牌在专业领域值得信赖	1.81	4.15	23.92	52.53	17.60
我现在消费的葡萄酒品牌在专业领域经常创新	2.71	9.57	42.15	32.49	13.09
我现在消费的葡萄酒品牌非常有个性,独一无二	5.51	16.25	42.06	24.82	11.37
我现在消费的葡萄酒品牌完全满足我的需求	2.44	6.14	29.33	44.77	17.33
我现在消费的葡萄酒品牌让我觉得快乐与兴奋	3.52	6.32	32.94	40.88	16.34
我现在消费的葡萄酒品牌带给我许多灵感	5.51	13.81	39.89	29.15	11.64
我现在消费的葡萄酒品牌非常懂我的生活方式	5.96	10.83	37.18	33.57	12.45
我总是能在葡萄酒品牌分享的故事与文化中找到共鸣	6.05	14.53	36.37	31.77	11.28
我身边与我相似的人消费着同一葡萄酒品牌	6.23	13.18	27.89	36.55	16.16
我所钦佩与尊敬的人也跟我消费同一葡萄酒品牌	7.04	18.05	34.30	28.88	11.73

4. 葡萄酒品牌体验和酒旅融合颇受期待

从葡萄酒品牌传播来看,品牌传播是品牌所有者通过广告、公共关系、新闻报道、人际交往、产品或服务销售等传播手段,最优化地向消费者传递品牌信息、增加品牌资产的过程。随着社会的发展,传播渠道不断拓展,而消费者作为受众也希望能够融入品牌传播过程中,参与品牌建设,增强自身的体验感。

调查发现,多数葡萄酒消费者表示期待参加更多有创意与格调的葡萄酒品牌体验活动和参观葡萄酒旅游胜地,打破了以往人货交易的场景。因此,加强葡萄酒品牌传播可以通过产业融合的方式,改变消费场景,引导消费者完成体验式消费，深度感受品牌文化。但是，就目前葡萄酒品牌传播渠道来看，销售人员的产品介绍降低了传播效果，难以令消费者信服(态度模棱两可，37.91%)。因此，需要加强对销售人员的培养，规范行业秩序，形成品牌信任。此外，葡萄酒品牌自媒体的互动服务功能较弱，消费者在品牌自媒体的互动对话中不太能够得到快速且满意的回应，需要进一步加强(态度模棱两可，38.18%)(表 3-4)。

表 3-4　消费者对葡萄酒品牌传播表述的符合程度

描述	百分比/%				
	不符合	不太符合	一般	比较符合	完全符合
我乐意接收葡萄酒品牌的相关讯息	3.97	7.67	28.43	46.75	13.18
当需要时，我总能很轻易地找到我想要的葡萄酒品牌讯息	3.52	11.73	28.34	38.18	18.23
我在与葡萄酒品牌的对话中总能得到快速且满意的回应	5.32	12.82	38.18	33.12	10.56
我觉得葡萄酒销售人员的产品介绍真实可信、令人放心	5.69	18.23	37.91	29.33	8.84
我会依据葡萄酒品牌官网及社交账户获取的信息及感受来评价葡萄酒品牌	3.97	8.30	24.82	45.22	17.69
相比品牌自身传播，我更相信葡萄酒领域的专业博主	3.79	8.30	29.78	40.34	17.78
我期待参加葡萄酒酒庄或俱乐部组织的葡萄品鉴会	4.60	8.94	28.52	35.47	22.47
我期待参加更多有创意与格调的葡萄酒品牌体验活动	3.79	8.21	24.73	41.43	21.84
葡萄酒旅游胜地对我来说非常有吸引力	3.79	7.31	26.53	34.93	27.44
如被邀请，我乐意与葡萄酒品牌一起创作消费故事，打造品牌	5.51	9.84	28.25	37.18	19.22

整体来看，消费者的葡萄酒品牌态度偏向于正面肯定，而这都是品牌所有者通过积极塑造品牌形象、凝聚品牌文化、完善品牌传播渠道等方式，在消费者心中日积月累形成的。但是，需要注意一点，消费者对于负面信息的敏感度要远远超过品牌的正向引导。也就是说，消费者一旦形成负面态度就很难转变为积极的态度，并且品牌在消费者心中树立的形象瞬间崩塌。

3.5　文化认同视域下的宁夏贺兰山东麓葡萄酒品牌战略

3.5.1　文化对话：宁夏贺兰山东麓葡萄酒品牌文化认同模型

葡萄酒文化是一种兼具了自然属性和社会历史属性的文化，是科学文化与艺术文化的结合。自然属性源自品种和生产区域，不同区域、品种及种植和酿造方式，创造出风格迥异的葡萄酒。社会历史属性是不同款类的酒在不同的品鉴者和消费层级中日积月累沉淀下来的精神成果。由于各个国家在围绕葡萄酒的事与物方面呈现出绚丽多姿的特征，葡萄酒文化在世界范围之内具有了多样化、多元性的特质。因此，葡萄酒文化是根植于酒品地域性以及由此引发的价值认同。

贺兰山东麓文化是建设贺兰山东麓葡萄酒产区品牌、酒庄品牌和产品品牌的文化起点，贺兰山东麓的地域文化以及引发的价值认同是构建产区和产品品牌认同的基础，是形成独具特色的贺兰山东麓葡萄酒文化的重要文化资源。在贺兰山东麓葡萄酒文化的构建过程中，需要尊重葡萄酒自然属性中的科学文化，丰富社会历史属性中的地域文化内涵。

感知品牌与认同品牌之间，讲好品牌的故事特别重要。葡萄酒品牌故事分为故事情绪、故事线索和故事认同三个层次。首先，人是有需求的，包括功利性需求、身份性需求和情感性需求。功利性和身份性需求是具有显性动机的，而情感性需求是一种潜意识动机，是消费者自身都难以察觉的。一旦基本的需求在物质上得到满足，更多具有文化意义方面的消费则开始盛行。消费者对葡萄酒的需求状态(氛围、环境以及个人的情绪、态度和感觉等故事情绪)影响了对品牌的感知。当然，矛盾需求也共存于消费者当中，人们一方面通过消费一类酒水来寻找归属感，另一方面又渴望个性与独立。消费者追求的最终价值，是通过象征性含义的消费，帮助消费者在社会中自我定义和自我分类，通过仪式将消费品和个体连接起来。品牌的终极价值就在于让消费者从消费故事中体会到"被认同"的期待感。

葡萄酒品牌认同的核心是葡萄酒品牌文化认同，为了明确品牌文化认同形成影响因素，以品牌传播、品牌互动、品牌忠诚度为自变量，以品牌文化认同为因变量构建线性回归模型，分析结果显示品牌传播、品牌互动、品牌忠诚度三个自变量的标准化系数分别为 0.465、0.284、0.199，表明品牌传播的满意度对品牌文化的影响最大，其次是品牌互动和品牌忠诚度。

1. 品牌传播的满意度：情绪态度提升品牌文化认同度

相较于品牌互动与品牌忠诚度，品牌传播的满意度对品牌文化认同度的影响程度最高。因此，品牌传播满意度成为提升消费者品牌文化认同举措中的关键一环。

首先，对于国产葡萄酒品牌而言，建立专业的葡萄酒信息渠道是提升传播满意度的重要桥梁。建立属于品牌自己的专业信息传播平台，是品牌直接面对消费者的捷径，也更加容易控制。大多数消费者会在能接触到的品牌中对性价比、品牌知名度和消费者口碑进行平衡，最终选择购买方案。相比一些国外品牌的高溢价行为，国产葡萄酒品牌在市场中有着较为实惠的价格优势，也更加适合普通消费者的日常餐饮账单。如果有专业且便利的渠道让消费者更多地触及品牌的信息，将更有利于刻画品牌的文化形象，而这些往往是线上结合线下的立体传播渠道。

其次，只有渠道没有效果也只是徒劳，要想让消费者在信息渠道中获取对于品牌的文化认同，还需要站在消费者的视角去反思对品牌的认知。消费者对国产品牌的偏见来自于葡萄酒文化的盲区，那么扫平这片盲区也需要品牌建立一个属于自己的品牌文化信息网络。第一，激发消费者对葡萄酒专业知识和文化的好奇心，将消费者引流到对自己品牌的认识当中，加深国产葡萄酒品牌的文化认同。第二，便捷的信息获取增加品牌宣传渠道到达率。第三，在消费者与品牌的对话中，让消费者感受到来自品牌的重视和诚意。第四，也是最重要的，保证信息的真实可信性，这是品牌真诚的体现，更是建立消费者对品牌文化认同的根基。

最后，提供个性鲜明、符合身份认同的品牌内容，是国产葡萄酒品牌亟待解决的问题。消费者所能感受的含义，既是主观的，也是客观的。他们追逐品牌所带来的含义价值，以此来建立自我和社会身份。而在品牌传播过程中，还涉及品牌文化的认同。消费者对品牌传播过程中的品牌形象及传播触点的满意度越高，对品牌文化的认同度就越高。构建立体、多维、真实、反馈及时的品牌传播系统，提供个性鲜明、符合身份认同的品牌内容，是赢得消费者对品牌文化认同的重要基础。

2. 互动的积极性：参与行为激发品牌文化认同度

在移动互联网迅速发展的今天，消费者并不是被动的接受者，而是会积极参与到含义的创造中去，品牌的意义就来源于消费者和品牌接触时所获得的感官刺激和信息。对数据进行分析发现，消费者参与品牌互动的积极性越高，对该品牌文化的认同度就越高。特别是旅游、游学、品鉴会、品牌故事共创等充满创意的线下深度体验活动在葡萄酒品牌构筑中发挥着非常积极的作用。

葡萄酒的知识较为专业，单纯的宣传信息通常较为抽象，不利于消费者对品牌建构一个整体的形象。但是，如果能对葡萄酒的产地、种植、酿造、品类等开展一些参与性的线上线下活动，将对品牌乃至整个国产葡萄酒的印象改观起到重要的作用。

葡萄酒产区旅游是对葡萄酒文化传播的双赢选择，既可以开发当地的旅游经济，也加强了品牌的宣传。借鉴法国的酒庄文化，体验当地的风土人情，让游客更加身临其境地去感受品牌的文化氛围。

品牌线下体验也是品牌与消费者互动的不错选择，诸如品鉴会、品牌故事共创等活动，可以让消费者变身为品牌文化的主动参与者，实际的参与无形中加深了消费者与品牌方的情感共鸣，并且在潜移默化间影响了消费者对国产品牌葡萄酒的认知态度。

　　3. 品牌的忠诚度：拥护性购买强化品牌文化认同度

　　消费者对现有消费葡萄酒品牌的忠诚度越高，对该品牌文化的认同度就越高。稳定而重复的购买会强化消费者与品牌的关系，并在长期的"绑定"中最终建构消费者对品牌文化的认同，在品牌选择与信息搜寻方面的自我效能感更强，对品牌的拥护度更高，愿意将品牌推荐给更多的人。

　　葡萄酒消费者的忠诚主要来自品牌的葡萄酒的品质、社交价值、品牌理念和调性、性价比以及服务和保障。综合来说，除了葡萄酒自身品质、性价比等使用价值之外，葡萄酒品牌的附加值使得受众对品牌文化的认知产生了质的飞跃。例如拉菲古堡干红葡萄酒在中国消费市场受到追捧，甚至一个拉菲空酒瓶价值高达（人民币）3000 元。在拉菲品牌的光环下，拉菲集团旗下的其他酒款也增值不少。如此忠诚的消费簇拥，赋予了拉菲品牌精神意义层面的奢侈包装。

　　就消费者的葡萄酒品牌态度整体情况调研数据来看，对于两个问题："我觉得，葡萄酒市场品牌过于庞杂，难以辨别"（3.76 分）、"购买时，我总是选择熟悉的葡萄酒品牌"（4.12 分）（注：得分越高，越认同/符合题项的描述）的回答得分都比其他问题分数较高，说明了消费者整体对熟悉品牌的依赖程度较高，有着较为强烈的品牌忠诚度。另外，也可能受到市场品类繁多及葡萄酒知识较为专业的综合影响，消费者更愿意采取省时省力的方式购买熟悉的品牌，并拥护他们认可的品牌。这些品牌不仅在他们内心占据着优势的地位，他们也更愿意通过口碑传播的方式（线上或线下）分享给其他消费对象。对于这些忠诚度较高的消费者，品牌应该给予更多的关注和优待，可以作为素人品牌文化传播的重要基础，同时深入挖掘忠诚消费者对品牌的敏感点，会对品牌理念及文化建构带来意想不到的启发。

3.5.2　贺兰山东麓葡萄酒品牌营销路径

　　在调研中发现"男士更爱喝酒，女士更爱红酒""18～24 岁年轻人爱尝试，中青年重品牌，中老年重场景""5000 元的月收入是红酒喜好差异的重要分界线""朋友聚会、居家独自饮酒常态化趋势明显""二线城市、100～300 元价格区间成为红酒品牌必争之地""国产葡萄酒接受度迅速提升""红酒产品消费潜力巨大，大部分饮酒者尚未形成稳定的消费习惯""大学本科、高收入以上爱进口""贺兰山东麓产区优势明显，消费者提及率高，上升速度快""酒文化认同中，传播最重要、互动和忠诚次之"等当前国人的红酒消费规律。

　　宁夏贺兰山东麓近年依靠上层政策带动、高品质和价格优势已经在红酒消费者提及率及接受度方面有了较大提升，现结合调研成果，针对性地提出贺兰山东麓葡萄酒品牌营销路径。

1. 品牌急需再定位、细定位

近年来，消费者对新产区的接受度和了解都在显著增强，对于国产葡萄酒的期待也不断上升。消费者不仅需要高品质的饮酒享受，也对酒品牌背后的制作工艺、文化脉络、自然环境有更高的要求，宁夏贺兰山东麓具有明显的区域性生态优势，将西部地区特色产业与酒文化相结合，定位为"新产区优势+重口感研发"+"触得到的红酒文化体验"，打造理想的参与式消费体验；同时，当前消费者对于产品价格、包装喜好、主打卖点出现了较大的代际差异和场景差异，多产品线共存的产品打造方案可以满足消费者的不同需求，如"小包装"酒近年来就很受女性年轻饮酒人士的欢迎。综合来看，1980～1995 年出生的消费者依然是国产酒品牌的有力推广者，也兼具了较强的群体感染力和带动效应，对国产酒品牌了解更多、尝试欲望更强，具备更高的消费力。相似地，二线城市人群有更丰富的自我时间，也有更高的生活格调要求，二线城市和 100～300 元消费区间成为红酒品牌的必争之地，对该市场的重点关注是宁夏贺兰山东麓品牌定位的关键。

另外，好的品牌注定是有人格属性的，让消费者在享用气氛中感受到自己与酒水的彼此融入，感受到与品牌的深度对话，需要酒品牌做好拟人化气质的打造，凸显出独特的品牌人格。宁夏贺兰山东麓品牌价格适中、产区纯净、品质优秀，打造可信赖、有格调、敢创新、懂平衡、"她气质"（比喻具备女性倾听、善交流、可依赖的气质）与"他场景"（比喻大部分红酒类消费场景依然是朋友聚会等）并存的品牌人格，将有助于实现和消费者间的深层对接。在产品定位上，可以结合当代年轻人的"体验打卡"、"旅游打卡"和"消费打卡"的联动作用，深度挖掘区域性旅游及参观项目，实现"体验—打卡式消费—口碑—品牌忠诚"的多方联动。

2. 品牌故事的层次性打造

好的品牌文化必定是以好的品牌故事为依托，葡萄酒品牌更是如此。宁夏贺兰山东麓品牌有着西部文化背景和政府扶持带动，天然上让消费者对于其品质保障有了更高的好感度，所以在品牌故事的打造上，应突出生态价值、酒旅文化和区域性样板作用，并倡导健康酒文化，做中国红酒文化消费的引领者，发挥文化艺术的引导和创造优势。酒与音乐、电影、艺术的交织一直非常紧密，举办区域性的音乐节、旅行生态圈等，多一些中国酒文化与艺术合作间的新探索、新尝试，将对品牌故事的显著度有极大的提升作用，实现"破圈效应"。

另外，在具体的故事叙述过程中，通过打造具体的"情绪故事+线索故事+认同故事"三个层次的故事融入式体验，让消费者与品牌间实现深层次的共鸣，是品牌故事讲述的关键。由于宁夏贺兰山东麓品牌价位适中，目标更接近大众消费者，所以轻消费体验中的轻松感、满足感更像是一场朋友间的对话，反而会更符合当下大部分年轻人的消费观。

3. 全方位品牌传播

调研发现，当前中国消费者最主要的几个获悉品牌信息的渠道依次为品牌广告、亲朋好友介绍和电商介绍等。由此可见，广告在酒类产品的营销中依然是最重要的投放渠道，当前，广告形式多样化、空间时间碎片化，利用全媒体平台进行广告投放，发挥各广告之间的联动效应，有助于品牌在短时间内积累话题热度和产品分享度。

尽管品牌价值的累积是一个长期过程，但新媒体时代，用户时间分配方式发生巨大变革，聚会的形式、聚会的内容都和传统有了较大区别，广义上讲，酒类品牌的竞争对象甚至不仅是其他酒类品牌或酒品类，也包括了所有其他可以替代聚会或个人休闲时间的产品。

由此可见，酒类品牌在传播的具体操作中，仍然需要利用爆款思维，通过爆款产品引发消费者的口碑效应，通过营销强调场景和产品消费之间的紧密关联，以"爆款产品+打卡消费"带动圈层式消费。另外，宁夏贺兰山东麓品牌也应该充分利用高层次战略推动的"官方认证"效应，如在大规模体育赛事、国家民族性庆祝时间等特殊时期利用大事件营销吸引目标消费者。

4. 精准营销，打造面向企业和消费者的多样化品牌销售路径

当前，消费者购买红酒类产品渠道多样，但调研显示，大型超市、酒类专卖店和大型电商依然处于最核心地位。品牌销售中，除了打造零售——全场景销售的销售模式，也应充分利用当前技术优势，通过用户信息管理发展精准营销。对于已经有了红酒消费意愿的消费者来说，利用电商购物节、与网络红人合作等方式构建用户联系，继而通过搜索引擎、社交媒体平台和电商平台等定期向他们进行精准的广告投放，长期挖掘消费触点，将对他们的重复性消费起到非常积极的作用。

另一层面，在电商、社交媒体平台全方位优化搜索排名，打造从曝光到购买的一键式销售模态，也是品牌迅速建立稳定消费群体的重要手段。最后，相比较2C，2B销售在中国尚有较大的发展潜力，能否打造长期、稳定的企业用户群，也是品牌渠道营销的关键。

3.5.3 贺兰山东麓葡萄酒品牌整体提升战略

1. 数字经济时代宁夏贺兰山东麓葡萄酒品牌发展战略

2021年5月，农业农村部、工业和信息化部、宁夏回族自治区人民政府印发《宁夏国家葡萄及葡萄酒产业开放发展综合试验区建设总体方案》，自此，宁夏贺兰山东麓葡萄酒产业发展步入国内国外双向发展的阶段。作为国家级的葡萄酒产

业发展平台，宁夏贺兰山东麓不仅需要全面提升品牌竞争、持续增强内功、拓展国内市场，还需要面向国际，塑造国家级葡萄酒产区品牌形象，打造贺兰山东麓区域公共品牌形象，开拓海外市场，增强贺兰山东麓葡萄酒品牌的国际影响力。

1）完善贺兰山东麓葡萄酒品牌体系建设

激发葡萄酒企业创业热情和创新活力，培育壮大多元品牌主体，建立健全葡萄酒品牌梯度培育机制，着力发展"大而强"，积极培育"小而美"，形成葡萄酒品牌竞相发展的生动局面。培育龙头葡萄酒品牌，作为面向高端市场和国际市场的核心力量；选择具有行业领先优势、高增长潜力的品牌，培育具有品牌优势、创新优势的骨干葡萄酒品牌；选择支持创新性强、文化个性突出，发展前景好的优质葡萄酒品牌，提供投融资、专业技术、政策服务，培育"专、精、特、新"的特色葡萄酒品牌。

2）面向国内市场，增强贺兰山东麓葡萄酒品牌竞争力

基于宁夏贺兰山东麓产区葡萄酒品牌格局现状，引导根据四大不同消费群体（真正品鉴者、高端消费人群、新兴消费人群、保健人群）的葡萄酒消费需求和消费行为特点的变化，结合各酒庄的实际情况，形成不同产品特性、不同品牌个性和文化、不同价格区间、不同销售渠道组合，以及不同品牌传播内容和方式，"推"与"拉"相结合的贺兰山东麓葡萄酒品牌结构与传播，并针对性地制定从线上到线下，从宁夏本地到以二线城市为重点、一线城市为拓展的品牌发展策略。

3）面向国际市场，贺兰山东麓产区品牌形象与产品品牌并进

初期以主副品牌的组合方式，"宁夏贺兰山东麓"区域公共品牌为主品牌，酒庄产品品牌为副品牌，充分利用主品牌的政府推动力和副品牌的企业创新灵活性，开拓国际市场。积极参与国际高端专业的葡萄酒评比，提升贺兰山东麓葡萄酒的专业知名度和声誉；定位于海外年轻群体的创新性特色产品进入国外主流市场，再以多元组合的产品体系进入国外主流销售渠道，然后进一步打造高端产品，成为当地主流品牌。

4）建设贺兰山东麓葡萄酒的互联网平台品牌，以贺兰山东麓区域品牌文化为核心，构建贺兰山东麓葡萄酒区域公共品牌生态圈

互联网平台品牌是以互联网技术为基础，联结产品（服务）交易或信息交互的双方或多方，并整合各方资源，为其提供直接交易、信息互动的服务中介。平台品牌具有多边市场特征、跨市场网络效应、多方共创和高度价值交换的特点。贺兰山东麓葡萄酒平台服务于贺兰山东麓区域公共品牌的政府、行业协会、种植农户、酒庄、服务企业、订购企业、个人用户、文旅机构、电商销售平台等多方市

场，成为贺兰山东麓葡萄酒产业链的数字互联网平台，提升产业效率，深度延伸和开发产业链的各种可能性，创造产业融合的数字发展空间。

2. 贺兰山东麓葡萄酒品牌价值提升策略

品牌价值是企业无形资产的重要组成，消费者导向的品牌价值包含产品功能价值及其附加值。对于贺兰山东麓葡萄酒品牌来说，消费者导向的产品功能价值包括葡萄酒产品品质体验与葡萄酒产区体验价值，其附加值来自于品牌文化、形象的定位传播等各种品牌建设方式所赋予的意义，品牌附加值给消费者带来情感、自我表达、身份认同和文化价值观共鸣等层面的价值利益，影响消费者的品牌忠诚度以及品牌关系深度，进而影响到品牌资产和品牌竞争力。贺兰山东麓葡萄酒品牌价值的提升，是消费者导向的葡萄酒产品品质感知与产区体验的提升，以及产区品牌、酒庄品牌、产品品牌附加值的提升。

1）从实际质量到感知质量：系统提升贺兰山东麓葡萄酒品质感知

产品是品牌的基础。数字互联网时代产品本身的使用体验成为品牌传播的重要内容，品牌的功能价值发挥着越来越重要的作用。产品质量成为品牌价值提升的基本保障。产品实际质量是指产品或服务实际提供的质量，产品感知质量是消费者对产品或服务的总体质量或优越性的感知。贺兰山东麓葡萄酒品质的提升，需要从实际质量到感知质量做系统的提升，才能对品牌竞争力增强发挥积极作用。

"七分原料，三分工艺"，决定葡萄酒品质最重要的因素是葡萄产地，贺兰山东麓有适宜葡萄种植的优越风土条件。在葡萄种植方面，需要突出适宜品种种植，打造产品特色，如新西兰马尔堡产区以'长相思'品种的种植和酿造而著名。葡萄种植结合贺兰山东麓地区特点，做好防寒、防旱、防风、防治病虫害技术和基础设施建设。积极推进产区生态环保管理和有机种植，实行葡萄分级、限产的措施，采用"统一种植、统一管理、统一采收"的科学种植模式，确保出产高质量的葡萄原料，从根本上提高葡萄酒的品质。在葡萄酒酿造方面，自我研发与国外先进技术引进相结合，在选料、陈酿、净化、灌装等一系列工艺上采用国际最先进技术，保证葡萄从采摘到发酵罐的时间不超过国际葡萄与葡萄酒组织规定的4h，以新鲜的状态进入厂区发酵，有利于保障葡萄酒品质。西方酿造理念学习和中国酿造创新相结合，积极创建中国本土葡萄酒酿造理念。总之，从葡萄园、葡萄原料、酿造工艺、橡木桶陈酿、调配到瓶贮，在葡萄酒质量形成的关键环节推进质量高标准化与本土创新相结合的葡萄酒生产理念。

在感知质量提升方面，首先，设计高感知质量的传递系统。葡萄酒在到达使用者之前要经过产品设计、生产、销售、配送以及支持性服务等中间环节，这些中间环节组成了一个感知质量的传递系统，在各个环节对操作质量严格把关，通力协作，保证感知质量不低于实际质量。其次，善用传递高感知质量的信号。葡萄酒是时间的艺术品，自然与人工的打磨，碰撞出不同感觉的口味，高感知质量信号体现在产品的细节设计、精致工艺和文化呈现方式等方面。再次，培育注重质量的企业文化。无论是在企业品牌文化传播还是在酒庄参观体验过程中，注重质量的企业文化都会影响到消费者对于葡萄酒品牌的质量感知。最后，实施后营销战略。葡萄酒品牌借助互联网，进行相关品牌品质故事的持续传播和葡萄酒知识的传播，与消费者建立更加深入的互动社群关系。

2）"贺兰山东麓葡萄酒之路"：以全域旅游整体规划提升产区体验

消费者导向的贺兰山东麓葡萄酒产区品牌价值的功能性层面与产区文化旅游体验合二为一。目前，宁夏共有 4 处景区被评为国家 5A 级景区，分别是灵武水洞沟旅游区、银川镇北堡西部影视城、中卫市沙坡头旅游景区、石嘴山市沙湖旅游景区，每年有大量游客到访。同时，贺兰山东麓葡萄酒地理标志产品保护产地横跨银川市、石嘴山市、青铜峡市、红寺堡区和农垦系统等 5 个产区，与国家 5A 级景区的所在地高度重合。此外，贺兰山东麓地区还拥有丰富的岩画文化、边塞文化、黄河文化、西夏文化、宗教文化、民族文化和红色文化等文化遗存，旅游资源丰富。贺兰山东麓葡萄酒产区旅游资源复合了葡萄酒产区游、历史文化游、休闲康养游等多种旅游模式。

从 2011 年开始实施的《中国(宁夏)贺兰山东麓葡萄产业及文化长廊发展总体规划(2011—2020 年)》到《宁夏回族自治区贺兰山东麓葡萄酒产区保护条例》，推动着贺兰山东麓葡萄酒产业与旅游业的持续融合发展；但由于不同的葡萄酒小产区与旅游景点分散在不同的行政区域，贺兰山东麓葡萄酒产业与旅游业的融合发展参差不齐，旅游体验存在较大差异。2021 年《宁夏国家葡萄及葡萄酒产业开放发展综合试验区建设总体方案》出台，突出了贺兰山东麓葡萄酒区域公共品牌的整体性，以及以葡萄酒产业作为开放发展综合试验区的国家级别高规格。以全域旅游的理念和模式，进行贺兰山东麓葡萄酒产区所在行政区域的旅游资源整合、联动，以宁夏回族自治区人民政府与试验区共同进行以"贺兰山东麓葡萄酒之路"的全域旅游顶层设计，突出贺兰山东麓地区以葡萄酒产区为特色的全域旅游整体规划，促进贺兰山东麓葡萄酒产区旅游体验的提升。

（1）全域旅游整体性标准化的服务规划。

贺兰山东麓以葡萄酒为特色的全域旅游服务规划，需要以葡萄酒文化整合区域内所有文化旅游资源，实现从管理组织结构到旅游服务的全方位整体性和标准化。"贺兰山东麓葡萄酒之路"全域旅游的整体性服务规划体现在宁夏回族自治区人民政府文旅部门设定专门的负责科室，制定相关的规划、规章制度和标准，协调相关各行政区县推进整体规划的实施和管理。"贺兰山东麓葡萄酒之路"全域旅游的标准化体现在两个方面，一方面是视觉识别系统的标准化，设计统一的视觉识别体系，包括标志、指示牌、景区服务点、服务人员服装、独有虚拟形象、景区大巴等；另一方面是服务人员培训的标准化，针对不同类别的服务人员，酒庄服务、景点服务、交通服务等制定统一的标准化服务流程和服务内容，增强服务人员的能力水平，提升旅游服务体验。

(2)全域旅游新模式和新线路开发。

贺兰山东麓地区拥有丰富的旅游资源，结合国内旅游和国际旅游新趋势，积极开发旅游新模式和新线路。在模式创新方面，为游客提供更加细分和丰富的旅游方式选择，除了细分的"葡萄酒旅游"，还可以开发"美食游"、"戏剧游"、"生态游"和"音乐游"等。在开发新线路方面，可以根据不同的出行方式，设计开发适合的旅游线路，如"自驾游"、"骑行游"和"巴士游"。根据不同的出行群体，开发旅游线路和设计相关活动，如"全家游"、"朋友集体游"和"独行游"等。借助"贺兰山东麓葡萄酒"互联网平台品牌，联动旅游平台，开展"贺兰山东麓葡萄酒之路"创新旅游线路的互动征集活动等，进一步挖掘相关旅游资源。

(3)个性化的葡萄酒纪念品打卡和全域规模的品牌活动。

为促进以葡萄酒为特色的贺兰山东麓全域旅游的发展，可以推行"一地一酒"的文化体验活动，为特定旅游景点定制专门的葡萄酒，并且只在该景点售卖，从外观设计到口味设计，力求符合景点的文化韵味。产品需要重点描述外观和口味设计的灵感、制作过程及体验，兼具独特口味体验和文化纪念品的功能。可在机场和高铁出口区域设置"贺兰山东麓葡萄酒之路"全域旅游的介绍和服务接待点。在候机和高铁候车区域设置专门的欢送区域，IP形象与购买景区葡萄酒的游客进行合影，并赠送全域旅游纪念品等。此外，策划实施全域规模的大型国际性的文化艺术相关品牌活动，进行统一的活动宣传和实施，形成规模影响力。

3. 贺兰山东麓葡萄酒品牌文化的深度赋能

大多数消费者对其现在消费的葡萄酒品牌的认识已经超越产品本身，上升到文化层面，比较认同葡萄酒品牌所传达的产品设计理念和倡导的生活方式，葡萄酒消费成为一种仪式消费和象征性消费。但是由于品牌缺乏特殊性意义，无法产生消费共鸣，进而影响消费者形成品牌文化认同。不过，消费者表示愿意了解品牌背后的故事与文化，寻找葡萄酒消费与自我人生的更多关联性的符号意义，这同时也为提升葡萄酒品牌文化提供了路径。

1) 贺兰山东麓葡萄酒品牌的文化资源挖掘

贺兰山东麓葡萄酒品牌文化资源可分为三个层次。

第一层次，以贺兰山东麓区域为基础的自然人文资源，是贺兰山东麓葡萄酒品牌独有的核心文化资源。贺兰山东麓东临黄河，几千年来多民族在此繁衍生息，平原、山地、戈壁和草原,多元地貌上演绎着千年的民族融合和农牧文化的交融,成就了贺兰山东麓地区丰富的自然人文资源,造就了贺兰山东麓雄浑壮阔、厚重、多元碰撞交融的地域文化,为贺兰山东麓葡萄酒品牌文化的丰富多元提供了基础。电视剧《山海情》生动讲述了贺兰山东麓葡萄酒产区的诞生,它是 20 世纪 90 年代国家扶贫政策在宁夏地区结出的硕果。从飞沙走石、荒无人烟的滩涂,到绿藤成荫、安居乐业的金滩,贺兰山东麓葡萄酒产区的故事就是值得挖掘的 IP[①]。

第二层次,中国本土葡萄酒文化资源。贺兰山东麓葡萄种植历史悠久,隋唐之时便有"贺兰山下果园成,塞北江南旧有名"的诗句,诗人贯休"赤落蒲桃叶,香微甘草花"的著名诗句,则是对唐代宁夏地区已经大量栽培葡萄的佐证。经历了宋元的兴盛和明清的衰落,中国近代葡萄酒工业随着张裕品牌的诞生而融入世界葡萄酒工业产业体系中。目前,我国已经形成包括贺兰山东麓在内的十大葡萄酒产区,作为唯一一个国家级的葡萄酒产业试验区,贺兰山东麓葡萄酒品牌有义务和责任进行中国本土葡萄酒文化资源的挖掘、开发和国际传播。

第三层次,全球葡萄酒文化资源。葡萄酒起源于西方,伴随着移居、商业、战争、宗教等人类活动逐步拓展到全球。随着葡萄酒市场的全球化发展,葡萄酒已经成为某种文化交流的媒介,葡萄酒不仅具有产品价值,还有社会价值、生态价值、文化价值和外交价值。作为中国首个国家级的葡萄酒产业试验区,贺兰山东麓以全球眼光关注葡萄酒文化资源的历史发展和地区文化差异,介绍西方葡萄酒文化,以及世界葡萄酒文化故事的中国表述,并寻找与中国文化的结合创新点。

2）贺兰山东麓葡萄酒品牌文化的创意开发

贺兰山东麓葡萄酒品牌文化的创意开发,首先体现在全域旅游中统一的视觉识别体系中,将富于贺兰山东麓地域文化特色的内涵融于视觉设计中,以色彩、造型和卡通形象等视觉载体,体现产区品牌文化。此外,个性化、多样化的葡萄酒产品品牌可以从品牌名称、标识、包装、产品形象、代言人、声音识别等方面创造象征性的个性文化符号,彰显产品品牌文化。

贺兰山东麓葡萄酒品牌文化的创意开发,还可以营造产区和酒庄体验特有的仪式感。从葡萄种植、葡萄酒酿造到饮用,从酒庄相关历史、神话故事的文化体验设计到葡萄酒制作体验设计,都可以根据特色化的文化主题,融入具有仪式感的活动设计,进行品牌文化的深度体验。

贺兰山东麓葡萄酒品牌文化的创意开发需要具有 IP 思维。贺兰山东麓葡萄酒产区文化资源丰富,从故事、产品到人物形象,拥有多样的可开发 IP 资源,在打

---

① IP 的英文全称是 intellectual property,在品牌传播中指的是品牌在各种商业社会实践过程中有意识营造或者传递的一种价值观。

造产区品牌和产品品牌的同时，运用共通情感体验价值理念，从品牌呈现形式、故事讲述到价值观、世界观设计层面，融入文化资源，打造品牌 IP。

3）贺兰山东麓葡萄酒产品品牌的文化式塑造路径

塑造葡萄酒品牌的特殊意义，并与消费者形成品牌共鸣而达成品牌文化的认同，关键在于在贺兰山东麓葡萄酒文化资源中寻找新概念，搭建葡萄酒消费与消费者人生的更多关联性的符号意义。《2020 中国酒类消费新趋势报告》显示，葡萄酒消费的精神需求成为好产品的标配，葡萄酒消费能够某种程度上满足消费者在尊重、友谊、爱情、审美等方面的精神需求。

文化式的葡萄酒产品品牌塑造方式，从人们日常生活中的媒体产品文本、亚文化潮流中去发掘当代人的精神文化需求，并从文化资源中去发掘能够满足这种需求的概念表述，从而塑造能够缓解社会焦虑，满足主流人群精神需求，产生文化共鸣的品牌意义。在数字经济环境下，数据成为新的生产要素，生产方式也日益智能化、个人定制化和分布式生产。文化式品牌塑造可以通过数据挖掘进行消费者洞察，深度挖掘葡萄酒产品文化与不同目标消费群体亚文化之间联系，寻找到能够与细分目标消费群产生共鸣的品牌概念。

4. 贺兰山东麓葡萄酒品牌形象提升策略

品牌形象是品牌所有者想要在受众和消费者心目中塑造的品牌认知的总和，包括从外在感官的视听识别系统形象，到个性形象，再到价值观形象的立体系统。贺兰山东麓葡萄酒品牌形象提升，涵盖从产区品牌形象、产品品牌形象到酒庄（企业）品牌形象的全方位提升。

1）贺兰山东麓葡萄酒产区品牌形象的定位和塑造

品牌形象是指消费者对于品牌的整体感受或印象，是品牌联想的总和。贺兰山东麓产区品牌形象建设以品牌文化为方向进行定位，可以将产区品牌形象传播从"中国的波尔多"的功能性定位，转向为"多元·碰撞·融合"的观念性定位。一方面，表述了贺兰山东麓多元地形地貌、多元动植物生态、少数民族多元文化历史的碰撞融合演变，形成了独特的地理人文景观；另一方面，意指贺兰山东麓产区文化沉淀而来的价值观念，表示作为世界重要的葡萄酒产区，贺兰山东麓葡萄酒产品、品牌的多元，各种葡萄酒文化观念的碰撞，以及西方葡萄与本地风土的融合，创造出来的独一无二的世界的"贺兰山东麓"产区，打造"世界的贺兰山"。

贺兰山东麓葡萄酒产区品牌形象还体现在产区社会责任。贺兰山东麓葡萄酒产区管理机构在承担产区经营管理、形象推广基本职责之外，积极承担中国葡萄酒文化传播、贺兰山东麓地域文化传播等公益责任，通过数字互联网与公众保持良好的互动沟通，有益于产区品牌的公益形象的塑造。

2）贺兰山东麓葡萄酒产品品牌个性的差异化

品牌个性是品牌人格化的体现，是品牌尝试在社会、心理、人类学的意义上与消费者建立关系，数字互联网时代品牌个性是与消费者深度互动，保持品牌黏性和品牌忠诚度的重要策略，并且消费新生代具有独特的见解、独特的价值观，个性化消费也成为他们对葡萄酒消费的必然趋势。

贺兰山东麓葡萄酒产品品牌个性的差异化定位根源于品牌所面向的不同目标消费人群。品牌个性的经典"五大模型"，实证出品牌个性的五个维度：真诚、激情、能力、有教养、坚如磐石。这五个维度及其不同的组合加以界定和描述，可以基本表现出绝大多数不同的品牌个性。随后，"平和"取代了"坚如磐石"，"热情"取代了"能力"，尽管不同的文化情境中，品牌个性模型文化因子会有略微调整，但整体差异化的品牌个性可以通过模型选择确立。在数字互联网时代，目标人群的消费者画像，通过详细的标签能够展现相对应的个性，为葡萄酒产品品牌个性化形象定位提供参考。

5. 贺兰山东麓葡萄酒品牌传播提升策略

整体来看，贺兰山东麓葡萄酒品牌传播可以分为政府主导的产区品牌传播，兼顾酒庄品牌和产品品牌传播，以及企业主导的产品品牌传播，兼顾酒庄品牌和产区品牌传播。

1）以政府为主导的宁夏贺兰山东麓葡萄酒品牌传播

《宁夏国家葡萄及葡萄酒产业开放发展综合试验区建设总体方案》指出"打造贺兰山东麓葡萄酒区域公共品牌"，区域公共品牌是基于特定地理区域范畴，由政府控制、主导的品牌，此类品牌由区域内多主体共同拥有品牌，并共同创造、共同使用，享受品牌带来的利益，由多主体在政府主导下实现共同的品牌建设。政府成为"贺兰山东麓葡萄酒"区域公共品牌建设的主要责任方，充分发挥宁夏回族自治区人民政府为主体的能动性和创造性，联动各级政府资源，是打造贺兰山东麓葡萄酒区域公共品牌的基本思路。

第一，凝练贺兰山东麓葡萄酒区域公共品牌的品牌文化和传播定位，突出贺兰山东麓独特的人文地理特色，形成面向海内外传播的核心形象。同时，政府主导开展面向海内外民众的互动活动传播。

第二，充分利用政府相关的国内外政务商务高端场合，进行贺兰山东麓葡萄酒产区起源、历史、愿景、产品等故事的传播。运用政府相关部门的政务自媒体平台，和国内外可利用的媒体资源，为贺兰山东麓葡萄酒区域公共品牌的传播开拓数字互联网空间。

第三，通过政府合作、资助、投资或定制等多种方式，吸引优秀影视制作团队拍摄以贺兰山东麓葡萄酒产区为故事发生地的电影、电视剧和纪录片精品，以精彩的故事内容和极致的视听体验，吸引国内外消费者的关注。通过参与国际著名影视节，获得影视大奖，提升贺兰山东麓品牌故事的国际知名度和关注度。

第四，通过与国际著名的艺术文化机构合作，政府策划、实施打造国际前沿创新的贺兰山东麓葡萄酒产区文化活动品牌，吸引国内外游客的参与和关注，展现贺兰山东麓葡萄酒区域公共品牌丰厚的文化内涵。

第五，通过与网络酒类专业自媒体达人合作，用国人喜闻乐见的直播、短视频等方式进行生动的产区品牌和龙头产品品牌传播。

2）以企业为主导的宁夏贺兰山东麓葡萄酒品牌传播

贺兰山东麓葡萄酒产区是我国最大的一个连续性葡萄酒酒庄酒出产区域，酒庄企业自身的品牌建设和传播是贺兰山东麓葡萄酒区域公共品牌传播的重要组成。数字互联网为企业实现品效合一的传播提供了重要途径。

首先，酒庄葡萄酒品牌分类分级定位。结合各酒庄酒自身特点和梯度品牌培育机制，定位品牌发展方向，为品牌传播奠定策略基础。

其次，酒庄酒与各地区域人文特色紧密结合，打造独特的葡萄酒品牌、产品和酒庄体验。贺兰山东麓葡萄酒产区覆盖范围广大，不同区域又有自身独特的地理人文景观和历史人文特色，将葡萄酒品牌文化和产品体验与本地人文特色紧密结合，打造各具特色的葡萄酒品牌、产品和酒庄文化体验。

最后，构建酒庄数字互联网深度体验空间。面向国内外的品牌消费者构建品牌社群，发起品牌活动，发展特殊定制服务，构建葡萄酒酒庄及产品品牌的互联网深度体验空间。

第4章　宁夏贺兰山东麓葡萄酒市场拓展战略研究

4.1　消费者对葡萄酒需求特征与趋势调研

4.1.1　国内外葡萄酒生产与消费总体趋势

1. 世界葡萄酒生产与消费情况

1）世界葡萄酒生产情况

世界葡萄酒生产总量在 247 亿～294 亿升波动变化，2010～2020 年，葡萄酒产量波动频率与幅度增大(图 4-1)。

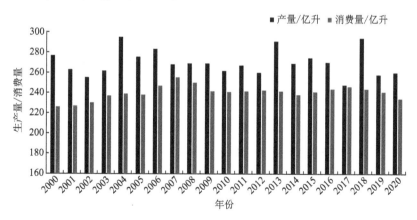

图 4-1　全球葡萄酒生产量与消费量年度变化趋势

数据来源：OIV

2017 年，由于葡萄酒主产区受到极端天气影响，世界葡萄酒主产区产量出现不同程度的下滑，世界葡萄酒的产量仅为 248 亿升，与 2016 年相比下降 8.2%，是近 60 年来葡萄酒产量最低的一年；2018 年，世界葡萄酒产量达到了 294 亿升，是近 15 年来的最高值。2019 年和 2020 年，由于不利的气候条件以及葡萄酒市场过剩的影响，全球葡萄酒的产量明显下降，2020年，世界葡萄酒产量与2019年持平，葡萄酒产量仅为260亿升，较2018年减少34亿升，减幅达11.5%。2020年，世界葡萄酒主产国葡萄酒产量增减情况差异大，最大生产区欧盟葡萄酒产量显著增长，达到165亿升（图4-2），较2019年增长了8%。其中，意大利葡萄酒产量为49.1亿升，增长了3%；法国产量达到46.6亿升，增长了11%；西班牙产量增幅最大，达到40.7亿升，增长了21%；其他国家如美国葡萄酒产量22.8亿升，下降了11%，而中国葡萄酒产量下降至6.6亿升。

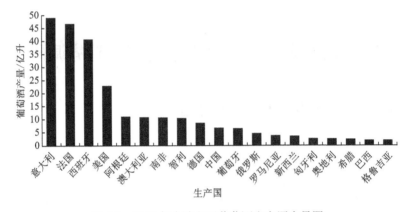

图4-2　2020年全球主要葡萄酒生产国产量图

数据来源：OIV

2）世界葡萄酒消费情况

从全球整体来看，葡萄酒市场供大于求的现象长期存在（图4-1）。2008年经济危机爆发之前是葡萄酒消费增长最快的阶段，之后葡萄酒的消费整体呈现下降的态势，特别是2020年新冠疫情对葡萄酒的消费产生了重大的影响，创下了自2002年以来最低消费水平。葡萄酒供大于求是全球葡萄酒行业面临的重要难题。

全球葡萄酒消费量整体出现波动下滑的态势。全球葡萄酒消费量的最高值出现在2007年，达到了255亿升。金融危机以来，葡萄酒传统消费国（法国、英国、葡萄牙、加拿大）的需求走低。2015~2017年全球葡萄酒消费恢复增长，2017年达到246升；2018~2020年全球葡萄酒消费量持续下降，特别是2020年，新冠疫情对全球葡萄酒的消费造成很大的影响，全球葡萄酒的消费量已降至2002年以来的最低水平，仅为234亿升，较2019年下降了3%，创下了自2002年以来最低消费水平。

美国和欧洲各国仍然是全球葡萄酒消费量最大的市场（图4-3），自2011年以来，美国、法国、意大利一直保持全球葡萄酒消费国前三名，英国和中国也是葡萄酒消费量较大的国家。2020年美国葡萄酒消费量为33.0亿升；法国葡萄酒消费量为24.7亿升，意大利葡萄酒消费量为24.5亿升。

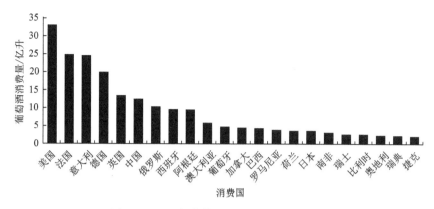

图 4-3　2020 年葡萄酒的主要消费国消费量
数据来源：OIV

2. 中国葡萄酒的生产与消费情况

1）中国葡萄酒生产情况

2000～2012 年，中国葡萄酒生产进入持续快速增长期（图 4-4），2012 年达到峰值 13.8 亿升。12 年来葡萄酒产量增长了 31.4%。2013 年开始，由于进口葡萄酒的冲击，葡萄酒市场环境发生重大变化，国产葡萄酒库存增长，对葡萄酒的生产造成了很大冲击，导致我国葡萄酒生存空间被大大挤压。从 2017 年开始，我国葡萄酒产量持续大幅度下降，2019 年下降至 7.9 亿升，2020 年仅为 6.6 亿升，与上年相比下降约 16.46%。中国酿酒葡萄种植和葡萄酒生产主要分布在新疆、宁夏、甘肃、河北等 26 个省市区，2019 年种植面积在 120 万亩左右，国产葡萄酒行业不断萎缩。

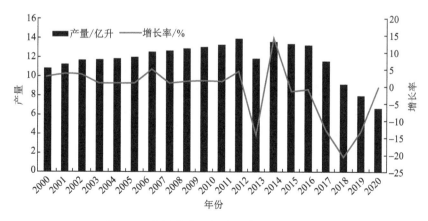

图 4-4　中国葡萄酒产量及增速变化趋势图
数据来源：OIV

2）中国葡萄酒消费情况

（1）葡萄酒消费总量变化。

2000～2020 年，中国的葡萄酒消费量经历了显著增长和阶段性调整的过程（图 4-5），总体来看，中国已经成为越来越重要的葡萄酒消费国。2012 年以前，葡萄酒消费量整体呈增长趋势，2013 年葡萄酒的消费量出现短暂下滑后，2017 年葡萄酒的消费量达到历史最高值 19.3 亿升；之后葡萄酒的消费量逐年下降，2019 年葡萄酒的消费量下降至 17.8 亿升；由于新冠疫情的影响，2020 年葡萄酒的消费量降至 12.4 亿升，与 2019 年相比，下降了 30%。2019 年我国人均消费葡萄酒约 1.27 升，远低于世界人均平均消费量 3.2 升。

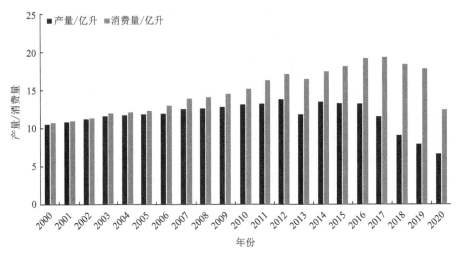

图 4-5　中国葡萄酒产量与消费量的年度变化趋势

数据来源：OIV

（2）中国市场葡萄酒的主要来源。

中国葡萄酒产量与需求的缺口逐年增大，进口葡萄酒在中国市场占有率逐年增长，进口葡萄酒在中国葡萄酒消费中占有重要地位。2018 年以前，中国葡萄酒的市场供给以国产葡萄酒为主，占比超过 50%；2018 年开始国产葡萄酒的市场占有率逐年下降，2019 年进口葡萄酒在中国市场占有率超过 55%，进口量在 2017 年达到高点（7.51 亿升）（图 4-6）。

葡萄酒的市场供给情况也反映出国产葡萄酒行业不断萎缩，原因是多方面的。中国葡萄酒成本高、性价比低是我国葡萄酒产业面临的主要问题。另外，部分国家进口葡萄酒关税下降或零关税，进口葡萄酒借助价格优势，在中国市场占有率从 2015 年的 32% 迅速上升到 2019 年的 55% 以上。

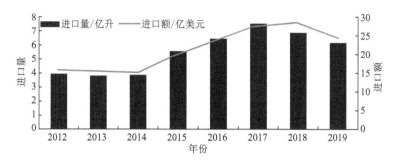

图 4-6 中国葡萄酒进口量与进口额年度变化趋势

数据来源：中国海关

(3) 葡萄酒主要进口来源国家。

根据海关总署的统计数据，智利、澳大利亚、法国、西班牙以及意大利为中国葡萄酒的主要来源国家。

2019 年，智利葡萄酒出口到中国 1.54 亿升，占据中国葡萄酒市场份额的 25.71%；出口额为 22.65 亿元，出口单价为 14.74 元/升，为中国最主要的进口葡萄酒来源国家。智利在中国的增长势头如此强劲，与其葡萄酒的竞争性价格、中智的自由贸易协定以及智利在中国积极开展市场推广活动等息息相关。

近几年，澳大利亚葡萄酒在中国市场占有率快速提升，主要是由于自 2018 年 1 月 1 日起，中国对澳大利亚葡萄酒实施了免关税政策，导致澳大利亚葡萄酒在 2018 年和 2019 年进口量大幅增长。澳大利亚在中国的葡萄酒出口量为 1.46 亿升，占据了中国市场份额的 24.45%；从 2020 年 11 月开始，商务部裁定反倾销，增加了澳大利亚葡萄酒在中国市场变化趋势的不确定性。

法国葡萄酒占据中国葡萄酒市场的 24%，近年来显著下降，领先优势缩小。2019 年，中国从法国进口的葡萄酒量为 1.44 亿升、进口额为 42.23 亿元、进口葡萄酒单价为 29.39 元/升。法国葡萄酒进入中国市场的时间最长、消费者认知度也较高，但其价格相对高，市场份额占比也明显低于智利和澳大利亚。原因如下：一是澳大利亚、智利、美国等新世界的葡萄品种和酿造风格绝大多数都是法国品种和法国风格，其中不少品牌及产品品质不错，性价比更高；二是传统实力法国产区的葡萄酒风格和风味固化，在一定程度上限制了其应对市场需求的灵活性和创新能力；三是大量出口到中国的法国生产的低价低质欧餐(Vin de la Communaute Europeenne，VCE)酒，成为以次充好、牟取暴利的工具，严重损害了法国葡萄酒高质量、高雅、优质的品牌形象。

2019 年，西班牙葡萄酒在中国市场的占有率为 10.47%，意大利葡萄酒在中国的市场占有率为 5.17%。可见，旧世界产地的葡萄酒依旧强势，但新世界的澳大利亚和智利葡萄酒在中国市场逐渐表现出一定的竞争力。

(4)进口葡萄酒酒种越来越丰富。

随着中国消费者购买能力的提升和消费水平的升级，进口葡萄酒产品多元化趋势明显，具体表现在普通葡萄酒占比下降，而特色化的葡萄蒸馏酒、味美思葡萄酒、起泡葡萄酒的占比明显上升。海关总署数据统计，相比 2010 年(99.02%)，2019 年普通葡萄酒的进口量占比为 90.83%，下降明显；相比 2010 年(0.00%)，2019 年葡萄蒸馏酒的进口量占比为 6.67%，上升显著；起泡葡萄酒、味美思葡萄酒等新型酒种的进口量也呈现快速增长趋势。

不仅如此，自 2014 年以来，起泡葡萄酒的进口量均超过 1.2 万吨。除此之外，2017 年以来，味美思葡萄酒进口量也出现持续增长趋势。且从 2015 年开始，在我国进口酒结构中，蒸馏酒逐渐显现，进口量呈逐年增加趋势(表 4-1)。

表 4-1　中国进口葡萄酒产品结构变化对比

年份	普通葡萄酒		葡萄蒸馏酒		起泡葡萄酒		味美思葡萄酒	
	进口量/万吨	占比/%	进口量/万吨	占比/%	进口量/万吨	占比/%	进口量/万吨	占比/%
2010	28.21	99.02	0	0	0.27	0.95	0.01	0.04
2011	35.92	98.87	0	0	0.39	1.07	0.02	0.06
2012	38.51	98.29	0	0	0.62	1.58	0.05	0.13
2013	36.54	97.54	0	0	0.85	2.27	0.07	0.19
2014	37.02	96.06	0	0	1.39	3.61	0.13	0.34
2015	53.94	93.31	2.5	4.32	1.27	2.20	0.1	0.17
2016	64.25	94.02	2.8	4.10	1.24	1.81	0.05	0.07
2017	73.23	93.78	3.45	4.42	1.31	1.68	0.1	0.13
2018	67.14	92.80	3.77	5.21	1.25	1.73	0.19	0.26
2019	59.64	90.83	4.38	6.67	1.35	2.06	0.29	0.44

数据来源：中国海关。

(5)不同消费场景葡萄酒需求差异化和多元化。

在不同的消费情境下，消费者对葡萄酒的需求越来越多元化。Wang 等的研究表明，当消费者购买葡萄酒用于送礼时，消费者的需求与收入、职业、对于葡萄酒的了解程度、葡萄酒的颜色以及产地信息等息息相关。而当消费者购买葡萄酒用于宴请时，消费者的需求则与消费者的收入、葡萄酒的产地以及年份等有着紧密的联系。此外，很多年轻消费者对葡萄酒的消费具有明显的随意性特点，他们更注重感官体验，以及产品附加的文创、情感等因素，而不仅关注品牌、产地、年份等传统意义上的葡萄酒重要属性。

（6）葡萄酒消费市场下沉至二三线城市。

从 2018 年开始，国内的二三线城市葡萄酒消费能力明显提升，超越一线城市的消费增速成为葡萄酒市场的亮点。因此，很多葡萄酒企业将葡萄酒销售渠道下沉，还有一些中小型经销商长年在当地市场做葡萄酒的品鉴教育活动。澳大利亚葡萄酒管理局每年在中国也做很多品鉴分享路演，大部分场次都在二三线城市，从市场反应看得到了不错的回报。另外，在一些沿海地区和经济相对发达的县级城市也有葡萄酒专卖店。在葡萄酒消费相对不成熟，但需求有潜力的二三线城市，葡萄酒销售渠道下沉也有助于培育二三线城市以及县级城市的葡萄酒消费市场，拓展葡萄酒市场空间。

4.1.2　我国消费者对葡萄酒偏好及购买行为调研分析

消费者作为现代市场的主体，消费偏好和需求趋势会在很大程度上影响市场的走向，进而影响一个产业未来发展的方向。尤其是在全球葡萄酒产品普遍供过于求的情况下，只有把握了消费者的消费心理和消费行为，才能提供给消费者所需要的产品和服务，从而吸引消费者、占领市场。只有把握了消费者的喜好、倾向和意愿，才能为贺兰山东麓有针对性做好市场细分定位、调整产品结构提供参考依据。

1. 调研内容与结果分析

调研于 2020 年 6～10 月在全国范围内展开，最终得到有效问卷 3468 份，样本有效率为 95.77%，具有较高的回收有效率，有效样本分布于 33 个省市区。

未来葡萄酒的消费市场年轻人是消费主体，中国葡萄酒消费者年轻化、女性化趋势明显，因此调研更关注年轻、受教育程度高、城镇的消费群体，这对葡萄酒企业如何争取更多的年轻消费者更具参考意义。调研样本中女性葡萄酒消费者占比较多，为 54.8%；样本人数最多的是 18～25 岁，占总样本量的 45.5%，其次是 26～35 岁、36～45 岁和 46～55 岁，分别占样本总数的 26.1%、14.0% 和 10.4%。样本群体的收入水平以中等收入者居多。调研样本的人均可支配月收入主要集中在 5000 元以下，可支配月收入为 15000 元以上的人群占比较少。调研考虑了所选调研省份的经济状况，具有较好的代表性。以城镇居民为主，占到受访者的 70.3%，这主要是由于中国葡萄酒消费能力强的消费人群主要集中于城市，国内外葡萄酒企业开展市场推广的目标也主要在城市。

2. 消费者购买葡萄酒的主要影响因素

消费者购买葡萄酒的主要影响因素如图 4-7 所示。对消费者购买葡萄酒影响最大的因素为口碑、价格与品牌，反映出中国消费者在购买葡萄酒时对葡萄酒口碑的重视程度；同样，消费者也往往更倾向于选择知名度与影响力大的葡萄酒品牌，反映出一般消费者认为大品牌葡萄酒的质量更有保障。

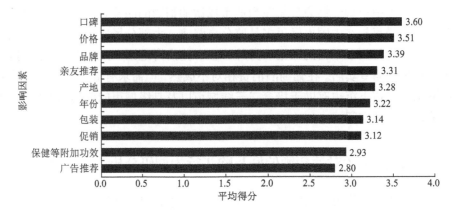

图 4-7　影响消费者购买葡萄酒的因素(影响极小=1 分，影响极大=5 分)

对消费者购买葡萄酒影响力中等的因素主要有亲友推荐、产地、年份、包装以及促销等。很多消费者在选择葡萄酒时认为亲友推荐的葡萄酒会更可信；不同的葡萄酒产地产出的葡萄酒风格、口感不同，部分消费者对于葡萄酒的风格、口感追求不同，有些消费者对葡萄酒的产地、年份比较重视；另外，好的、有设计感以及有个性的包装也是部分消费者在购买葡萄酒时的参考因素；促销对相当比例的消费者购买葡萄酒有显著影响。

在市场推广过程中宣传葡萄酒的保健等功效对消费者影响不大；传统广告推荐对多数消费者选择葡萄酒产品影响不大。

3. 我国消费者对葡萄酒感官属性的偏好

1）葡萄酒颜色

红葡萄酒作为市面上最常见的葡萄酒种，中国葡萄酒消费者对其接受程度最高。有 77.6%的消费者偏好红葡萄酒；消费者对白葡萄酒与桃红葡萄酒偏好度相对较低，分别有 26.1%与 22.5%，说明白葡萄酒和桃红葡萄酒在中国还是有一定的消费市场的。

2）葡萄酒含糖量

从葡萄酒的含糖量看，消费者对半干型(微甜)葡萄酒接受程度最高，调查样本中超过 50%的消费者偏好半干型葡萄酒；36.2%的消费者偏好半甜型(较甜)的葡萄酒；偏好干型(无甜味)葡萄酒的消费者为 24.5%；选择甜型(高甜)的消费者最少，仅为 15.7%。可见，在中国的葡萄酒市场上，微甜和较甜相对来说是甜味较为适中的葡萄酒，更受到消费者的喜爱；大多数消费者并不喜欢过甜的葡萄酒。

3）葡萄酒二氧化碳含量

消费者在选择购买葡萄酒时对含二氧化碳的偏好调查统计结果显示，调查样本中喜欢静态葡萄酒的消费者所占比例达 62.3%，处于第一位；不容忽视的是喜欢起泡酒/香槟的消费者也接近一半，占比达 47.0%，居第二位；而消费者对汽酒的偏好度相对比较低，仅为 18.5%。这一现象的出现与汽酒在中国葡萄酒市场上品种少、消费者可选择的品种较少有关。

4）葡萄酒口感

高达 63.7%的葡萄酒消费者偏好柔和、单薄、清新口感的葡萄酒，排名第一；而偏好饱满、厚重口感与香甜口感葡萄酒的消费者比重均超过 1/3，占调研样本的比例分别为 37.7%与 36.5%。可见，我国消费者对柔和、单薄、清新口感葡萄酒的接受度更高。

5）葡萄酒酸度

消费者对低酸型葡萄酒接受度最高，占调研样本的 73.2%；偏好中酸型葡萄酒的消费者占调研样本的 33.9%；调研样本中消费者对高酸型葡萄酒接受度最低，仅为 7.9%。总体来看，随着葡萄酒酸度的上升，消费者对其的接受程度呈不断下降的趋势。

6）葡萄酒香型

偏好果香型葡萄酒的消费者群体最大，占调研样本的 72.8%；喜欢花香型葡萄酒消费者的比例也比较高，居第二位，占到了调研样本的 38.8%；接近 1/4 的消费者偏爱植物香型葡萄酒；喜欢橡木香与其他香型的消费者较少，分别占调研样本的 19.9%与 9.6%。

通过分析不同性别、年龄、所在区域因素与香气偏好分别分析消费者对葡萄酒香气的偏好，发现不同性别的消费者对葡萄酒香气偏好存在差异(图 4-8)，女性消费者对果香型和花香型葡萄酒的爱好程度要高于男性消费者，而男性消费者对橡木香型和其他香型的葡萄酒的爱好程度则高于女性消费者。当然，无论是男性还是女性消费者，对果香型葡萄酒的偏好比例均为最高，分别为 65.5%和 76.8%，其次是偏好花香型葡萄酒、植物香型葡萄酒和橡木香型葡萄酒的消费者群体；喜欢香料、坚果等香气葡萄酒的消费者占比均较少。

不同年龄阶段的消费者对不同香气葡萄酒的偏好表现出不同的偏好特征。随着年龄的增长，偏好花香型和果香型葡萄酒的消费者比例逐渐下降，而偏好橡木

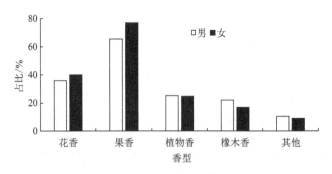

图 4-8　不同性别消费者对葡萄酒香型偏好分布

香型葡萄酒的消费者比例逐渐增大；各年龄阶段消费者对植物、香料、坚果等香气葡萄酒的偏好没有明显的变化规律（表 4-2）。

表 4-2　不同年龄阶段消费者对葡萄酒香型的偏好占比分布（%）

香气类型	18～25 岁	26～35 岁	36～45 岁	46～55 岁	55 岁以上
花香	41.6	36.6	33.1	31.6	36.1
果香	77.6	70.8	62.6	64.0	60.9
植物香	22.3	25.4	31.6	25.3	30.8
橡木香	14.0	19.4	26.7	28.8	30.1
其他（香料、坚果等香味）	8.0	11.5	10.8	8.8	12.8

　　另外，对消费者所在的地区与香型偏好进行了分析，发现不同地区的消费者对香型的偏好也存在一定的差异。喜欢果香型葡萄酒的消费者所在地区比例最高的是华南地区；东北地区的消费者喜欢果香型葡萄酒的比例居第二位，第三位是西南地区的消费者；而喜欢花香味、植物香味、橡木香味葡萄酒的消费者西北地区最多。

　　4. 消费者对葡萄酒外部属性的偏好特征

　　葡萄酒的外部属性主要包括：葡萄酒包装、葡萄酒包装容量、葡萄酒价格、葡萄酒产地、葡萄酒进口来源国、国产葡萄酒产区、国产葡萄酒品牌、葡萄酒来源共 8 个葡萄酒外部属性。

　　1）葡萄酒包装
　　消费者对包装的偏好呈现多样化的需求。偏好玻璃瓶包装的消费者占比最高，达 78.7%；喜欢酒桶型包装的葡萄酒消费者占比接近 20%；偏好软包装与易拉罐的消费者占比均在 15% 左右。这与玻璃瓶的包装是市场葡萄酒的主流有关，偏爱个性包装消费者的需求也值得葡萄酒在产品包装设计过程中给予重视。

2）葡萄酒包装容量

消费者对葡萄酒单瓶容量需求呈现多样化特点，消费者最常购买包装容量的葡萄酒与其偏好购买包装容量的葡萄酒存在明显偏差。消费者购买的低于 375 mL 小容量包装葡萄酒的比例低于偏好此类包装容量比例，这说明市场上小容量包装的葡萄酒产品还没有满足消费者的需求；消费者经常购买的中瓶、大瓶和特大瓶包装容量的葡萄酒高于消费者偏好的购买容量，主要原因是市场上供应的 750 mL 的大瓶是主流，而消费者最想购买小瓶和中瓶容量包装，可见小包装葡萄酒受到相当多消费者的欢迎。

3）不同购买动机葡萄酒的价格偏好

不同购买动机，消费者对葡萄酒价格的接受度存在着明显的差异。具体表现为：用于自饮的葡萄酒价格，消费者接受度最高的是 100~200 元/750 mL，明显偏好中、低等价位的酒；聚会用的葡萄酒价格接受度最高的是 150~400 元/750 mL，明显高于自饮用；而作为宴会用的葡萄酒价格又高于聚会用的，价格区间集中在 200~400 元/750 mL；作为礼品型用的葡萄酒价格是最高的，选择 400 元/750 mL 以上的比例明显增加，普遍高于其他用途。总体来看，消费者在自饮时，倾向于选择价格较低的中、低档葡萄酒；在聚会时，倾向于选择价格适中的葡萄酒；而在宴请与送礼时则倾向于选择价格更高的葡萄酒。

4）进口酒与国产酒的偏好

大多数消费者(占调查比例的 60.2%)并不介意葡萄酒是国产的还是进口的，这和 5 年前的调研结果相比出现明显差异。偏好国产酒的消费者(占调查比例的 20%)略高于喜欢进口酒的消费者(占调查比例的 19.8%)，这说明随着国产葡萄酒品质的提升，盲目崇尚进口葡萄酒的消费者开始减少，消费者对国产葡萄酒的信任度提升。

5）对进口酒的产地偏好

中国消费者对葡萄酒进口国偏好的调研结果显示，法国产的葡萄酒最受中国消费者青睐，超过一半的消费者(59.8%)偏好法国葡萄酒；澳大利亚和意大利产的葡萄酒受欢迎程度分别居第二位、第三位，分别占调研样本的 25.5%和 24.8%；还有 16.7%的消费者对进口葡萄酒的产地并不介意。这也体现出中国消费者对进口葡萄酒需求多元化的特点，多数消费者偏好旧世界葡萄酒，但新世界葡萄酒具有价格优势，因此也受到相当多的消费者青睐。

6）对国产酒的产区偏好

与葡萄酒进口产地调研结果明显不同，消费者对国产葡萄酒的产区不介意的

比例最高 (29.3%)，居第一位；消费者倾向于购买的产区葡萄酒排名前三位的分别为新疆产区、宁夏产区以及环渤海湾产区，分别占比 29.2%、26.2% 与 23.3%，排名前三位的这些产区是葡萄主要种植区，葡萄酒产出量、知名度较高，所以消费者认知度高、购买意向高。认知度不高则导致消费者购买葡萄酒时在产区的选择上，随意性消费的比例比较高（图 4-9）。

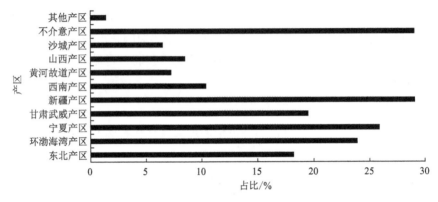

图 4-9　消费者对国产普通酒产区的偏好

进一步在消费者对国产酒产区的偏好分析中，纳入性别、年龄因素分别进行交叉分析，可以发现，相比于男性消费者，女性消费者不介意葡萄酒产区的比例远远高于男性；男性消费者和女性消费者在产区偏好上明显不同，女性消费者偏好于新疆产区的葡萄酒高于男性，而男性消费者对于甘肃武威产区、宁夏产区、环渤海湾产区以及东北产区的偏好度更高。

从不同消费者所处年龄段来看，不同年龄段消费者对产区偏好也存在明显差异。35 岁以上消费者对葡萄酒产区的关注度明显提高，而 35 岁以下的年轻消费者对葡萄酒产区的关注度明显降低，体现出年轻一代更关注个人的"体验"，更"随性"。

另外，消费者认为自己"懂"葡萄酒知识的比例只有 6.5%，近一半的消费者对葡萄酒的相关知识与文化完全不了解，这也是国内很多消费者对葡萄酒的产区关注度低的主要原因。

7）对国产葡萄酒的品牌偏好

消费者更倾向于购买知名品牌的葡萄酒，张裕、长城作为国内知名的葡萄酒品牌，消费者对它们的认可度也较高，偏好购买它们的消费者占比分别为 54%、43.3%；香格里拉、莫高、王朝、通化、云南红等品牌偏好度次之，分别为 19.8%、15.2%、15.1%、12% 和 10.6%；而其他葡萄酒品牌的偏好度均不足 10%；还有 14.2% 的消费者不介意葡萄酒的品牌（图 4-10）。

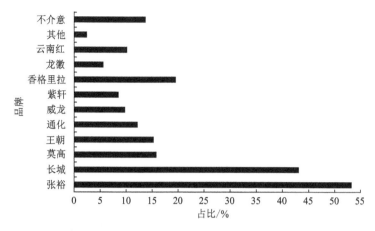

图 4-10　消费者对于国产葡萄酒品牌的偏好

对不同性别、不同年龄段的消费者对国产葡萄酒品牌的偏好分别进行交叉分析，发现女性消费者相比于男性消费者不介意品牌的比例更高，说明女性消费者在购买葡萄酒时对于品牌的关注度更低；女性消费者和男性消费者选择的前三名都是张裕、长城和香格里拉；对于香格里拉这个品牌的选择占比上，女性消费者显著高于男性消费者；而男性消费者对于知名度高的葡萄酒品牌，如长城、张裕的倾向度更高。

从不同年龄阶段消费者对葡萄酒品牌偏好的分析发现，年龄在 35 岁以下的年轻消费者对于葡萄酒品牌的关注度明显低于其他年龄段，体现出年轻消费者求新、个性化、消费更加随意的特点；随着消费者样本群年龄的增长，对于通化、紫轩品牌的喜好度呈增长趋势，而对于香格里拉品牌的喜好度呈下降趋势(表 4-3)。

表 4-3　不同年龄阶段消费者对葡萄酒品牌的偏好占比分布(%)

品牌	18～25 岁	26～35 岁	36～45 岁	46～55 岁	55 岁以上
张裕	50.2	56.7	49.9	60.7	57.1
长城	39.9	46.4	44.6	45.6	45.1
莫高	13.0	16.5	22.7	17.6	11.3
王朝	12.2	16.8	20.6	16.5	16.5
通化	8.3	12.4	16.8	19.8	15.8
威龙	8.3	10.0	13.2	9.3	10.5
紫轩	6.5	8.3	13.2	10.2	11.3
香格里拉	22.3	17.8	19.7	12.6	14.3

品牌	18～25 岁	26～35 岁	36～45 岁	46～55 岁	55 岁以上
龙徽	4.2	6.4	6.8	5.8	12.8
云南红	10.3	9.1	11.9	10.4	6.8
其他	1.3	1.8	4.9	3.8	6.0
不介意	18.6	11.7	5.9	7.7	12.8

8）对工厂酒与酒庄酒的偏好

在调研的葡萄酒消费者样本中，有 50.6%的消费者对葡萄酒来源并不介意葡萄酒到底是现代工厂加工酒还是酒庄酒；有 41.1%的消费者在购买葡萄酒时倾向于酒庄酒，只有 8.3%的消费者明确偏好工厂酒。

总体来看，消费者对于较为知名的葡萄酒来源国、国内优质产区、国内品牌的偏好集中度较高，进口酒的来源国主要偏爱法国、澳大利亚和意大利，国产葡萄酒产区认可度高的主要为新疆产区、宁夏产区以及环渤海湾产区；品牌偏好主要是张裕、长城；消费者的葡萄酒知识水平普遍不高，仅有不到 20%的消费者认为自己了解葡萄酒。因此，商家应该加大葡萄酒宣传力度，强化葡萄酒消费观念，促进我国葡萄酒的大众消费需求释放。另外，中瓶和小瓶为相当多消费者愿意购买的包装容量。在自饮用途下，消费者更倾向于选择中低价位的葡萄酒，送礼时则倾向于选择中高档的葡萄酒，反映了产品差异化和市场细分的必要性。

4.1.3　葡萄酒市场需求特征与趋势

通过基于统计数据和基于调研数据的葡萄酒消费特征与趋势分析，可以得出以下主要结论。

(1)世界葡萄酒产量处于历史低位，主产国位次稳定。2010～2020 年，全球葡萄酒生产总量集中在 247 亿～294 亿升,继 2018 年葡萄酒产量达到 294 亿升后，连续两年出现下滑。意大利、法国、西班牙是稳定的第一梯队的葡萄酒主产国，产量均超 40 亿升；美国、澳大利亚、阿根廷、智利、南非是第二梯队的葡萄酒主产国。

(2)世界葡萄酒整体呈供大于求的态势：2008 年经济危机的冲击以及 2020 年新冠疫情的暴发，加速了葡萄酒市场的过剩局面。从全球层面来看，美国和法国、意大利、德国、英国等欧洲国家是稳定的主要消费市场，中国也是世界主要的葡萄酒消费市场，但 2018～2020 年消费量持续下降。

(3)中国葡萄酒产量断崖式下跌、行业进入深度调整期：历经 2000～2012 年的繁盛时期后，中国葡萄酒产量连续走低。尤其在 2020 年，葡萄酒估计产量仅为 6.6 亿升，下滑趋势明显，而由此引起的企业利润下降、酒庄倒闭、酿酒葡萄种植面积缩减等连锁效应更让国内葡萄酒产业陷入低迷，进入深度调整期。

(4)中国葡萄酒消费总量有所减少，进口依赖增大，特色产品需求增大。近几年，我国葡萄酒消费总量连续降低，但依然是世界主要的葡萄酒消费市场，然而人均葡萄酒消费量与世界人均消费量仍有很大的差距。我国葡萄酒消费中近一半来自于智利、澳大利亚、法国、西班牙以及意大利等国的进口酒。在消费酒种方面，当前的葡萄酒消费市场逐渐显现出了一种普通葡萄酒、蒸馏酒、味美思、起泡葡萄酒并存的局面，且对各类特色葡萄酒的需求持续增加。

(5)消费者对葡萄酒感官属性的偏好呈现多样化特征。红葡萄酒仍然是消费者最喜欢的颜色，但白葡萄酒和桃红葡萄酒的偏好者比例也在上升；在含糖量、二氧化碳含量、口感、酸度以及香型方面，超过 50% 的消费者更愿意消费半干型(微甜)、静态、柔和、清新、低酸度、果香型的葡萄酒。

(6)消费者对葡萄酒外部属性的偏好体现出包装小型化，消费随意化的特点。消费者更期望购买到玻璃瓶和小容量包装的葡萄酒；而消费者的价格倾向则与其购买动机明显相关，相对礼品和宴请型消费，消费者自饮时更加偏好中、低等价位的葡萄酒。虽然较多消费者偏好购买新疆、宁夏、环渤海湾产区和张裕、长城等国内品牌的葡萄酒，但相当大比例消费者表示不介意葡萄酒产区、品牌，不介意是进口酒还是国产酒、是工厂酒还是酒庄酒，这体现出中国消费者与主要葡萄酒消费国不同，中国消费者的葡萄酒知识缺乏且消费随意化。

4.1.4　贺兰山东麓葡萄酒市场定位与产品结构调整建议

1. 贺兰山东麓葡萄酒市场定位建议

目前贺兰山东麓葡萄酒高端、精品酒的市场定位与葡萄酒市场需求偏好存在一定偏差，建议进行适当调整。产业的高质量、高效益、高竞争力是贺兰山东麓葡萄酒产业发展的最终目标，这是绝对正确的。目前贺兰山东麓葡萄酒产业发展面临以下挑战。

(1)全国葡萄酒行业处于低谷，企业普遍亏损。

(2)忠诚的、专业的葡萄酒消费者群体比较小，能容纳极高品质和高价格葡萄酒的高端市场容量非常有限。

(3)国外葡萄酒企业的冲击加大，不仅由以法国、意大利为代表的进口酒占据国内大量的中高端市场，而且智利、南非等国的进口酒开始挤占我国的中低价葡萄酒市场，进口酒率先"放下身段"，降价显著地吸引了国内消费者。

(4)其他可替代的低酒精度饮品也在抢夺以年轻人为代表的当前和未来消费市场。

因此，建议少部分已经占有原料、技术、市场、品牌、资金等领先优势的宁夏贺兰山东麓葡萄酒企业(酒庄)坚持高端、精品的市场定位，生产高品质、高价格、限量版的高端葡萄酒；少部分在资本、市场、技术等方面有一定差距的企业不应跟风走高端路线，可以根据自己情况设计和生产满足低价格接受度的葡萄酒产品；而大部分企业可以定位为中端市场，不以高昂的单价作为获利的主要途径，而是通过丰富产品品类、做好市场细分、强调自身特色吸引目标消费者，尤其要关注新生代消费者的需求，争取未来消费者。建议高端、中端、低端葡萄酒定位比例大体为 2 : 6 : 2。

2. 贺兰山东麓葡萄酒产品结构调整建议

1) 基于葡萄酒感官属性偏好调整产品结构，满足消费者多元化需求

国内葡萄酒消费群体正在发生转变。葡萄酒的固定消费人群已不再限于高收入的中产阶级和高端人士，越来越多的年轻群体即将或已经加入葡萄酒消费大军，成为葡萄酒消费的主力军，而部分中老年消费者出于对健康的考虑，也会逐渐转入饮用葡萄酒的行列，多样化的消费群体必然会对产品提出差异化的需求，作者所在课题组开展的葡萄酒消费调研清晰地表明：消费者对葡萄酒产品的需求逐渐显现出多元化、差异化趋势，消费端的改变必将倒逼生产端的变革，贺兰山东麓产区应该关注到这种变化，主动进行供给侧改革，按照市场需求调整产品结构，满足消费者的多样化需求，提高产品的市场份额和竞争力。

调研和电商数据统计均表明，干红葡萄酒在消费市场不再一枝独秀，我国很多葡萄酒消费者并不具备专业的葡萄酒知识，且饮用量偏少，尤其是年轻消费者在消费行为上具有求新、猎奇、随意、多样、追求感官享受的特点，对起泡酒、冰酒、甜红这类偏甜口感和有令人愉悦香味的葡萄酒从口感上更容易接受。

因此，建议宁夏贺兰山东麓产区葡萄酒企业丰富产品种类、调整产品结构，降低干红葡萄酒的比例，增加干白、桃红、半干型、半甜型葡萄酒的比例；以静态葡萄酒为主，增加起泡酒、汽酒等特色葡萄酒的比例；提高低酸度、中酸度葡萄酒的比例；提高果香型和花香型葡萄酒比例；关注新兴消费群体对柔和、清新和香甜型口感的偏好，增加对应酒款的供给；积极开发冰酒、烈性酒、味美思、特色果酒(桑葚酒、红枣酒、杏子酒、功能型酒)等差异化产品，打破产品同质化带来的不良竞争。

2) 基于消费者对葡萄酒外部属性偏好调整产品结构，契合主流市场的需求

宁夏贺兰山东麓产区的葡萄酒定价明显高于国产酒和进口酒的平均水平，产

品价位偏离了市场中大多数消费者的接受度。要想吸引大比例的市场消费者，宁夏葡萄酒应更加聚焦葡萄酒主流价格带，设置合适的定价策略，注意将酒款的主要消费场景与定价区间相关联，使各系列产品市场价格体系保持稳定和平衡，扩大市场占比、提高市场占有率。结合消费者的价格接受度、各价格区间葡萄酒的销量以及消费者对不同价格区间葡萄酒的评论情感，建议定位为礼品型消费的葡萄酒可定价 400 元以上，定位为普通消费者日常饮用的葡萄酒可定价 150 元以下。

目前市场销售的各类葡萄酒均以 750 mL 的大包装为主，而消费者出于家庭规模小、葡萄酒品质保持等方面的考虑，对中小型包装规格的葡萄酒有明确的需求，建议增加 375 mL、500 mL、650 mL 玻璃瓶包装规格的供给，丰富消费者的选择。

建议开发高颜值葡萄酒作为引流产品，吸引年轻消费群体。高颜值逐渐成为产品的一大优势，很多消费者购买产品先看颜值，包括产品本身颜值、包装设计等，被颜值吸引后，才会进一步考察产品的内在品质、价格等，这种消费趋势也必然会反映在这类消费者对葡萄酒的消费偏好和选择行为上。

3）根据市场定位和细分市场需求差异，重点开发目标葡萄酒产品

基于消费者需求和市场偏好，建议贺兰山东麓重点研发果香型干红葡萄酒、陈酿型干红葡萄酒、清爽型干白葡萄酒、芳香型甜白葡萄酒以及桃红葡萄酒等。此外，在突出高质量、低度健康、个性时尚的葡萄酒产品特色之外，为了吸引部分消费者对高酒精度、烈性酒的偏好，占领这一细分市场，建议开发中高端白兰地产品。随着国民经济水平的提升以及新时代消费能力的崛起，外表鲜亮、内涵高雅的白兰地比传统白酒更能激发年轻群体的消费欲望，与其他葡萄酒产品的区分度又很大，可以作为低度葡萄酒产品的有益补充。

4.2　国内外成功的酒类产品市场营销典型案例分析

4.2.1　葡萄酒及相关企业营销优质案例分析

葡萄酒是酒精类饮品的重要组成部分，它虽然与白酒、啤酒的口感等存在差异，但是在营销模式和市场推广策略上有共通之处，一些企业成功的营销模式和市场推广策略可供其他葡萄酒企业借鉴。

1. 龙头企业张裕——在传承中不断创新发展的民族品牌

张裕是中国葡萄酒老牌企业中成功的典范。作为葡萄酒行业的龙头企业，张裕并不是简单地停留在一味向大众消费者宣传其历史的悠久，而是将品牌的核心价值、产品的质量与相关葡萄酒文化的传播进行整合，从多个方面进行整合营销

传播，可以将其总结为以下三点。

1）深入人心的品牌内涵与成功的品牌定位

张裕的品牌定位是多元化的，针对不同消费群体的需求设计不同定位的特色产品系列，制定不同品牌内涵的营销策略。例如，张裕爱斐堡酒主要针对的销售人群是年龄在 30～60 岁之间、高收入的事业成功人士，在广告语的设计上充分体现爱斐堡的高品质与专业性。而针对数量庞大的大众消费者，张裕推动葡萄酒文化深入"寻常百姓家"，开展葡萄酒文化讲座，建立张裕酒文化博物馆等，引导人民群众了解葡萄酒、消费葡萄酒。

2）顺应市场需求变化，差异化的产品设计

面对 2012 年之后行业不景气的局面，张裕选择差异化产品以面对行业的挑战。针对进口葡萄酒的冲击，张裕的策略是先稳住葡萄酒的市场占比，未来更加注重于中高端定位；而面对行业的寒冬，张裕将提高白兰地业务的市场占有率作为新的突破口。

"多名利"的研发是"去张裕化"的入门级葡萄酒品牌，以有美好寓意且容易记住的"多名利"作为标识。张裕将旗下普通级干红转到"多名利"旗下，首先将"张裕干红"演变为"多名利干红"，保留这部分市场份额，再通过"多名利"全新打造企业主导的入门级爆款，直指大众消费场。为了争取更多的年轻消费者，张裕还将产品设计得更符合年轻人的口味和喜好，重新打造"味美思"葡萄酒，对其口味、包装、理念重新定义，开发 90 后、95 后市场。

针对白兰地酒在中低端市场竞争十分激烈的局面，张裕首先由一线城市开始，以高端品鉴会的形式吸引中高端消费者，以提升品牌档次为核心，错开了与低价倾销的中小企业之间的竞争，在保证利润率的同时提升了品牌形象，保持了长远发展的潜力。

3）多样化的市场推广渠道与营销模式

张裕的营销之路是以整合的方式利用多个渠道向消费者展示葡萄酒的健康、自然时尚的文化内涵以及葡萄酒的品位和格调。如在具有较大影响力的高品位杂志开辟专栏、电视台黄金时段插播广告、举办葡萄酒知识讲座、向大众消费者介绍有关葡萄酒的知识和文化。在大中城市开展葡萄酒主题的宣传活动，树立起张裕的东方红酒经典形象。另外，张裕还以酒庄为主要载体、开展沉浸体验式营销，策划成功的营销事件，提高消费者的兴趣与关注度。

2. 长城葡萄酒屡登国宴舞台——权威媒体展示品质与实力

长城葡萄酒是中粮集团旗下的"全球 500 强企业"驰名品牌，从 1984 年开始，长城葡萄酒成为中国国宴上的主要"国宴酒"。它致力于参与奥运会、世博会、达沃斯论坛、博鳌论坛等大事件，先后被人民大会堂、钓鱼台国宾馆、外交部机关及驻外机构服务中心等指定为特供酒，被万国邮政联合大会、国庆50周年宴会、亚洲博鳌论坛、APEC财长会议以及北京2008年奥运会指定为专供酒。2012年后，长城葡萄酒同样面临市场困境，如何在中国葡萄酒消费市场受到严重冲击的情况下积极应对，长城葡萄酒的营销方式值得借鉴。

1）在权威媒体实施多形式、高强度广告宣传

首先，长城葡萄酒与国家平台——中国中央广播电视总台合作。该合作横跨CCTV-2、CCTV-4、CCTV-13三大权威频道的四大黄金栏目，借助中央广播电视总台的权威性，宣传长城葡萄酒的品牌力量和公信力，巩固了"长城葡萄酒"的重要地位。

其次，长城葡萄酒与电影进行合作。长城葡萄酒携手电影《我和我的祖国》，增加了品牌的宣传力度，并且2020年国庆档联合电影《我和我的家乡》在各大视频平台以投放广告等措施来增加受众人群。另外，长城葡萄酒在线下形成了"洗脑式"广告宣传，将户外广告投放到人流量较大的场所，利用有影响力的媒体开展宣传，解析不同品种葡萄酒的风味与特色。

2）利用网络直播、线上销售拓宽销售渠道

近年来，为了传播品牌，长城葡萄酒通过主播带货的方式增加了产品的销售量，在淘宝、京东等页面进行推放，抓住了消费人群的心理，短时间提高销售量。

3）增加消费者互动，拉近企业与消费者之间的距离

2021年春节期间，长城葡萄酒根据"就地过年"政策推出了"情暖中国年，共饮长城酒"活动，通过线上活动的开展，万名消费者互动参与，在一些消费者自拍的晒年夜饭图片或视频中，长城葡萄酒成了"年夜饭"中的美酒主角，更通过互动形式的多媒体广告页面(H5)、朋友圈广告、关键意见领袖(KOL)等形式进入消费者的社交消费场景中。

3. 江小白的"情感共鸣"式营销

江小白酒业是一家2011年在重庆创立、致力于传统高粱酒的老味新生，面对新生代人群开展的白酒利口化和时尚化实践，俘获了80后、90后年轻人的心。江小白出色的营销成果可以归为新形象、新生代、新趋势、新通路。

1）贴近年轻人的"新形象"，锁定新生代消费者

江小白设计了一个同名的新动漫形象，使得企业与消费者之间产生了互动，拉近了与消费者之间的距离。为了满足80后、90后年轻群体对白酒的喜好和追求，在产品口味、度数、包装上进行了大胆改良，提出"小聚、小饮、小时刻、

小心情"的休闲消费场景。

2）"表达瓶"引发用户情感共鸣

江小白最为成功的一点就是让用户与产品产生情感共鸣。推出"个性语录"系列产品和"表达瓶"系列产品，以创意的文案替用户表达，引起消费者共鸣。2016 年"表达瓶"的推出吸引了一大批年轻消费者，用户可以在朋友圈分享自己制作的外包装，页面标题就是"江小白的文案，其实是我写的"。这个时候江小白和用户之间的互动加强。

4. 重庆啤酒营销案例分析

重庆啤酒是我国为数不多的上市啤酒公司之一。2020 年，重庆啤酒正式成为国际品牌全球第三大啤酒公司嘉士伯集团成员，重庆啤酒从一家区域性啤酒企业，变成了全国性的啤酒巨头。

1）推广超高端大单品，树立品牌形象

1664 啤酒持续打造超高品牌形象，与社交场景深度融合，深受年轻消费者喜爱。2021 年上半年，重庆啤酒针对 1664 定制一系列高端、高质量宣传片的市场品牌活动，将 1664 啤酒与夏夜微醺、法式经典浪漫融合，使消费者形成产品与饮酒社交场景的融合体验，在酒吧、"小资""法式"等对应社交场景下让消费者更愿意为 1664 买单，强调高格调、高质量的 1664 品牌形象。

2）重点布局高端市场，兼顾中低端市场，具有完整的价格带

重庆啤酒无论是渠道营销的选择还是拓展方向，均以产品高端化为重点进行发展。产品布局高端化为重庆啤酒带来的业绩增长有目共睹，在 2021 年半年报中，高档啤酒产品是重庆啤酒增长最快的业务，但主流类产品营收最高。其产品档次按价格进行划分，价格在 10 元以上为高档类，6 元至 9 元为主流类，6 元以下为经济类。重庆啤酒具有完整的定价机制与完善的产品体系。

3）"产品特性+互联网"的社交化营销，构造大单品的"大城市"推广计划

乌苏啤酒是目前重庆啤酒集团下的一个"超级大品牌"，初期用于烧烤渠道销售，在新疆地区市场广受欢迎，随后凭借该产品容量大（620 mL），具有新疆地区民族特色等因素，在同类型啤酒中带给消费者新鲜感，迅速在年轻消费群体中占得啤酒商品的头等地位。

4）构造"本地优势品牌+国际高端品牌"，致力于差异化、创新产品研发

重庆啤酒已形成了"本地优势品牌+国际高端品牌"的强势组合，包括重庆、乌苏、山城、西夏、风花雪月等本地强势品牌和嘉士伯、乐堡、1664、格林堡等国际高端品牌，根据地域特色冠以独有的产品特性，受到消费者的广泛好评。

此外，重庆啤酒包括 54 种不同酒精浓度、不同啤酒类型、不同区域特色、个性化包装的多样化品牌，丰富的产品种类使得消费者有了更多的选择，契合当代消费者追求健康、追求个性化、追求外观"颜值"、喜欢尝试新鲜事物的消费习惯。

5. 法国波尔多葡萄酒产区营销策略

波尔多是全世界著名的葡萄酒产区。除了少数顶级名庄拉菲、木桐等酒庄外，波尔多产区内共有 9000 多个不同酒庄。波尔多如此多的酒庄繁荣至今，可将其原因归为以下三点。

1）建立 1855 酒庄分级制度，体现葡萄酒产品差异化

在波尔多众多分级制度中，1855 分级最为著名，已经成为许多葡萄酒爱好者挑选波尔多佳酿的重要标杆。历经百年，这份"1855 年分级体制"直到今日依旧被葡萄酒界所尊崇，受到消费者青睐。"1855 年分级体制"不仅为入围的列级酒庄带来了美誉与销量，同时也是这一个多世纪以来波尔多产区发展的强力助推器，奠定了波尔多于葡萄酒界的显赫名声与国际地位。

2）打造知名酒庄，提高产区影响力

拉菲、拉图、玛尔戈、奥比昂和木桐五大知名酒庄均位于法国波尔多葡萄酒产区。拉菲历来是贵族与政客的最爱，法国国王路易十五、时尚鼻祖蓬巴杜夫人、美国总统托马斯·杰斐逊等都是"菲粉"，这也使得消费者对其有种别样的追求。玛尔戈酒庄以产区的名字为酒庄命名，足以显示出它尊贵的地位，同时它生产的葡萄酒也是法国的国宴用酒。木桐酒庄每年都会寻找知名画家进行酒标创作，也使得其酒标每年都有所不同，有葡萄酒发烧友以积攒木桐酒庄每一年的酒标作为人生一大乐事。

3）多样化的传播途径，高效的宣传推荐策略

首先，拉菲与影视作品《赌神》的结合在中国得到广泛传播，从此，"82 年拉菲"成为葡萄酒高端消费的代名词。其次，利用人员培训进行葡萄酒文化的传播，波尔多葡萄酒行业协会通过对企业的高级管理人员、葡萄酒爱好者和葡萄酒的相关从业人员采用葡萄酒相关课程培训的方式打开市场，拓宽波尔多葡萄酒信息的传播途径。最后，利用圈层关系广泛传播波尔多葡萄酒。

6. 意大利酒庄的体验式营销

意大利的酒庄不像波尔多的酒庄小而多，意大利的酒庄大多位于较偏远地区，游客驱车时间也较长，但该地区酒庄在体验营销方面表现出色，吸引了大量游客慕名而来，值得宁夏贺兰山东麓部分酒庄借鉴。

1）酒庄特色产品只在酒庄内展示和出售，体现产品的稀有性

享有"威尼托酿酒基准"美誉的马西酒庄将本酒庄生产的老年份、纪念款等具有特殊含义的葡萄酒产品存放在自家的酒窖中，如果想购买这些酒款就必须到线下马西酒庄进行购买。爱唯侬堡庄园酿制的葡萄酒只在酒窖进行销售。这种形式能够从本质上吸引消费者，彰显了该酒庄葡萄酒产品的稀有性。

2）通过"美食文化+美酒文化"宣传庄园美酒，吸引消费者线下体验

经营葡萄酒庄的同时加大高端、高档餐厅和酒店的投入，通过"美食文化+美酒文化"的形式宣传庄园美酒，吸引消费者进行线下体验。如享有"艺术庄园"美誉的位于托斯卡纳的卡斯特罗·班菲酒园，在其漂亮的酒园城堡内开设两家顶级餐厅，还拥有自家酒店，并且坚持只出售自家的葡萄酒产品。还有位于意大利东北部的知名传统法酿造起泡酒酒庄芙蕊酒庄，在意大利罗马、米兰等地的机场经营着非常受欢迎的餐厅，同时宣传本酒庄的葡萄酒产品。

3）酒庄内开创特色休闲娱乐项目吸引消费者线下体验

位于威尼托产区的泽妮酒庄内部开设的葡萄酒文化历史博物馆，记录了从酿酒葡萄种植到灌装成酒的一系列环节以及从古至今的工具与技术，从形式上采用简约优雅风格的面板、字幕、多媒体进行"故事"的展示，并且参观不收门票费，直接拉高游客对该酒庄的好感。爱唯侬堡酒庄还开设了乘坐热气球鸟瞰托斯卡纳的旅游项目，同时该酒庄还开设了乘坐法拉利跑车绕特定的路线一圈，去看托斯卡纳的葡萄园以及一些景点，从形式上为游客创造需求，吸引游客来访。

4.2.2　贺兰山东麓葡萄酒市场推广建议

1. 典型案例营销策略总结

通过对国内外优秀的葡萄酒企业、酒庄、产区和机关企业的优质营销案例进行分析，可以得出以下主要结论。

（1）法国波尔多产区具有完善的葡萄酒等级划分机制，这对于酒庄来说是具有先天性优势的，在大家公认的基础上，等级划分越靠前的酒庄，知名度、品牌效应、产品的销量、产品的价格也会越高，但不会因为价格的提高造成消费者的流失。同时，酒庄葡萄酒的产量与工厂酒相比更少，大多将客户群体精准定位在高端、贵族、高奢层面上，占据了消费市场的顶层。

（2）市场推广成功的葡萄酒企业都有一个共同点，就是找准产品定位，丰富和完善产品结构，抓住一个突出定位群体，再延伸至其他群体。例如长城葡萄酒主要定位在国宴、赛事、国际访谈等高规格饮酒场景，给消费者树立可靠、值得信赖的印象，再通过高端产品的向下延伸来满足大众消费者的需求；江小白精准定

位在新时代年轻消费者，产品设计理念与内涵无不围绕年轻消费者的兴趣点，以贴近年轻人的产品品牌形象，让消费者与产品产生互动与情感共鸣；张裕以其深入人心的内涵和品牌定位，顺应市场需求变化，针对不同消费者群体设计出差异化的产品系列，同时赋予不同系列产品不同内涵；重庆啤酒的定位就是区域性超级大单品，为不同区域突出设计和营销一款或一个系列的特色产品，布局高端市场的同时兼顾中低市场，具有完整的产品价格带。

（3）国内以互联网为基础的线上营销模式在产品的市场推广中占据越来越重要的地位。由于传统电商平台的不断完善与新兴线上营销模式的快速发展，葡萄酒企业开始向此类营销渠道进行探索，且其葡萄酒产品销量已有提升，但新兴线上营销模式需要专业的团队操作以及资金持续投入，目前大多数葡萄酒企业还未拥有成熟的线上营销模式。

（4）"葡萄酒+"的多种丰富形式的捆绑式营销是可借鉴的。葡萄酒虽是独立的产品个体，但目前很多酒庄将市场业务扩展到"葡萄酒+旅游"、"葡萄酒+野营"、"葡萄酒+酒店"、"葡萄酒+餐厅"以及"葡萄酒+博物馆"等的线下体验式营销模式中。这种营销模式的特点是业务主题突出，富含当地地区文化或酒庄特色内涵，环境装修极具特色，用户体验性强，具有娱乐性、休闲性和趣味性，个性化与独特性是吸引消费者的一大法宝。

2. 贺兰山东麓产区葡萄酒市场推广的建议

1）制定细分市场定位，调整产品结构、丰富葡萄酒产品品类

宁夏贺兰山东麓产区葡萄酒产业首先要依靠产区地理优势和酿酒葡萄质量优势，树好品牌口碑，精准制定产区定位，定位在中高端酒庄酒、宁夏文化特色、宁夏风格线下体验+葡萄酒、中高端和中年偏年轻消费者为主，其他消费者全面发展。根据消费群体需求变化不断调整葡萄酒产品结构、丰富葡萄酒产品品类，增加冰酒、甜红这类较甜的、从口感上中国消费者更容易接受的葡萄酒产品。

2）借助多种形式的市场推广渠道，扩大产区葡萄酒知名度，增大用户实际消费的转换率

贺兰山东麓产区葡萄酒在行业内知名度较高，在行业外大众中品牌知名度低，因此要借助线上营销建立产区专业网络运营团队，铺设社交媒体账号，分版块、分系列进行内容搭建，如葡萄酒+旅游、葡萄酒知识普及、葡萄酒+美食、葡萄酒+时事热点等。建议创立酒庄专业网络运营团队，制作创意短视频或软文，迎合网络热点话题，与网友互动内容。在信息化时代，拥有流量是资金变现的第一步，也是最重要的一步。

3）扩展"葡萄酒+"线下体验式营销，突出"葡萄酒+旅游"的营销模式

对于较大的酒庄，除了酒庄自身葡萄酒庄园旅游业务扩展外，还要扩建本酒庄内特色酒店、餐厅、博物馆，增加娱乐性、趣味性、休闲性设施建设。特色不仅包括提供的服务有特色，还要外观有特色、内部装修有特色，酒店与餐厅不再仅仅作为休息和吃饭的地点，还要具有观赏性。在实用的基础上加上美观，必然能够吸引消费者。

对于中小型酒庄，可以将产品扩展到贺兰山周边的旅游景点、酒店、餐厅，扩展开设自助葡萄酒体验贩卖机，提供容量小、性价比高的葡萄酒产品，类似于目前商场、办公楼内的自助鲜橙榨汁机和咖啡贩卖机，也可设置在游客流量较大的景区或购物区，使游客在体验当地风俗特色时能品尝到美味的葡萄酒，增加用户的体验。

建议以产区为整体在一二线城市定期开设富含宁夏贺兰山东麓产区特色的葡萄酒线下体验快闪店，以特色葡萄酒产品为主，来设计城市限定联名纪念品，如酒托、酒起子、红酒包装、红酒瓶等。另外，与周边景点景区进行合作，景点景区具有自然风光优势，因此酒庄可与景区合作，模仿美国酒庄营地营销模式，开设特定美景下的葡萄酒+野营项目，吸引消费者前来体验。

4.3 完善和优化贺兰山东麓葡萄酒营销体系

4.3.1 葡萄酒主要营销/销售渠道分析

通过实际调研和对相关文献的梳理和总结，目前葡萄酒营销渠道通常可以分为线上渠道和线下渠道。

1. 葡萄酒线下营销渠道

线下主要的营销渠道可以总结为传统代理、直供分销、经销商加盟、品牌形象场所、卖场和连锁商超、新零售模式以及其他线下渠道营销等七种类型。

1）传统代理

代理制是一种传统的葡萄酒分销渠道，代理制又可分为多家代理制模式和独家代理制模式。

多家代理制模式一般在省级市场下分设多个区域，一级批发商通常管辖多于两家的二级批发商，二级批发商负责二级市场的零售商和各自管辖内的三级市场。由于多家批发商同时代理，产品在价格上无法垄断，厂家为了销量而各自压价倾

销，市场容易形成价格混乱等现象。

独家代理制模式是指将每个省的销售分公司所管辖的区域分为多个销售模块，除一级市场的个别大型零售商从分公司进货外，每个区域设立一个独家代理的一级批发商，区域内所有的小型零售商全部从该批发商处进货，如富隆酒业和ASC精品葡萄酒公司就是国内著名的葡萄酒进口商及经销商。

2）直供分销

直供分销模式是一种无需中间商批发步骤，直接向零售商提供产品，有利于企业对零售端分销商的直接管理和零售价格的控制。弊端是企业需要承担起原本代理商承担的分销职责，加大人工运营成本，对企业的技术、资金等具有更高要求。常见的直供分销形式有直营葡萄酒专卖店、品牌连锁店等，这也是目前葡萄酒销售的一种主要渠道。

3）经销商加盟

经销商加盟模式是最为经典且有效的葡萄酒产业营销渠道。加盟是葡萄酒企业扩大销量的一种经销方式，有利于企业形象、品牌风格的推广传播，使得消费者对企业的印象更加深刻。经销商加盟模式有利于提高市场占有率，拓宽企业营销网络。弊端是企业的加盟制度如果制定不合理，会导致加盟商之间的竞争，导致加盟商忠诚度不高。

4）酒庄和葡萄酒文化体验店等品牌形象场所展示模式

酒庄、葡萄酒文化体验店以储藏展示中高端葡萄酒为主，迎合中高端消费群体对高品质生活的需求。通常这些场所将中高端特色产品集中展示给消费者，同时以陈列销售、线下体验、欢聚品鉴为主体，方便不同阶层的消费者体验葡萄酒的乐趣，有利于形成品牌价值，缩短了消费者与葡萄酒产品之间的距离。

5）卖场和连锁商超模式

卖场和连锁商超售卖的品类齐全，其地理位置与布局具有独特优势，可以为葡萄酒代理商开设一个专门的品牌特色展台，由酒企专业的销售人员进行驻场销售，这有助于直接向消费者传递本企业葡萄酒的文化特色，还能通过销售人员的推荐促进消费者消费。

6）新零售模式

在新一代零售概念带动下，葡萄酒终端形态发生了系列变化，葡萄酒主题社交空间、连锁店、葡萄酒无人售卖机等带来了新的营销契机。近年来出现的一站式葡萄酒体验的线下新零售模式，采用"试饮引流、分杯零售、整瓶销售"的一站式葡萄酒销售制度，通过线下体验找客流量，市场推广和变现作用效果比较好，这种模式让消费者花费最小的成本选到自己喜欢的酒，为消费者带来极致的葡萄酒消费体验。

7) 其他线下营销渠道

还有一些线下营销渠道,如餐饮娱乐终端、高档葡萄酒会所、博览会、展销会等。高档葡萄酒会所、葡萄酒贵宾(very important person,VIP)俱乐部等通常面向中高端消费者,针对的是中高端葡萄酒消费的目标客户群体。展会是一种目的性更强的营销渠道,对企业自身品牌的宣传和发展具有很大帮助,通过展会渠道去购买进口葡萄酒的客户相对更加专业。

2. 葡萄酒线上营销渠道

互联网购物的方式越来越成熟,尤其是对于 80 后、90 后、00 后的消费者来说,他们将成为未来葡萄酒消费的主力军。因此,葡萄酒企业对线上营销渠道的布局十分必要。

1) 传统线上营销渠道

传统线上营销渠道包括 BtoB、CtoC、BtoC 等电子商务模式。目前,根据买卖双方的不同类型,电子商务平台可以分为以下四种主要模式。

企业对企业(business-to-business,BtoB):企业之间通过专用网络进行数据信息交换、传递,以开展交易活动。例如葡萄酒原酒厂与品牌酒厂或者与大型连锁餐饮合作,建立商业伙伴关系,实现双赢,典型代表有阿里巴巴、慧聪等。优势是合作中间环节较少,成交基数较大,成本较低,效率较高。

企业对消费者(business-to-consumer,BtoC):企业直接与消费者联系销售服务和产品。BtoC 提高了商家与消费者之间交互的效率,减少店面租金等固定成本,典型代表有天猫商城、京东商城、也买酒、酒仙网、张裕旗下官方商城酒先锋等。其优势是容易收集客户信息,产品齐全,用户享受一站式购物体验。

消费者对消费者 (consumer-to-consumer,CtoC):消费者之间商品买卖的交易,即商品和信息从消费者直接到消费者,俗称“网上开店”。这个模式由于其不受数量、时间、地域的控制,减少了交易时间,节约了沟通成本。

线上到线下(online-to-offline,OtoO):结合线下商务机会与互联网,使互联网成为线下交易的前台,OtoO 的模式是线上营销和支付、线下体验,以线上营销活动带动线下的消费活动。团购网就是其中的一种,如大众点评网等。

2) 新兴线上营销渠道

随着互联网技术的发展,新兴的网络营销渠道如雨后春笋般破土而出。当前常见的新兴线上营销渠道主要有搜索引擎、广告短视频、葡萄酒文化网络营销、社区化网络营销、软文营销以及网络直播六种模式。

搜索引擎具有强大的营销效果。搜索引擎从互联网数据库内的海量数据中选取符合使用者的信息反馈给用户。张裕和长城很好地利用了搜索引擎这一渠道，当搜索张裕/长城葡萄酒时，百度首页显示的关于张裕/长城产品的信息十分有序，且可以了解长城官网、企业信息、淘宝店、京东店等信息。

广告短视频精准传播。与之前的文字文章相比，年轻人更喜欢在闲暇时间浏览短视频，短视频更能拉近消费者与产品之间的距离，通过视频博主的描述与真实体验能让消费者更为真切地体会到产品的优势。

葡萄酒文化网络营销。主要包含葡萄酒文化的普及和培训。例如，携程网和途牛网推荐的酒庄旅行线路，搭配精美的图片，勾起消费者的购买热情；网络免费赠酒，提高葡萄酒产品曝光率；网络葡萄酒知识竞赛活动，让消费者徜徉在葡萄酒文化知识的海洋中。

社区化网络营销。建立葡萄酒社区网站会员服务制度，通过多种多样的形式互动，加强与消费者的沟通，可形成口碑效应，社区化的营销更能促进商家产品的销售。

软文营销。通过微博、微信、公众号、知乎等应用软件或网站信息的发布，分析消费者行为，树立优质的品牌形象等，好的软文营销可以达到润物细无声的作用。

网络直播。网络直播实现了主播与粉丝消费者的线上实时互动，增加了用户黏性的同时增加了品牌传播和推广的附加值。

3. 线上线下深度融合的销售模式

国内外葡萄酒企业一直在探索新的营销模式，利用互联网等新兴技术拓展业务范围，增强企业的服务能力与市场竞争力，其中线上线下融合的营销渠道是葡萄酒企业的一个重要发展方向。目前，较为出色的葡萄酒企业线上线下融合的营销渠道有以下几种。

1）依靠内容输出引流，促进消费者购买体验

通过新兴新媒体平台营销方式，依靠内容输出打造品牌价值，实现线上全方位推广，通过内容引流促进消费者购买体验。新兴品牌"醉鹅娘"就是靠内容引流实现年销售金额数亿。"醉鹅娘"通过微博建立网红人设，吸引大量粉丝作为基础，随后在抖音、快手平台将"买酒、品酒、酒文化"等内容用年轻人更能接受的场景表达，并进行趣味带货直播；在 B 站(哔哩哔哩)、知乎等平台输出"干货"，营造葡萄酒专家形象，凸显品牌的实力，最后通过微信公众号与小程序进行流量变现。

2）微信公众号、微信小程序营销引导消费者线下体验

众多企业与商家为拓宽销售渠道，纷纷采用微信公众号与微信小程序进行营销活动设计，以促销折扣、优惠券等形式达到拉新、客户裂变、客户留存的效果。

目前，也有葡萄酒商家通过开设"葡萄酒主题"西餐厅或葡萄酒主题下午茶店，采用微信小程序进行营销。2021年之前"品酒客"商家在小程序开设商品直销、二级分销、团购和秒杀版块，根据产品的不同，分为线下食材的配送和消费者到线下实体店体验两种消费形式。对于直接到店堂食用户，商家会引导用户使用微信小程序点餐付款，为商家小程序引流。目前由于商家自身原因，不再继续做此方面服务。

3）加盟其他平台或创建品牌专属电商旗舰店

目前，各葡萄酒企业开始逐步扩展电子商务购物平台形式，最常见的一种方式就是加盟其他线上平台，为葡萄酒线上、线下融合发展提供客户储备与经验知识。2018年，广州科通 Interwine 公司与国内葡萄酒知识门户网站葡萄酒网（www.putaojiu.com）进行战略合作，推动双方在"线上、线下、信息、营销、推广"等领域的合作。但是，这种方式也有一些不良商家受利益驱使出售假冒伪劣产品，因此，很多葡萄酒企业创立了自己的电商旗舰店，如佳得堡葡萄酒官方旗舰店、张裕的官方旗舰店酒先锋等，以增强品牌的权威性，同时消费者直接访问品牌门户网站，在一定程度上缩短了消费者对同类商品的筛选时间。

4.3.2 消费者购买葡萄酒的渠道偏好调研分析

1. 消费者购买葡萄酒的渠道偏好与主要影响因素

为了了解消费者购买葡萄酒的渠道偏好，开展关于渠道偏好的调研，将消费者购买葡萄酒的常见渠道划分为12种类型，具体渠道类型见表4-4。

表 4-4　葡萄酒购买渠道分类

渠道	销售特点	商品销售方式	线上/线下
餐厅/饭店	以餐饮服务为主，酒水销售为辅	柜台式销售或点单	线下
酒类专卖店	以销售葡萄酒为主，体现专业性、深度性，品种丰富，选择余地大	采取柜台销售或开架面售方式	线下
综合超市/商场	衣、食、日用品综合销售	自选销售，出入口分设，在收银台统一结算	线下
便利店	即时食品、日用小百货为主，有即时消费性、小容量、应急性等特点	以开架自选为主，结算在收银处统一进行	线下
酒吧/KTV 等娱乐场所	以娱乐服务为主，酒水销售为辅	柜台式销售或点单	线下
综合电商品牌旗舰店	全品类产品销售，涵盖衣食住行各方面	线上购买与支付，线下配送到家	线上
综合电商个体店铺	全品类产品销售，涵盖衣食住行各方面	线上购买与支付，线下配送到家	线上

续表

渠道	销售特点	商品销售方式	线上/线下
酒类专卖网	主要销售酒类产品或仅销售葡萄酒，品种全、体现专业性	线上购买与支付，线下配送到家	线上
企业自营网站	仅销售企业自有品牌葡萄酒种	线上购买与支付，线下配送到家	线上
社交分享平台	采用用户生成的内容作为辅助网购者的重要工具	线上购买与支付，线下配送到家	线上
O2O 电商	消费者可以在线上筛选和购买葡萄酒，在线下进行消费体验	线上购买，线下及时体验	线上
短视频与直播平台	实时展示与讲解葡萄酒，可与消费者进行面对面互动，销售品种较少、销售价格低	线上点击相应链接购买，线下配送到家	线上

1）消费者购买葡萄酒的渠道偏好

消费者接受度最高的仍然是传统销售渠道，对综合电商的偏好度提升显著。选择传统渠道的综合超市/商场和酒类专卖店占比分别为 69.9%与 67.00%。消费者对于电商平台尤其是规模庞大的综合电商品牌旗舰店和综合电商个体商铺的偏好度提升显著，占比分别为 62.50%与 60.8%，已然具有赶超传统线下渠道的趋势。O2O 电商的经营范围主要为餐饮的线下配送，娱乐场所主要销售啤酒、鸡尾酒等品种，葡萄酒在这类渠道渗透率低，因此消费者在该渠道中较少购买葡萄酒，所以这两类渠道的偏好度较低(图 4-11)。

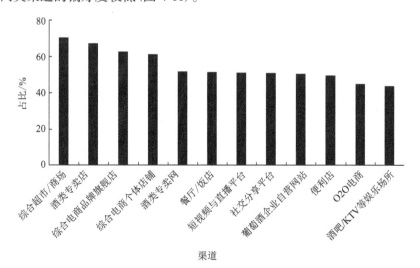

图 4-11　消费者购买葡萄酒的渠道选择偏好

2）消费者购买葡萄酒渠道选择的主要影响因素

消费者进行渠道选择时，最看重的因素是购买方便，认为便利店、综合超市/商场以及综合电商品牌旗舰店在便利度上远优于其他购买渠道；影响消费者渠道选择的第二个因素就是酒类全，大多数消费者认为酒类专卖店的葡萄酒品类远多于其他渠道销售的葡萄酒；排在第三的因素是葡萄酒质量好，多数消费者认为酒类专卖店销售的葡萄酒质量最有保障。因此，消费者若对葡萄酒质量有一定的要求，则很可能在专卖店选购葡萄酒。

在众多影响因素中，价格低在实际调研中并未进入前三，这表明消费者的消费动机已经从追求低价转变为追求更高质量、更便捷的服务。与此同时，消费者认为综合电商个体店铺的葡萄酒价格普遍低于其他渠道购买的葡萄酒；在服务上，消费者普遍认为酒类专卖店体验度更好；在产品信息上，消费者认为酒类专卖店和企业自营网站的产品信息是最全面的；在沟通上，酒类专卖店及酒吧/KTV 等娱乐场所认可度更高；为了彰显品位的消费者普遍在企业自营网站进行购买；在广告宣传上，消费者认为短视频与直播平台的广告宣传最容易被看到；最后，从周围人推荐来看，酒类专卖店通常是消费者最容易被推荐的。

2. 不同消费群体的消费者购买葡萄酒的渠道偏好

1）不同年龄段消费者购买葡萄酒的渠道偏好

不同年龄阶段的消费者购买葡萄酒的渠道选择偏好表现出差异性（表 4-5）。年龄较大的葡萄酒消费群体更偏好选择传统线下购买渠道诸如综合超市/商场、酒类专卖店、企业自营网站。年轻的葡萄酒消费群体更偏好网购渠道，如综合电商品牌旗舰店/综合电商个体店铺、O2O 电商等更为年轻消费者所接受；同时，年轻消费者相比年长消费者对便利店、短视频与直播平台、社交分享平台以及酒吧/KTV等娱乐场所的接受度更高。

表 4-5　不同年龄消费者购买葡萄酒渠道偏好占比差异(%)

渠道	18～25 岁	26～35 岁	36～45 岁	46～55 岁	55 岁以上
餐厅/饭店	59.0	57.1	51.2	36.5	36.5
综合超市/商场	78.2	79.6	72.4	64.8	62.5
便利店	57.1	56.7	44.8	39.1	30.2
酒类专卖店	71.0	74.9	74.6	73.9	61.5
酒吧/KTV 等娱乐场所	49.5	49.8	40.9	30.3	21.9
综合电商个体店铺	73.2	70.4	55.2	41.0	35.4

渠道	18～25 岁	26～35 岁	36～45 岁	46～55 岁	55 岁以上
综合电商品牌旗舰店	74.1	71.7	59.1	41.4	32.3
O2O 电商	51.0	50.0	43.3	31.3	25.0
酒类专卖网	54.6	57.0	54.4	47.6	34.4
企业自营网站	53.2	55.0	54.2	50.8	38.5
社交分享平台	58.2	56.1	50.7	39.7	33.3
短视频与直播平台	56.3	56.9	53.9	45.6	33.3

2）不同受教育水平消费者购买葡萄酒渠道偏好

不同受教育水平的消费者购买葡萄酒的渠道偏好表现出一定的差异性（表 4-6）。学历越高的消费者购买葡萄酒的渠道越倾向于选择综合超市/商场、酒类专卖店、综合电商品牌旗舰店、综合电商个体店铺；消费者群体的学历越低，对酒类专卖店、综合超市/商场、短视频与直播平台等渠道的接受度越高。

表 4-6　不同受教育消费者购买葡萄酒渠道偏好占比差异(%)

渠道	初中及以下	高中/中专	本科/大专	研究生及以上
餐厅/饭店	43.4	52.8	57.0	51.2
综合超市/商场	57.8	77.8	75.8	77.2
便利店	39.8	51.4	54.7	50.6
酒类专卖店	62.7	75.4	75.7	67.1
酒吧/KTV 等娱乐场所	36.1	48.2	47.6	41.9
综合电商个体店铺	49.4	60.2	67.7	64.6
综合电商品牌旗舰店	41.0	57.7	67.5	70.2
O2O 电商	33.7	50.0	48.9	43.4
酒类专卖网	53.0	59.5	54.9	50.4
企业自营网站	54.2	59.2	54.7	48.4
社交分享平台	49.4	56.7	56.2	49.4
短视频与直播平台	54.2	62.7	56.0	48.8

3）不同性别的消费者购买葡萄酒渠道偏好差异

不同性别的消费者对葡萄酒购买渠道偏好表现出一定的差异（表 4-7）。相对于女性来说，男性消费者对葡萄酒网购渠道的偏好除综合电商个体店铺外均高于女性，表明男性消费者相比女性消费者更倾向于网购葡萄酒；而女性消费者对于传统线下葡萄酒购买渠道(如综合超市/商场与酒类专卖店)的倾向度高于男性。

表 4-7　不同性别消费者购买葡萄酒的渠道偏好占比差异(%)

渠道	男	女	渠道	男	女
餐厅/饭店	57.2	52.1	综合电商品牌旗舰店	67.5	66.1
综合超市/商场	74.8	76.8	O2O 电商	48.4	45.5
便利店	55.1	50.6	酒类专卖网	55.4	52.6
酒类专卖店	72.5	72.6	企业自营网站	53.6	52.7
酒吧/KTV 等娱乐场所	48.0	43.6	社交分享平台	54.2	53.6
综合电商个体店铺	64.7	66.1	短视频与直播平台	55.7	53.2

4）消费者对葡萄酒了解度与渠道选择偏好差异

消费者渠道选择与他对葡萄酒的了解程度表现出一定的相关性(表 4-8)。对葡萄酒较为了解的消费者相比不了解的消费者更倾向于选择比较小众但又专业性的渠道，如酒类专卖网和企业自营网站；而葡萄酒相关知识储备较少的消费者，相比之下更倾向于选择大众接受度高的渠道，如综合超市/商场、综合电商平台。

表 4-8　消费者对葡萄酒了解度与渠道偏好占比差异(%)

渠道	很不了解	不了解	一般	了解	很了解
餐厅/饭店	53.6	52.4	48.7	68.9	79.2
综合超市/商场	75.3	77.9	74.4	76.8	80.9
便利店	52.0	52.2	46.8	65.4	76.4
酒类专卖店	59.7	67.1	72.0	89.6	88.2
酒吧/KTV 等娱乐场所	41.8	41.4	39.8	64.9	74.2
综合电商个体店铺	70.4	64.4	60.1	75.7	80.9
综合电商品牌旗舰店	59.9	66.8	64.1	78.2	78.7
O2O 电商	42.1	43.5	42.2	62.9	72.5
酒类专卖网	44.9	46.6	51.4	71.7	80.3
企业自营网站	44.1	43.8	51.1	72.2	80.3
社交分享平台	55.6	51.4	47.6	69.8	77.0
短视频与直播平台	51.5	50.7	49.3	70.0	80.3

综上所述，目前消费者接受度最高的渠道仍然是综合超市/商场与酒类专卖店这类传统葡萄酒销售渠道，消费者对电商平台尤其是规模庞大的综合电商平台的偏好度提升显著。年轻的男性消费者更倾向于网购葡萄酒；小众但具备专业性的渠道的客户群体更多的是具有一定葡萄酒知识水平的消费者，不太了解葡萄酒的消费群体则更加倾向于常用渠道；消费者对葡萄酒的消费已经从追求低价转变为追求更高质量、更便捷的服务。

4.3.3　贺兰山东麓葡萄酒营销体系建设现状与存在问题

1. 贺兰山东麓葡萄酒营销体系建设现状

1）利用线下多种营销渠道进行市场推广

宁夏产葡萄酒已出口德国、法国、比利时等 20 多个国家和地区。例如，张裕摩塞尔十五世酒庄旗下的龙谕 M12 葡萄酒进驻澳门三家顶级奢华酒店，而此前，张裕摩塞尔已先后出口 44 个国家，入驻多个国际知名高端购物场所和免税渠道，以及米其林等世界知名餐厅，如英国皇家酒商 BBR、伦敦塞尔福里奇百货大楼、柏林卡迪威百货大楼、维京游轮。针对出口市场表现，留世酒庄与贺兰晴雪都表示澳门的销售情况最好，很容易被国外友人接受；贺兰晴雪酒庄主要销往北上广深等一线城市和以宁夏为中心的周边城市。此外，其他线下渠道还包括酒店、餐厅等，如迦南美地的定位是五星级酒店和大型餐厅，美贺酒庄的直营内销模式，西鸽酒庄的"4S 酒庄专卖店"渠道。

借助大产区优势，依托宁夏贺兰山东麓葡萄产业园开展多样化主题的品牌论坛和推介活动。在北京、上海、广州、深圳、西安等 20 多个重点消费城市举办国内外有影响力的葡萄酒展销会、品鉴会。例如，在国内大城市的星级酒店、民宿、宾馆等高端住宿服务场所投放宁夏葡萄酒产品；在全国主要消费城市布局 23 家宁夏贺兰山东麓葡萄酒专营店。

2）借助线上营销渠道，提升大众对宁夏葡萄酒产区的关注度和认可度

目前，宁夏产区部分葡萄酒品牌的产品通过天猫商城这一销售渠道进行售卖，受到了广大消费者的喜爱。类人首酒庄、西夏王酒庄、西鸽酒庄、美贺酒庄、迦南美地酒庄等宁夏本地酒庄均在天猫商城具有自家的官方旗舰店，其口碑与服务均达到 4.9 分，与同行业店铺相比在产品质量、服务、物流等方面评分更高。类人首与京东、天猫等国内大型电商平台合作是成功运营的典型案例，类人首凭借贺兰山东麓的产区优势，以及优质的品质和自身品牌优势，赢得了市场和广大消费者的高度认可。

此外，类人首在北京、西安、兰州、深圳、成都等地设立了线下销售点，通

过传统线下渠道进行品牌推广，在地区内树立了良好的品牌形象；与天猫进行合作，保证了与大众消费者的信息和销售渠道畅通，同时积累了大量优质会员。

在类人首酒庄线上销售取得成功的先例带动下，2021 年 8 月，宁夏 17 家酒庄联合以葡萄酒产区的名义在天猫商城开设"宁夏葡萄酒产区官方旗舰店"，该旗舰店拥有宁夏多家酒庄的品牌代理权，如各大酒庄的贺兰红品牌酒（西鸽酒庄、兰一酒庄、西夏王酒庄）、蒲尚酒庄贺兰红品牌下'马瑟兰'系列干红葡萄酒、迦南美地酒庄贺兰红品牌下'雷司令'干白系列葡萄酒等，17 家酒庄正式跨入 BtoC 形式的线上营销渠道，不仅为宁夏的葡萄酒庄提供了销售葡萄酒的机会，还为天猫平台引入大批宁夏酒庄产品的爱好者，引燃大众对宁夏产区葡萄酒的关注。

除在目前较为成熟的天猫、京东、淘宝平台加盟或设立官方旗舰店外，自立综合门户网站进行产区品牌的销售也是重要营销渠道，如"9 号颜酒所"小程序致力于搭建数字化平台，整合产供销体系，将整个产区通过新零售、直播带货、内容营销等新兴的渠道进行推广，提升产区综合影响力。贺兰晴雪酒庄的首次线上销售直播活动在淘宝平台上开展，观看量超 46 万人次，直播中所有推荐酒款全部售罄，直播产品平均 872 元/单，观看量打破合作平台行业的纪录。

3）多形式混合型营销渠道

混合营销渠道建设融合了线下营销渠道与线上营销渠道，增强了消费者对产品的感知力与消费体验的代入感，也是将消费者转化为线上购买者进行二次营销的重要渠道。线上营销消费者与企业商家之间的互动更便捷，也更精准。

西夏王葡萄酒业（集团）有限公司在线下建设玉泉、国宾、暖泉三大酒庄，开设了葡萄酒文旅营销渠道，积极参加与开展各类型、各主题葡萄酒推介品鉴会与博览会，设立体验中心，展示优质产品，提升西夏王葡萄酒的品牌知名度和市场影响力，设置线下加盟支持政策，线上在淘宝、京东设立专属品牌旗舰店吸引消费者。

青铜峡的银票酒庄历时 11 年令"银票"单品运作成国内葡萄酒界的网红爆款单品，在天猫、京东等电商平台已广泛推广，实现了京东全国 7 大云仓的入仓销售，酒庄全国自建 5 仓，消费者在线下单购买，国内大部分城市能够实现 24 小时内送货上门服务。银票酒庄建立的线下传统渠道合作商累计近 600 位，遍布全国一线至三线城市。

西鸽酒庄提出"酒庄 4S 店+传统渠道"双轮联动模式，4S 店概念主要针对专卖店渠道，不仅将其作为一种销售场地，还起到了品牌展示推广、多维服务、商客双向沟通的作用；同时，利用上游品牌优势与资源优势，发展新生代消费者。2020 年，酒庄核心合作伙伴将得到首次公开募股（initial public offering，IPO）的优先认购权，这也为西鸽酒庄的营销渠道扩展战略增添巨大"杀伤力"。

4）以"葡萄酒+旅游"联动的营销模式

宁夏的葡萄酒产业经过多年发展，已成为国内最大的酒庄集中连片产区。各酒庄积极建设个性化、差异化葡萄酒文旅项目，以满足不同类型的消费者前往宁夏产区学习、考察或旅游。

志辉源石酒庄致力于打造精品小酒庄路线，位于"贺兰山东麓葡萄酒原产地域产品保护"的核心区域，是国家文化产业的重要示范基地。该酒庄将返璞归真、虚静恬淡的中国园林风与葡萄酒巧妙融合，为游客营造富含中国特色底蕴的园林风格饮酒场景，同时休闲娱乐景区功能丰富多样，打造综合运动场地、各类风格民宿，将星空、日出、日落与美食美酒融合，适合不同游客群体。在营销方面，酒庄通过活动策划、宣传等，使粉丝直观看到庄园的动态信息，并通过主题分享，帮助消费者了解葡萄酒文化。

西鸽酒庄是目前贺兰山东麓产区精品葡萄酒生产规模最大，最具特色的顶级酒庄，融合了宁夏特色，整个酒庄内部，中西风格设计、智能与科技无处不在。在这里游客可欣赏优美的风景，参观成熟先进的葡萄酒酿造加工车间，品尝优质味美的葡萄美酒。

张裕摩塞尔十五世酒庄是张裕在贺兰山东麓建设的一家中西合璧的景区级酒庄，结合了拜占庭式西式风格，从外观上极具观赏性，十分吸引游客。酒庄融合了葡萄种植、酿酒制造、文化旅游以及葡萄酒主题餐饮等。除针对商务人士开设的特色服务设施外，酒庄还针对青少年游客设置趣味活动，科普葡萄酒知识，适合家长带着孩子一起休闲娱乐，领略葡萄酒悠久的文化历史，感受葡萄酒的时尚气息，酒庄年接待游客 50 余万人次。

宁夏葡萄酒旅游具有产区区域性特色自然风光、回族文化以及优质葡萄酒网络热度十分高涨的优势，但若想吸引更多消费者，并保持在消费者心中的好感度，还需要通过特色活动、特色服务让游客在体验中被吸引，依托"黄河文化"、"大漠星空"以及"酒庄休闲"等资源优势，深入挖掘优势资源与特色产业间的联系，从内容上吸引游客，从体验中给游客留下好的深刻印象。

2. 宁夏贺兰山东麓葡萄酒营销体系存在的问题

1）营销渠道线下为主，与消费者的互动以及线上营销动力不足

目前，宁夏贺兰山东麓产区葡萄酒企业是通过线下与线上结合的方式进行葡萄酒营销，线下营销为主，线上营销为辅。线下营销包括品鉴会、推荐会、展销会、经销商大会等；在全国展销中心设立专柜，在北京、上海、重庆、深圳等大城市设立专营店，组织区内葡萄酒企业赴各省市区开展产销对接活动；另外，还开发葡萄酒旅游文化路线、成立葡萄酒体验中心等，政府的支持与酒企的积极参与为宁夏贺兰山产区葡萄酒的营销打下坚实基础。

产区内各酒企多借助京东、天猫、也买酒、葡萄酒信息网等线上平台进行销售。但大部分葡萄酒企业的营销互联网化仅停留在简单地进行网上销售，与消费者的互动与联系不足；网络运营和营销能力不足。在消费者常用的购物平台京东、淘宝、天猫、也买酒检索"葡萄酒"关键字，发现只有在京东检索品牌的自动推荐中出现贺兰山品牌，在默认推荐首页，贺兰山产区葡萄酒仅出现 2～3 次，而张裕、长城以及其他国外品牌均出现 20 次左右。这也体现出贺兰山产区知名度高，但葡萄酒品牌知名度较低的问题。由于产区品牌葡萄酒销量较低，因此评价数量也少。可见，贺兰山产区葡萄酒企业线上营销投入与运营管理能力仍有待提高。

2）产区葡萄酒品牌众多，缺少有影响力的品牌带动产区产品营销

宁夏贺兰山东麓葡萄酒产区以"小酒庄，大产区"的形式开展葡萄酒的市场推广，目标定位在具有中国宁夏特色、国际化、高端化、品牌化的酒庄酒发展之路。产区葡萄酒的企业品牌多，但缺少真正有实力带动产区其他品牌提高市场影响力的品牌。龙头企业凭借自身多年的名气与地位为产区的价值与品牌影响带来一定作用，但缺乏与中小企业的实质合作，无法联合带动周边乃至产区开展市场推广。目前，产区内大多数酒庄专注于自家品牌的独立宣传和推广营销，对产区品牌的打造缺乏积极性和主动性，导致联合开展市场营销动力不足。

3）真正懂葡萄酒文化的消费者比例低，酒庄酒的市场推广难度大

世界葡萄酒的主要生产国和消费国历经几百年的沉淀，形成了独特的葡萄酒文化。但在中国，葡萄酒消费者对于葡萄酒的知识与鉴赏能力整体不高，对葡萄酒的认知达到"认酒庄"的水平还有相当的差距。酒庄多、产品不聚焦导致消费者对众多产品品牌认知模糊，识别难度大，消费者更愿意购买有效识别度高的葡萄酒品牌。这使得以"小酒庄"为主的贺兰山东麓产区市场推广面临更多挑战。

4.3.4 完善和优化贺兰山东麓葡萄酒营销体系建议

1. 现有营销渠道的优化

1）做好目标客户的细分，对现有的产区葡萄酒线下营销渠道进行优化

当前，消费者接受度最高的仍然是传统销售渠道的综合超市/商场和酒类专卖店，线下葡萄酒产品推广要考虑不同消费人群对产品和服务的差异。在品鉴会、推荐会、葡萄酒展销会、各城市专卖店打造放松状态的应用场景布局，吸引新生代年轻消费者。

继续保持品鉴会、推荐会、展销会的定期举办；增加低成本的贺兰山东麓葡萄酒的线下专卖店与文化体验店的开发，用于产区联合酒庄品牌的推广和宁夏文

化传播，使消费者更能感受宁夏文化的风土人情。

针对产区葡萄酒高端客户建立酒庄 VIP 俱乐部专供会员平时闲暇时光的娱乐，提供一个既可以品酒又可以交流的线下场所。与高尔夫球场、保龄球场、马场等高端娱乐场所和高档餐厅进行合作，与这些场所合作有利于酒庄品牌在高端人士中的推广，而且还能带来丰厚的利润。

2）对线上渠道进行完善和扩充，加大在搜索引擎中的投入

保留现有的线上交易量高的传统线上门店，进行定期维护并且及时更新产品类型与门户风格，与消费者形成互动。减少交易量少的门户投资，节省的成本投入到新兴网络渠道。随着短视频软件、直播软件、文字媒体类软件的不断发展，越来越多的消费者已经将消费习惯从计算机转移到手机上，建议宁夏贺兰山东麓产区酒庄利用好抖音、快手、小红书等新时代软件工具进行商品销售，还要加大微信小程序商城的建设投入，争取更多的葡萄酒消费客户。

如果企业想要让消费者在网上购买他的商品，一个很好的方式就是让消费者能够在网络上搜索到企业的产品，商品搜索结果越靠前，就越有可能被消费者看到，消费者对于该产品的信任感也会越高，因此产区要加大在搜索引擎中的投入。

3）适度聚焦葡萄酒主流价格带，借助大众接受度高的营销渠道，扩大产区葡萄酒消费的群体

针对推广型葡萄酒产品，亲民价才是扎实可靠的行走路线。这类葡萄酒产品借用接受度比较高的综合超市/商场、酒类专卖店和综合电商等推广渠道，使其进入更多寻常百姓家。借助电商平台，推出的葡萄酒产品价格能够被大众消费者普遍接受，才能拥有消费群体基础，再随着群体基础的扩展与成熟、对产区葡萄酒产品的体验与认可，部分消费者进入中、高端葡萄酒产品消费阵营。同时，产品的价格和其本身的价值要有和谐的对应关系，这需要对产品定位有正确的认识，提高性价比。

另外，对于新时代年轻消费者，要投其所好，重视体验、偏好新奇独特、偏好个性化、能接受的价格范围较广是年轻消费者的特性，因此，在这类产品价格制定时，要注意细分价格区间。

4）丰富线上营销渠道，依靠电商降低营销成本

对葡萄酒的商家而言，电商是绕不过的赛道，也是弯道超车的机会之一，电商在葡萄酒行业的渗透率相对较低，有数据报道仅为 10% 左右。随着电商及快手、微商、美团等电商平台的建立，线上线下融合销售模式将成为葡萄酒销售的新型推广渠道。产区应理清产区品牌所处的位置，建立线下线上互相呼应的售卖渠道。通常酒类与餐饮类、便利店类存在互利共生的利益关系，而如何经营好这种关系尤为重要。通过优质广告营销挖掘出与消费者的情感共鸣点，先吸引一小群人，

再逐渐扩大消费群体，巩固自己的市场，才是品牌建立品牌力和品牌效应的关键。

5）发挥产区龙头企业的带动作用，实现产区酒庄协作共赢

以宁夏产区的西夏王、贺东酒庄、贺兰晴雪等龙头企业为主，与中小型企业进行合作，在推广技巧、品牌建设方面进行指导，必要时共享产业资源，充分发挥产业集群集聚效应。通过制定相关制度合约，明确各企业之间的责任与权利，以平等互利、长期合作为原则，利用现代化、数字化、科学化的管理与技术进行品牌建设，资源共享，使各个企业之间既有合作又不失良性竞争，形成企业之间互利互惠、共同发展的良好模式。

2. 营销渠道的拓展与完善

1）以产区葡萄酒文化为载体，借助新媒体渠道为大众消费创造体验需求

结合贺兰山东麓产区的葡萄酒生产历史文化与国家地理标志产品保护示范区的质量保证，从内容出发，通过网络营销，靠内容吸引消费者，创造消费者消费的需求。建立专业团队专职推广产区品牌产品，在微信公众号、抖音、微博、知乎、小红书、B 站等软件创建企业专属账号，定期推送高质量、高品质文章或视频等，与粉丝多、流量大的网红、博主等合作，打造有特色、有设计感、有内涵、符合年轻人喜好的内容，达到品牌产品推广宣传的作用。在社交网络上利用账号与消费者互动，拉近与顾客的亲密度，了解顾客的需求，优化葡萄酒产品与服务。

2）重视与消费者互动项目，以消费者体验为基础开发合作产品

现在特别是年轻的消费者希望品牌不是高高在上的、冷冰冰的，而是可以和自己互动起来，可以玩在一起。产区酒业可借助网络通过投稿、留言的方式，获取消费者的意见和建议，开发消费者定制酒款，也可借鉴类似江小白、绿箭口香糖等品牌在产品包装上印刷网友的投稿，将网友的留言或图画印在葡萄酒瓶身，拉近与消费者之间的距离，提高消费者与企业之间的互动性。

通过打造被消费者认可的形象，并与之结合开发联名产品。联名已成为各行各业吸引消费者的一种重要手段。例如，泸州老窖与当下在国民生活中最火的电视剧或电影进行联名增加销量。传统品牌或奢侈品牌质量有保证，若想抓住年轻、高消费、喜欢炫酷的潜力客户，联名是一个很好的方法。

3）创新营销体验式模式，构建线上线下渠道深度融合的葡萄酒营销模式

线上线下相融合的销售渠道是葡萄酒企业未来的新型销售渠道模式，可以增强消费者的购买体验。贺兰山东麓以"小酒庄"为主题的企业形态，在面对外部因素及市场压力时，葡萄酒企业必须降低营销成本，提高营销效率。产区企业应联合创新营销方式，建立区域品牌葡萄酒线下体验店或体验柜，重在展

示产区葡萄酒产品和实现消费者在线下免费品尝、少量购买或者小杯购买消费体验，体验之后购买自己喜欢的葡萄酒，更主要的目标是实现产区线上更快速的销售。

4）优化营销投入结构，借助营销组合手段增加消费者黏性

加大促销费用在营销费用中的占比，改变以往将大比例市场推广费用投放给经销商和终端的模式，应优化营销投入结构，降低营销成本。提高直接投入到消费者的资金比例（如销售终端扫酒箱内码、消费者扫酒瓶盖码），适当增加产品扫码送红包的奖品类型［如会员积分、葡萄酒赠饮小样、酒文化创新产品赠送（酒糟面膜、企业特色抱枕等）、深度体验旅游等奖品］，促进产品动销，增加消费者黏性，特别是吸引年轻的消费群体。

5）利用知名品牌进行营销，提升消费者对产区葡萄酒品牌的信任感

对于消费者不熟悉的品牌来说，有时利用知名品牌进行推荐能够提升消费者心中的信任感，让优秀的品牌推荐一些尚未建立良好美誉的品牌会收到意想不到的效果。宁夏贺兰山东麓产区的酒庄可以与葡萄酒行业、白酒行业、啤酒行业的领先企业合作，或聘请成功人士、有影响力的人士做品牌代言人，获取消费者的信任，拉近企业与消费者的距离。

4.4　宁夏贺兰山东麓葡萄酒市场拓展措施与对策建议

根据宁夏贺兰山东麓葡萄酒产业发展所处的外部环境和自身特点，全面深入分析宁夏贺兰山东麓葡萄酒产业发展和市场拓展所具有的内在优势、劣势及外部机遇和威胁因素，提出宁夏贺兰山东麓葡萄酒市场拓展的总体战略与方案对策。

4.4.1　宁夏贺兰山东麓葡萄酒市场拓展的 SWOT 分析

1. 优势分析

1）地处世界葡萄种植"黄金地带"，具备成为优质酿酒葡萄种植区的自然条件

贺兰山东麓属于中温带干旱气候区，干燥少雨，光照充足，昼夜温差大，属于典型的大陆性气候，其优越的地理、气候、光照、土壤等条件，适合种植酿制高品质葡萄酒的优质葡萄，地处世界葡萄种植的"黄金地带"，宁夏产区已被收录在《世界葡萄酒地图》中，可见优质酿酒葡萄产区的地位已得到葡萄酒业界的广泛认可。

2）具有悠久的葡萄酒生产历史和浓厚的文化底蕴

贺兰山东麓葡萄种植历史悠久，隋唐之时，"贺兰山下果园成，塞北江南旧有名"脍炙人口的名句是对当时宁夏河套平原风光的真实写照，而诗人贯休"赤落蒲桃叶，香微甘草花"的著名诗句，则是对唐代宁夏地区已经大量栽培葡萄的佐证。西夏种植的葡萄，因品质犹佳，使者在出使宋朝时，"兼赍葡萄遗州郡"作为赠送路过州郡员的礼品。元代诗人马祖常在《灵州》一诗中，写下了"蒲萄怜酒美，首蓿趁田居"的著名诗句，证明当时宁夏河套平原葡萄酿酒已得到发展。改革开放以来，宁夏将种植重点转向酿酒葡萄。

3）贺兰山东麓葡萄酒在国内外具有较高的知名度和美誉度

宁夏葡萄酒产业经过 30 多年的发展，葡萄酒品质得到很大提升，形成了一些个性鲜明的葡萄酒产品和品牌，得到中外专业人士的高度认可。宁夏葡萄酒在国际各类重要赛事上累计获得 1000 多项大奖，已经成为宁夏独具特色的"紫色名片"。2011 年底，法国《葡萄酒汇编》杂志举办中法葡萄酒盲品比赛，前四名被宁夏贺兰山东麓产区包揽；2013 年，宁夏贺兰山东麓被编入《世界葡萄酒地图》。

4）产区入选国家地理标志产品保护示范区和中欧地理标志首批保护清单

2002 年，宁夏贺兰山东麓被确定为国家地理标志产品保护示范区；2008 年，《国务院关于进一步促进宁夏经济社会发展的若干意见》将酿酒葡萄产业作为促进宁夏地区农业稳定发展的特色优势产业之一；2013 年 2 月 1 日，《宁夏回族自治区贺兰山东麓葡萄酒产区保护条例》施行，这是中国第一个以地方立法的形式对产区进行保护；2017 年，贺兰山东麓葡萄酒位于中国地理标志产品区域品牌榜第 14 位；2020 年 7 月 20 日，贺兰山东麓葡萄酒入选中欧地理标志首批保护清单。

5）政府高度重视葡萄酒产业发展，给予持续的政策支持

宁夏是中国省一级政府中唯一设立专门的葡萄酒行业管理部门的省份。银川市委、市政府高度重视葡萄酒产业的发展，成立了市级产业主管部门"银川市葡萄酒产业发展服务中心"，负责全市葡萄酒产业发展的规划、管理和服务工作，并且将葡萄酒产业列入全市"十大产业"，先后制定了《银川市发展贺兰山东麓葡萄酒庄产业实施意见》《银川市贺兰山东麓葡萄酒庄建设项目核准实施办法》《银川市加快推进葡萄产业集群化发展实施意见》等产业政策，从产业规划、项目管理、扶持政策等方面全力推进银川市葡萄酒产业健康、持续、高质量发展。

2. 劣势分析

宁夏葡萄酒企业主要包括三种类型，分别是以御马、西夏王为代表的酒厂酒企业，以加贝兰、银色高地、巴格斯为代表的酒庄酒企业，以及以张裕为代表的知名大品牌区域外葡萄酒企业。调研各企业目前的生产和营销情况，发现贺兰山

东麓产区葡萄酒产业存在以下几方面的问题。

1）生产成本高，市场竞争力不强

贺兰山东麓酿酒葡萄种植的规模化、机械化程度低等因素，导致葡萄酒的生产成本高。产区葡萄栽培在冬季必须埋土防寒、春季出土上架，导致劳动力成本升高。据估计，埋土和出土费用是贺兰山东麓葡萄栽培中的主要成本支出，占葡萄园全年总支出的40%～50%。另外，"小酒庄，大产业"的产业发展模式体现其生产企业多，规模小，与国内大的葡萄酒企业相比成本高，产品性价比不高，市场竞争力不强。

2）产品种类单一，产品结构不合理

贺兰山东麓产品结构不合理表现为酿酒葡萄品种较为单一，红色品种以'赤霞珠''梅鹿辄''蛇龙珠'为主，白色品种以'霞多丽''雷司令''贵人香'为主，各企业生产的葡萄酒存在严重的同质化现象，缺乏企业自身特色与个性；在葡萄酒酒款方面，多数酒企成立时间短、规模小，导致葡萄酒的酒款单一。酒企大都生产干红葡萄酒，而对干白、桃红、半干、甜型葡萄酒的重视度不够，难以满足消费者多样化的市场需求。

消费者对葡萄酒的包装与容量的需求也呈现多样化的趋势，实际调研结果显示，市场上 375 mL 以下容量的葡萄酒还不能满足消费者需求，最常购买容量与偏好购买容量存在一定差距，市场上供应的 750 mL 的大瓶是主流，而小包装葡萄酒受到相当多消费者的欢迎。

另外，年轻人对酒水饮料类产品的消费更趋向多元化与时尚化，低度酒产品更受欢迎。大多低度酒产品定价符合年轻人的收入水平，而贺兰山东麓产区在以上方面还有待改进。

3）葡萄酒价格偏高，性价比高的产品偏少

贺兰山东麓葡萄酒价格定位未聚焦主流价格带，对于大多数消费者，特别是不懂酒的、年轻的消费者缺乏吸引力。产区主打酒庄酒，因此产区内葡萄酒定价整体偏高。以 750mL/瓶的容量来看，单瓶价格在 100 元以下的酒款很少，一些品质好的葡萄酒价位更高，一般为 200～300 元，甚至高达 1000 余元。这样的价位只聚焦了中高端消费者，但这类消费者比例不高，忽略了占市场主体的中端和低端的大众消费者。

3. 机遇分析

1）宁夏国家葡萄及葡萄酒产业开放发展综合试验区建设总体方案发布，为贺兰山东麓葡萄酒产业提供了难得的发展机遇

经国务院批准，2021 年 5 月 25 日，农业农村部、工业和信息化部、宁夏回

族自治区人民政府共同印发了《宁夏国家葡萄及葡萄酒产业开放发展综合试验区建设总体方案》。宁夏国家葡萄及葡萄酒产业开放发展综合试验区(以下简称综试区)立足宁夏贺兰山东麓全域,突出生态价值、重视酒旅文化、强化品牌贸易,探索三产融合新技术、新模式、新业态、新平台、新工程、新政策,努力打造引领宁夏乃至中国葡萄及葡萄酒产业对外开放、融合发展的平台和载体。综试区的建设为贺兰山葡萄酒产业高质量发展、现代化发展提供了重大机遇和很好平台,为提高产区在国内外市场知名度以及葡萄酒市场推广提供了重要支撑,宁夏应抓住这个千载难逢的机会促进葡萄、葡萄酒产业转型升级、提质增效、做大做强。

2)国家乡村振兴战略的实施,有利于宁夏发展体验式葡萄酒营销

宁夏自古就有"塞上江南"的美誉,银川市恰是这个美誉的核心,旅游资源丰富而独特,风光美丽而神奇,既有边塞风光的雄浑,又有江南景色的秀丽,使宁夏形成了具有浓郁地方特色的旅游文化圣地。银川市已经形成了以沙湖、苏峪口、滚钟口为重点的自然风光旅游热线和以西夏王陵、镇北堡西部影视城、贺兰山岩画等历史人文景观为主的旅游观光黄金线,贺兰山东麓葡萄酒产区正处在这条黄金旅游线上,它的建设将葡萄酒产业、商务金融、生态旅游、休闲娱乐和文化产业等完美地结合起来,它也是实现葡萄酒市场推广的良好平台。

3)网络与电商发展,营销模式多样化,为葡萄酒市场推广提供更多渠道

电子商务已经成为商品营销和销售不可或缺的渠道。社交媒体与供应链模式创新,为新品牌"出圈"创造了更多可能。在社交媒体时代,短视频以内容短小精悍、集聚流量等特点成为营销模式的新兴领域与重要战场。近几年直播带货也十分火爆,不仅有专业的主播卖货,还有众多一线明星加入到这个行业,另外KOL(关键意见领袖)或者 KOC(关键意见消费者)的一次直播或者一篇软文也能带来大额的销量。如贝瑞甜心、梅见、十七光年等新锐低度酒品牌,通过微博、抖音、小红书等社交平台种草用户,在抖音和淘宝直播平台发力,通过头部主播带货、影视剧植入、跨界联名等拓宽用户圈层。

如今葡萄酒产业的发展趋势呈年轻化,年轻人正在逐渐成为葡萄酒消费的主力军,这就意味着线上将成为葡萄酒销售的重要渠道。迎合年轻人的消费需求,更新社交场景,善用互联网营销,新兴品牌更容易找到产品成功营销的方式。

4)葡萄酒消费呈年轻化趋势,市场增长仍具潜力

与其他成熟市场相比,中国葡萄酒消费者相对年轻很多。第一财经商业数据中心的研究报告显示,2020 年,90 后的年轻人(主要是 90 后及 95 后)在葡萄酒方面的人均支出增速是所有年龄段中最高的,并且在葡萄酒新增用户数中占据最高比例。据国内主要葡萄酒会展的组织者 TOEwine 的统计,在他们的展会观众中,高达 77%的观众在 39 岁以下,年轻化趋势非常明显。因此,随着这些年轻人消费

力及影响力的增强，他们定会成为未来葡萄酒市场消费的主力军。

另外，年轻消费者需求更趋向酒水品类的多元化与时尚化，低度酒品牌深谙于此；从价格来看，大多低度酒产品定价也符合年轻人的收入水平。年轻消费者的崛起，为低度酒市场拉开一个缺口，葡萄酒作为低酒精度饮品，通过产品结构调整与创新，仍有较大市场增长潜力。

4. 威胁分析

1）进口酒对国内市场冲击明显，中国葡萄酒企业面临更激烈的市场竞争

我国是世界各主要葡萄酒生产国重要的出口市场，中国被视为葡萄酒行业具有潜力的消费市场，是国内外葡萄酒企业激烈竞争的"战场"。2010 年以来，我国与多个葡萄酒生产国家和地区签署了自由贸易协定，新西兰、智利、澳大利亚等国的葡萄酒出口我国已实现零关税，大量的进口葡萄酒抢占了国内市场份额。此外，法国、西班牙、智利、新西兰、澳大利亚等国家均把葡萄酒作为农产品，给予多种葡萄种植补贴和葡萄酒出口补贴政策，而我国将葡萄酒生产界定为工业产品，过高的税率导致国产葡萄酒毫无价格优势，市场竞争力大大降低。另外，很多国家在葡萄园重建、出口贴补、市场推广等方面的扶持力度也比较大。在基本没有任何进入壁垒的背景下，进口葡萄酒企业凭借成本优势和强大的分销能力及品牌优势，对国产葡萄酒形成了很大的竞争压力，对尚处于发展初期的中国葡萄酒产业构成了严峻的挑战。

2）众多知名饮料品牌跨界、混搭经营，争夺年轻消费群体，葡萄酒行业面临多重市场竞争压力

年轻消费者逐渐成为酒水市场的消费主力军，相较于烈酒豪饮，年轻人更偏好低度酒小酌怡情。网易 2021 年发布的《当代年轻人轻饮酒调查报告》显示，轻饮酒是当代年轻人钟爱的饮酒状态，占比超过 8 成。天猫新品创新中心《2020 果酒创新趋势报告》显示，截至 2020 年 11 月，梅酒品类销量增幅为 90%，预调鸡尾酒与果酒品类的增幅为 50%，拉动这些大果酒品类增长的主要动力是其背后近70% 的购买人数的增长。此外，2020 年果酒和预调酒是天猫增长最快的酒品类。

年轻人的消费偏好已被各方敏锐捕捉，成为众多饮料企业争夺的对象。茅台2017 年推出低度鸡尾酒"悠蜜"，2019 年又推出了"悠蜜"蓝莓酒；2019 年，推出"青语"、"花间酌"和"拾光"3 款低度果酒；江小白在 2019 年推出了仅 12度的青梅酒品牌"梅见"，2020 年"618"期间推出"果立方"系列，包含白葡萄味、卡曼橘味、混合水果味和蜜桃味 4 种口味；燕京推出的无醇白啤、ON/OFF果啤系列新品，以"轻松、自在、不营业"为口号，提出"满足口感上的自我享受与更加可控的酒精摄入需求"。

　　年轻消费群体没有特定的酒文化，宿醉已不是这代人通过酒精去寻找和追求的体验感，他们更容易接受新的思想和产品，不被前辈的酒文化所束缚，追求的是精神需求和生活品质。而这个群体中，女性消费群体几乎占了一半。女性消费者的"微醺"需求直接带动了以甜型葡萄酒、起泡酒为代表的低度酒的走热。如果葡萄酒企业不顺势而为做出改变，其他饮料产品将"抢走"既有的葡萄酒消费者，并不断吸引走潜在的未来消费者。

　　3）国内葡萄酒文化氛围不浓，给酒庄酒的营销带来更大挑战

　　酒是文化的载体，不同品类的酒蕴含着不同的文化，中国历来崇尚白酒文化。世界葡萄酒主要生产国和消费国历经几百年的沉淀，在风土、种植、酿造、品鉴、配餐、礼仪等方面形成了独特的文化属性。在中国，白酒从古至今，社交属性一直很强，精神消费特征十分明显，白酒是几千年传承下来的，从古至今都有以酒待客，现在的结婚、摆满月酒、聚会、串亲戚，都少不了喝白酒。即使在疫情期间，白酒、啤酒利润整体上涨，葡萄酒利润却整体大幅下滑，葡萄酒全面落后于白酒、啤酒，甚至不及黄酒。

　　在中国，真正懂葡萄酒的消费者比例很低，没有形成浓厚的葡萄酒文化氛围，大众消费者普遍对于葡萄酒文化不了解。因此，消费者通常更愿意购买的是大品牌和高性价比的葡萄酒，而对于品牌众多、价格偏高的酒庄酒来说，消费者很难鉴别是否值得购买，市场推广难度更大。

　　4）新冠疫情导致葡萄酒消费减少，短期内行业利润下降明显，市场信心不足

　　中国消费者对葡萄酒的消费主要以聚会、宴请、自饮为主。受新冠疫情影响，人们的生活习惯改变，聚会场景减少，消费场景减少，导致葡萄酒消费量大幅下降。中国酒业协会数据显示，2019 年全国规模以上葡萄酒企业（年销售收入 2000 万元以上，共 155 家）利润为 10.58 亿元，比上年降低 16.74%。而如果除去张裕 11.30 亿元净利润，中国多数规模以上葡萄酒企业实际陷入亏损；2020 年 1～11 月数据显示，全国 155 家规模以上葡萄酒企业利润总额为 2.59 亿元，同比下降 74.48%，如果除去张裕前三季度利润总额 4.04 亿元，意味着其他 154 家葡萄酒企业已呈现出整体性亏损。葡萄酒行业逐渐向少数几个行业龙头企业聚拢的态势短期内难以改变，这对产区发展定位为"小酒庄，大产区"的贺兰山东麓提出的挑战更大。

4.4.2　基于 SWOT 组合战略的宁夏贺兰山东麓葡萄酒市场拓展建议

　　按照产业竞争力培育的战略内涵，战略应是一个企业"能够做的"（即组织的强项和弱项）和"可能做的"（即环境的机遇和威胁）之间的有机组合。SWOT 矩阵是制定发展战略的重要匹配工具，优势-机遇（SO）战略：依靠内部优势去抓住外

部机会的战略；劣势-机遇（WO）战略：强调利用外部机会克服内部劣势的战略；优势-威胁（ST）战略：强调依靠内部优势去避免或减轻外部威胁的战略；劣势-威胁（WT）战略：强调克服内部劣势、避免外部威胁的战略。

制定贺兰山东麓葡萄酒产业发展战略的基本思路是：发挥产区的已有优势，克服葡萄酒产业发展的不利因素，充分利用当前葡萄酒产业发展的机遇因素，通过创新调整产业发展思路，逐步化解目前产区葡萄酒市场拓展面临的威胁因素。结合国内外葡萄酒产区和葡萄酒企业市场营销的经验，比较分析葡萄酒各种营销渠道的特征，从产品结构、价格、渠道、品牌建设等方面总结制定贺兰山东麓葡萄酒市场发展战略。

1. SO 战略

SO 战略要求充分发挥贺兰山东麓葡萄酒产品及市场优势，把握葡萄酒市场发展的机遇，使贺兰山东麓在葡萄酒市场得到进一步的拓展。另外，中国葡萄酒消费呈年轻化趋势，国产葡萄酒认可度提升，通过产品创新优化和接地气的营销在竞争中明显更有活力，优质的国产葡萄酒实现弯道超车是有可能的。

1）抓住综合试验区建设机遇，进一步提升产区知名度

借助综试区建设的契机，产区各企业依靠贺兰山得天独厚的环境条件，对原料基地进行标准化建设，提升酿酒葡萄种植技术，规范酿酒葡萄采摘操作，对葡萄种植园区内土、水、肥进行精准化管理，进一步提升酿酒葡萄质量。目前宁夏贺兰山产区大多数酒庄的主打产品为以'赤霞珠''霞多丽''西拉''蛇龙珠'为酿酒葡萄的干红葡萄酒，葡萄酒在国际各类重要赛事上多次获得大奖，可以继续保留贺兰山干红葡萄酒作为高端市场的大单品，加强宣传，进一步提升贺兰山东麓葡萄酒在国内外的知名度和美誉度。

2）根据葡萄酒消费人群细分，有针对性地进行产品设计，保持已有客户、争取年轻消费群体

葡萄酒市场消费者根据结构可分为经典消费者和新生代消费者。经典消费者主要为高收入人群，这类群体主要包括外商、政府官员、企业高层管理人员、教育行业人员、社会工作者等，其生活方式追求品质、品牌；而新生代消费者主要为 80 后、90 后、00 后，同时新生代消费者是目前葡萄酒市场的一大批潜在客户，并且将成为未来葡萄酒市场的消费主力军，他们重体验、偏向个性化、喜欢新奇的事物，他们的需求与偏好既代表了当前这个群体的消费特点，也体现了葡萄酒市场未来的偏好趋势。因此可根据此类消费者特点设计酒款风格，迎合年轻消费者爱好。对于高端产品，将其包装设计成沉稳、大气、质感的风格，符合经典消费者的身份和地位；而对于面向年轻消费者的产品设计，要注重颜值和特色，设

计出能迅速吸引消费者的外观。

3）借助新媒体渠道宣传产区葡萄酒历史文化、营销产品、创造需求

结合贺兰山东麓产区的葡萄酒历史文化与国家地理标志产品保护示范区的质量保证，打造吸引消费者的高品质文章或视频等，当新产品上线时，可在各大平台加大宣传投入，加深消费者印象，在社交网络上利用账号与消费者互动，拉近与消费者的亲密度，了解消费者的需求，优化葡萄酒产品与服务。

4）开发"葡萄酒+旅游+乡村振兴"综合项目，宣传扩大产区影响力

建立富含中国宁夏特色文化的葡萄酒旅游产品与服务，中国旅游者更注重旅游过程中的美食、休闲、购物与体验。葡萄酒旅游以葡萄酒文化为核心，需结合宁夏产区与中国消费者特点赋予葡萄酒旅游新的文化内涵。

在保证其原产区形象的基础上，针对当地特色产业与特色文化赋予新的价值标签。将葡萄酒旅游项目与农业乡村结合，打造"葡萄酒+乡村"旅游文化内涵，让游客深切体会农业技术的变化；在葡萄酒酿造工艺精湛、生产规模较大的酒庄，打造"葡萄酒+工业"旅游文化内涵，让游客从制作流程中体会葡萄酒工艺；依据产区优势突出当地风俗民情、建筑风格，找准自身定位，以特色旅游文化吸引游客。

5）根据贺兰山东麓旅游资源的分布特征，构建特色的葡萄酒旅游发展集聚区

根据贺兰山东麓旅游资源的分布特征，结合区域内城镇、人口的分布情况，在空间上形成不同规模和特色的葡萄酒旅游发展集聚区，总体上形成"大集聚、小分散"的发展格局。以贺兰山自身地理分布为基础，带动贺兰山东麓110国道两旁葡萄酒旅游经济带发展为地标性葡萄酒旅游观光区；以银川市葡萄旅游小镇、旅游酒庄为核心，组合石嘴山山地运动葡萄旅游、青铜峡黄河风情葡萄旅游、红寺堡美丽乡村葡萄旅游发展，中间穿插非葡萄酒特色景区镇北堡西部影城、苏峪口国家森林公园、特色乡村、西夏王陵、水洞沟等，构成葡萄酒特色联动景区由点成线；最后完善各景区餐饮、住宿、娱乐等配套措施，融合当地特色，以及各个小酒庄旅游道路、步行道、停车场、信息化设施等基础设施，综合全面提升银川市贺兰山东麓经济增长，构建地方和谐，组成集美食、美酒、休闲、购物、娱乐、自然风光、民族文化于一体的葡萄酒旅游路线。

2. WO 战略

1）丰富葡萄酒产品种类，优化产品结构，吸引年轻的中高端消费群体

创新和丰富葡萄酒品类及包装设计，开发中高端、次高端主打产品。积极开发研究起泡酒、冰酒、甜型酒、烈性酒、味美思、特色果酒（桑葚酒、红枣酒、杏子酒、功能型酒）、桃红葡萄酒、半干型（微甜）葡萄酒及柔和、单薄、清新风格的

葡萄酒和低酸型葡萄酒等系列产品。80 后、90 后、00 后新生代消费者比较注重自我需求,在产品选择上偏好独特、个性、有趣。他们的另一大特征是喜欢探索,对产品的新口味、定制产品、产品新概念都保持很大的好奇心。因此开发创新型葡萄酒十分符合此类消费人群的特点,以高质量、低度健康、个性和时尚为导向,满足市场多样化的需求。

适当开发差异化产品中的中高端白兰地产品。随着消费水平逐步提高,以及重质量、重品位的消费趋势形成,外表鲜亮、内涵高雅的白兰地越来越成为中高端消费群体的宠儿。近年来,随着张裕、欧华等国内葡萄酒龙头企业的重视与投入,白兰地未来在国内市场还将有巨大的发展潜力与空间。

开发高颜值葡萄酒作为引流产品,吸引年轻消费群体。随着 80 后、90 后消费群体中“宅文化”的兴起,吃喝不仅是满足生理需要,“社交”需求也是重要目的,饭前拍照已经成为很多消费者的用餐习惯。因此,高颜值也逐渐成为产品吸引消费者的一大优势。

2)产品定位适度聚焦葡萄酒主流价格带,提高市场占有率

企业应注意将高端葡萄酒高价位与亲民葡萄酒价位相结合,避免高低价格产品比重偏差过大,将价格与使用场合相匹配。针对推广型葡萄酒产品,平价亲民才是扎实可靠的发展路线。通过生产大众化的葡萄酒产品,并借用网络等各种推广营销手段,使其进入更多寻常百姓家。

3)稳定线下营销渠道,丰富线上营销渠道,依靠电商降低营销成本

产区葡萄酒企业应联合营销,构建线上线下渠道深度融合的葡萄酒营销模式。“线上线下”渠道融合是葡萄酒企业未来的销售渠道模式,即线上线下将实现“同质同价,渠道相融合”的模式,这样会带给消费者优质的消费体验感。当前,贺兰山东麓以“小酒庄”为主题的企业形态面临国外企业和国内龙头企业的双重压力,产区葡萄酒企业应开展合作,提升产区葡萄酒的精细化营销水平,降低营销成本,提高营销效率。

4)政府和行业协会引导企业协作共建区域品牌,提高产区品牌影响力

行业协会和政府组织引导企业协作共建区域品牌并开展市场推广,维护区域特有葡萄酒品牌形象,做好产区葡萄酒品牌市场推广。做大做强企业品牌和产品品牌必须依靠龙头企业、大企业、各级企业的共同努力。因此,贺兰山东麓葡萄酒区域品牌建设需要在政府部门、行业协会引导下,龙头企业等经营主体合作,形成“政府引导+行业协会组织+龙头企业”的“命运共同体”,通过加强政府、行业协会与龙头企业之间的沟通、合作,使其相互联结,做到优势互补、分工协作,以实现产区产品市场推广互利共赢的局面。

发挥产区龙头企业在产区品牌建设中的作用,实现产区酒庄协作发展。以宁

夏产区的宁夏张裕摩塞尔十五世、巴格斯、贺东酒庄、西夏王、贺兰晴雪等龙头企业为主，与中小型企业进行合作，在推广技巧、品牌建设方面进行示范指导，必要时共享产业资源，提高专业化经营能力与生产效率，发挥产业集群集聚效应，弥补区域品牌建设短板。同时，做好高标准、高质量的葡萄酒产品。通过制定相关制度合约，明确各企业之间的责任与权利，以平等互利、长期合作为原则，使各企业之间既有合作又不失良性竞争，增强各企业之间的归属感和凝聚力，让更多企业愿意加入，共同发展，从而形成可持续发展的区域品牌利益共同体。

3. ST 战略

1）发挥地理标志的影响力，健全产品质量等级体系，提高市场竞争优势

宁夏贺兰山东麓葡萄酒在国内外多次获奖，但是在消费市场尚未成为消费者熟知的标杆性产区，原因之一是宁夏葡萄酒质量等级标准和相关体系并没有在消费者之间广泛传播。法国葡萄酒有健全的葡萄酒质量等级体系，而且其生产链上有对应的质量等级技术要求，保证了产品品质和公众对产品品质的认可。贺兰山东麓葡萄酒产区在 2016 年推行了酒庄分级制度，但如何在消费者之中树立权威、如何真正打破市场对国产葡萄酒的品质认知瓶颈，还有很长的路需要走；健全宁夏葡萄酒市场等级体系，被消费者广泛接受认可是十分必要的。

2）突出葡萄酒历史与浓厚的文化底蕴，形成有产区特色的葡萄酒文化

深度挖掘开发贺兰皮影、回族剪纸、回族民间乐器、回族服饰、宁夏回族山花、舞龙、秧歌等传统文化，并合理利用设计开发突出当地特色的葡萄酒及葡萄相关的产品、工艺品及其生产加工制作过程，开发生态景观产品。生态景观产品可以是由当地独特的气候条件、地形条件所产生的特色景观，如优美的历史景观、富有特色人文生态景观、古朴的乡情民俗。一景、一物、一事皆可成为生态景观产品。以创新理念和创意手法，体现一二三产业深度融合，导入葡萄种苗培育、葡萄有机种植、观光采摘、精品民宿、休闲旅游等新型业态，塑造专属的特色产业、商业及服务品牌，孵化葡萄酒产业 IP，提升产业附加价值，全面实现贺兰山东麓葡萄酒产区特色葡萄产业链的提质增效。

3）优化营销投入结构、提高营销效率，增强对其他饮料产品的竞争力

优化营销投入结构，降低营销成本，将促销费用投入到能够真正促进加快产品市场推广的资金使用项目中，加大促销费用在营销费用中的占比，改变以往将大比例市场推广费用投放给经销商和终端的模式，提高市场推广效果。提高促销投入中直接给予消费者的资金比例，如销售终端扫酒箱内码、适当增加产品扫码送红包的奖品类型，改变以往奖励现金红包的方式，调整为现金、会员积分、葡萄酒赠饮小样、酒文化创新产品赠送(酒糟面膜、企业特色抱枕等)、深度体验旅

游等奖品，增加消费者黏性，特别是吸引年轻的消费群体。发挥酿酒葡萄种植和葡萄酒酿造产业链长、适于第一二三产业融合的优势，增加投入、发展体验式营销模式，在与其他低度酒产品竞争中获得优势。

4）拓展线下营销渠道，发展体验式营销，吸引消费者

宁夏贺兰山东麓葡萄酒产业发展有全方位的政府支持和政策扶持，尤其是葡萄酒综试区的建立将为当地葡萄酒产业发展带来千载难逢的机遇。在各级政策、协会和企业组织的品鉴会、推荐会、葡萄酒展销会、经销商大会和葡萄酒产业投资暨订货会等场景下，宣传产区特色、产品优势，打造针对经典消费者、新生代消费者的细分营销场景，有针对性地吸引目标消费者。

突出宁夏贺兰山东麓葡萄酒产业"小酒庄，大产区"的优势，将酒庄旅游、农事体验、车间/酒窖开放参观、酿酒体验、利用分酒机邀请消费者试饮和品鉴等活动与葡萄酒营销和销售结合起来，培育消费者对葡萄酒的认知和兴趣，增进消费者对葡萄酒产区和企业实力的信任，最终将体验转化为购买行为和消费行为。

4. WT 战略

1）新冠疫情使葡萄酒进口数量下降，为国产葡萄酒市场布局创造机会

新冠疫情给国内外葡萄酒行业带来了重大影响。但从另一个角度看，国外葡萄酒主要生产国也是这次疫情影响比较大的国家，疫情对进口葡萄酒的生产及销售也同样造成很大影响，进口葡萄酒数量出现下降，这为国产葡萄酒在国内市场的布局创造了机会，宁夏葡萄酒应抢抓机遇，做好市场布局、调整产品结构，根据中国市场消费者的需求与偏好创新产品品类，优化与拓展市场营销渠道，抢占市场份额。

2）产区葡萄酒品牌与故事结伴推广与传播

每一个好的品牌，背后都有一个有内涵的品牌故事。品牌故事的关键点在于差异化，能让消费者眼前一新，消费者才愿意了解你的品牌，才能记住你的品牌。首先，宁夏贺兰山环境气候适合葡萄生长，是业界公认的世界上最适合种植酿酒葡萄和生产高端葡萄酒的黄金地带之一，可以根据环境气候特点提取关键词作为标语，丰富广告词、加深消费者记忆。其次，可以将贺兰山产区的发展历程作为品牌故事进行宣传，深入挖掘品牌故事，通过品牌故事自然地吸引消费者。

第5章　宁夏贺兰山东麓葡萄酒产业发展政策评价与对策建议研究

5.1　宁夏葡萄酒产业政策梳理与实施效果评价

宁夏葡萄酒产业经过 30 多年的发展，历经试验示范、快速扩张、品质提升、稳定成长四个阶段，得到了国内外业界和消费者的广泛认可。自治区党委、政府高度重视葡萄酒产业发展，特别是在全国首个以地方人大立法的形式对产区进行保护，颁布了《宁夏回族自治区贺兰山东麓葡萄酒产区保护条例》；对酒庄实行列级管理制度，制定了《宁夏贺兰山东麓列级酒庄评定管理办法》；成立了省级葡萄酒产业管理机构(宁夏贺兰山东麓葡萄酒产业园区管理委员会)及以葡萄酒产业全链条研究为重点的国家级产业科研机构(中国葡萄酒产业技术研究院)；出台了《中国(宁夏)贺兰山东麓葡萄酒产业高质量发展规划(2021～2035 年)》、《自治区葡萄酒产业高质量发展科技支撑行动方案》以及《宁夏国家葡萄及葡萄酒产业开放发展综合试验区建设总体方案》等 30 余个政策性文件，为产区发展提供了坚实的政策支撑和法律保障。然而，宁夏葡萄酒产业发展还面临着葡萄酒生产成本高、产区标准化体系和产品营销体系建设滞后、市场竞争力不强等瓶颈问题。因此，对 2011～2021 年宁夏出台的葡萄酒产业相关政策梳理与实施效果评价研究，从政策角度为宁夏产区葡萄酒产业高质量发展提出意见和建议。

5.1.1　政策收集及梳理

1. 近年来出台的政策收集

通过自治区人民政府官网查找、宁夏贺兰山东麓葡萄酒产业园区管理委员会以及宁夏回族自治区科学技术厅等部门统计汇总等方式，以葡萄及葡萄酒产业发展相关内容为关键词，初步选出国家及自治区出台的相关政策文件，通过对全文相关性分析，筛选出 2011～2021 年国家及自治区出台的 39 项产业发展相关政策，形成国家及宁夏产业政策汇总表。

1) 国家出台的相关政策

2011~2020 年国家出台与相关产业政策共 7 项(表 5-1)。国家政策多以公告和意见进行发布，主要是推动行业的发展，作用对象多为政府和行业。

表 5-1　国家葡萄酒产业相关条例及管理办法统计表

序号	发文时间	名称	发文单位	政策性质	作用领域	作用对象
1	2011 年 12 月 31 日	食品工业"十二五"发展规划	国家发展改革委、工业和信息化部	公告	产业发展	政府、行业
2	2012 年 6 月 13 日	葡萄酒行业准入条件	工业和信息化部	方案	企业监管	政府、企业、行业
3	2012 年 7 月 6 日	葡萄酒行业"十二五"发展规划	工业和信息化部、农业部	公告	产业发展	政府、行业
4	2015 年 12 月 30 日	国务院办公厅关于推进农村一二三产业融合发展的指导意见	国务院办公厅	意见	行业建设	政府、企业、行业
5	2016 年 4 月 13 日	中国酒业"十三五"发展指导意见	中国酒业协会	意见	产业发展	政府、行业
6	2016 年 1 月 21 日	国务院办公厅关于推进农业水价综合改革的意见	国务院办公厅	意见	行业建设	政府、企业、行业
7	2021 年 4 月 9 日	中国酒业"十四五"发展指导意见	中国酒业协会	意见	产业发展	政府、行业

注：政策性质有法规、公告、意见、通知(办法)、方案；作用领域有产业发展、人才培养、管理制度、行业建设、企业监管；作用对象有政府、企业、行业。

国家发展改革委、工业和信息化部于 2011 年 12 月发布《食品工业"十二五"发展规划》，针对葡萄酒行业提出注重葡萄酒原料基地建设，逐步实现产品品种多样化，促进高档、中档葡萄酒和佐餐酒同步发展，到 2015 年，非粮原料(葡萄及其他水果)酒类产品比重提高 1 倍以上。

2012 年 6 月，工业和信息化部发布《葡萄酒行业准入条件》(以下简称《准入条件》)，规定新建的葡萄酒项目或企业必须在符合现有国家法律标准的前提下，达到一定产能规模、对原料有一定保障能力才能进入该行业。《准入条件》的出台进一步加强了葡萄酒生产加工行业管理，规范了行业投资行为，引导产业合理布局，保障产品质量安全，促进葡萄酒行业健康有序发展。该方案已于 2020 年废止。

2012 年 7 月，工业和信息化部、农业部发布《葡萄酒行业"十二五"发展规划》，指出"十二五"期间我国葡萄酒行业的主要任务是加强原料保障能力建设，大力推动葡萄酒生产企业酿酒葡萄种植基地建设；推进产业结构调整，鼓励企业兼并重组，整合产业链，充分发挥东部地区在品牌、资本等方面的优势，支持企业转型升级，培育新的增长点；积极推动中西部葡萄酒产区的种植基地建设，逐步形成分布合理、特色鲜明的酿酒葡萄种植和酒生产企业区域；加强葡萄酒行业应用基础研究和人才队伍建设，提高我国葡萄酒行业科技创新能力；完善葡萄酒标准体系，加强企业检（监）测能力建设，保障产品质量安全；大力推动优势葡萄酒产区品牌建设，建立发展具有中国特色的葡萄酒文化。

2015 年 12 月，《国务院办公厅关于推进农村一二三产业融合发展的指导意见》（以下简称《意见》）印发。《意见》提出，推进农村一二三产业融合发展，是拓宽农民增收渠道、构建现代农业产业体系的重要举措，是加快转变农业发展方式、探索中国特色农业现代化道路的必然要求。《意见》的提出，为我国葡萄酒产业融合发展提出了新方法、新思路、新引领，能够促进葡萄及葡萄酒产业加快产业结构调整，延伸产业链，拓展产业多种功能，大力发展产业信息业态，引导产业集聚发展。

2016 年 1 月，《国务院办公厅关于推进农业水价综合改革的意见》印发，决定稳步推进农业水价综合改革，以促进农业节水和农业可持续发展。该文件指出，要围绕保障国家粮食安全和水安全，落实节水优先方针，政府和市场协同发力，以完善农田水利工程体系为基础，以健全农业水价形成机制为核心，以创新体制机制为动力，逐步建立农业灌溉用水量控制和定额管理制度，提高农业用水效率，促进实现农业现代化。

中国酒业协会于 2016 年和 2020 年分别发布了《中国酒业"十三五"发展指导意见》和《中国酒业"十四五"发展指导意见》。《中国酒业"十三五"发展指导意见》在理性分析了酿酒产业发展环境和消费需求的基础上，综合考虑了酿酒产业的现实情况和未来发展趋势，本着"大胆设想，小心求证"的原则，提出了"十三五"时期产业发展的主要目标，包括经济发展目标、科技创新目标、产业结构目标、产品结构目标、质量安全目标、文化普及目标、人才建设目标等七个方面。《中国酒业"十四五"发展指导意见》系统地总结了我国酿酒产业"十三五"发展的成就和当前面临的形势，描绘了未来五年酿酒产业发展的战略目标与主要任务，并提出了具体的保障措施和政策建议。

2）自治区出台的相关政策

宁夏党委、政府高度重视葡萄酒产业发展，把发展葡萄酒产业、打造贺兰山东麓葡萄文化长廊作为促进经济转型升级、推进"四个宁夏"建设的突破口，作为全区 9 大重点产业来培育。2011～2021 年共出台了 32 项政策（表 5-2）。

表 5-2　宁夏葡萄酒产业相关条例及管理办法统计表

序号	发文时间	名称	发文单位	政策性质	作用领域	作用对象
1	2011 年 8 月	中国(宁夏)贺兰山东麓葡萄产业及文化长廊发展总体规划(2011—2020 年)	宁夏回族自治区发展和改革委员会	公告	产业发展	政府、行业
2	2012 年 5 月 22 日	自治区人民政府关于促进贺兰山东麓葡萄产业及文化长廊发展的意见	宁夏回族自治区人民政府	意见	产业发展	政府、行业
3	2012 年 6 月 29 日	自治区人民政府办公厅关于加强贺兰山东麓葡萄酒地理标志产品产地环境保护工作的意见	宁夏回族自治区人民政府办公厅	意见	管理制度	政府、行业、企业
4	2012 年 12 月 5 日	自治区贺兰山东麓葡萄酒产区保护条例	宁夏回族自治区人大	法规	管理制度	政府、行业
5	2014 年 4 月 27 日	自治区人民政府办公厅关于加强贺兰山东麓葡萄酒质量监管品牌保护及市场规范的指导意见	宁夏回族自治区人民政府办公厅	意见	管理制度	政府、行业
6	2015 年 8 月 21 日	宁夏产区优质葡萄园评选办法	宁夏回族自治区葡萄产业发展局	通知	管理制度	行业、企业
7	2015 年 12 月 28 日	宁夏贺兰山东麓葡萄酒产业园区管理委员会关于加强酿酒葡萄基地管理的指导意见	宁夏贺兰山东麓葡萄酒产业园区管理委员会	意见	管理制度	行业、企业
8	2016 年 1 月 17 日	宁夏贺兰山东麓葡萄酒产区列级酒庄评定管理办法	宁夏回族自治区人民政府办公厅	通知	管理制度	行业、企业
9	2016 年 2 月 22 日	自治区人民政府关于创新财政支农方式加快发展农业特色优势产业的意见	宁夏回族自治区人民政府办公厅	意见	产业发展	行业、企业
10	2016 年 3 月 1 日	关于创新财政支农方式加快葡萄产业发展的扶持政策暨实施办法	宁夏贺兰山东麓葡萄酒产业园区管理委员会办公室、宁夏回族自治区财政厅	通知	行业建设	行业、企业
11	2016 年 3 月 8 日	加快发展农业特色优势产业贷款担保基金管理办法(试行)、加快发展农业特色优势产业贷款风险补偿基金管理办法(试行)、加快发展农业特色优势产业贷款贴息资金管理办法(试行)	宁夏回族自治区财政厅、宁夏回族自治区金融工作局、中国人民银行银川中心支行	通知	行业建设	行业、企业
12	2016 年 5 月 4 日	宁夏贺兰山东麓葡萄酒产区葡萄苗木管理办法(试行)	宁夏回族自治区林业厅、宁夏回族自治区葡萄产业发展局	通知	管理制度	行业、企业
13	2016 年 10 月 20 日	加快推进葡萄产业现代化主攻方向的方案	宁夏回族自治区党委农村工作领导小组	方案	行业建设	行业
14	2017 年 4 月 10 日	宁夏回族自治区"十三五"工业发展及两化融合发展规划	宁夏回族自治区人民政府	公告	产业发展	政府
15	2017 年 4 月 26 日	关于完善支持政策,促进农民持续增收的意见	宁夏回族自治区人民政府办公厅	意见	行业建设	政府

序号	发文时间	名称	发文单位	政策性质	作用领域	作用对象
16	2017年12月11日	贺兰山东麓葡萄酒地理标志保护产品专用标志管理实施细则	宁夏回族自治区质量技术监督局、宁夏回族自治区葡萄产业发展局	通知	管理制度	政府
17	2018年1月30日	葡萄产业融资租赁管理办法	宁夏回族自治区葡萄产业发展局	通知	管理制度	行业
18	2018年3月20日	关于进一步完善葡萄产业发展扶持政策的通知	宁夏贺兰山东麓葡萄酒产业园区管理委员会办公室、宁夏回族自治区财政厅	通知	行业建设	政府、行业
19	2019年7月30日	宁夏回族自治区农业高新技术产业示范区建设管理办法	宁夏回族自治区人民政府办公厅	通知	管理制度、行业建设	政府、行业
20	2020年3月17日	宁夏农业保险保费补贴管理办法	宁夏回族自治区财政厅	通知	管理制度	政府、行业
21	2020年3月25日	关于支持做好2020年农业结构调整有关事宜的通知	宁夏回族自治区农业农村厅、宁夏回族自治区财政厅	通知	行业建设	政府、行业
22	2020年9月22日	关于印发宁夏回族自治区有关行业用水定额(修订)的通知	宁夏回族自治区人民政府办公厅	通知	管理制度	政府、行业
23	2020年9月25日	自然资源系统支持葡萄酒等重点产业发展用地的若干政策	宁夏回族自治区自然资源厅	通知	管理制度	政府、行业
24	2020年10月28日	关于充分运用人社政策支持全区重点产业发展的意见	宁夏回族自治区人力资源和社会保障厅	意见	人才培养	政府、行业
25	2020年12月21日	支持出口产品转内销的政策措施的通知	宁夏回族自治区人民政府办公厅	通知	管理制度	政府、行业
26	2020年12月25日	加快发展高新技术企业若干措施的通知	宁夏回族自治区人民政府办公厅	通知	企业监管	政府、企业、行业
27	2021年2月26日	自治区葡萄酒产业高质量发展科技支撑行动方案	宁夏回族自治区科学技术厅	方案	行业建设	政府、行业
28	2021年4月19日	自治区支持九大产业加快发展若干财政措施(暂行)	宁夏回族自治区人民政府办公厅	通知	产业发展	政府、行业
29	2021年4月25日	自然资源部关于支持宁夏建设黄河流域生态保护和高质量发展先行区的意见	自然资源部	意见	产业发展	政府、行业
30	2021年5月25日	宁夏国家葡萄及葡萄酒产业开放发展综合试验区建设总体方案	农业农村部、工业和信息化部、宁夏回族自治区人民政府	方案	行业建设	政府、行业
31	2021年8月30日	中国(宁夏)贺兰山东麓葡萄酒产业高质量发展规划(2021~2035年)	宁夏贺兰山东麓葡萄酒产业园区管理委员会办公室	公告	产业发展	政府、行业

序号	发文时间	名称	发文单位	政策性质	作用领域	作用对象
32	2021 年 9 月 15 日	关于完善葡萄酒产业用地确权登记的 政策措施	宁夏回族自治区自然资 源厅	通知	管理 制度	政府、行业

注：政策性质有：法规、公告、意见、通知(办法)、方案；作用领域有：产业发展、人才培养、管理制度、行业建设、企业监管；作用对象有：政府、企业、行业。

宁夏贺兰山东麓产区颁布了《宁夏回族自治区贺兰山东麓葡萄酒产区保护条例》，成为全国首个以地方人大立法的保护产区；制定了《宁夏贺兰山东麓列级酒庄评定管理办法》，成为首家对酒庄实行列级管理制度的产区。2011～2021 年，出台了《中国(宁夏)贺兰山东麓葡萄产业文化长廊发展总体规划(2011～2020 年)》、《关于创新财政支农方式加快葡萄产业发展的扶持政策暨实施办法》(宁葡委办发〔2016〕13 号)等 32 个政策性文件，涉及了产业规划、生态保护、质量监管、产业扶持、人才、金融等方面，为产区发展提供了坚实的政策支撑。2021 年 5 月 25 日农业农村部、工业和信息化部、宁夏回族自治区人民政府等部门共同出台了《宁夏国家葡萄及葡萄酒产业开放发展综合试验区建设总体方案》，为宁夏葡萄酒产业高质量、可持续发展绘制了蓝图。

2. 产业政策梳理及分析

1) 研究方法

分词提取及词频统计：选取国家及自治区关于葡萄酒产业政策的 39 篇政策文本作为样本数据，采用政策文本挖掘技术进行政策文本量化分析。首先进行分词提取及词频统计，将 39 篇政策导入文本数据库，建立文档集。在此基础上，编辑 R 语言分词数据库的词库和停词表，并将政策文本导入。采用 jiebaR 包进行分词处理并提取高频词汇，其中，词汇出现频率的高低与词义在文本中的重要性成正比。

关系矩阵构建及归一化处理：在词频统计分析的基础上，为判断 39 篇政策文本与所提取关键词之间关联度的强弱，以分词结果为依据构建词汇-文档关系矩阵，并对关系矩阵进行归一化处理。

K-means 聚类：在词汇-文档关系矩阵数据处理的基础上，将其带入 *K*-means 函数进行聚类分析。通过政策文本与提取主题词间距离的远近进行群组划分，能够详细刻画宁夏产业政策的演化规律。

2) 结果分析

(1) 词频统计。

39 篇政策文本涉及知识产权、高新技术、土地经营权、农业农村、土地、旅游等方面，政策词频具有一定特征性，按照特征将其分为 14 类，具体分布情况如表 5-3 所示。在样本政策中，国家级政策 7 篇，多为引导性政策，整体词汇量较少，出现频数占总政策特征比例为 1%；自治区级政策 32 篇，由引导性政策和具体实施政策构成，整体词汇量较大，出现频数占比为 99%。

表 5-3　政策分类整理统计表

序号	发布机构	频数	占比/%	政策分类
1	国家	91	1	知识产权(4)、农村产业(28)、土地经营权(4)、土地流转(3)、产业发展(2)、高新技术(1)、创新(28)、税收(3)、农业用水政策(15)、农业服务业(3)
2	宁夏回族自治区	845	99	高新技术(101)、创新(159)、农村产业(2)、知识产权(5)、土地流转(14)、土地经营权(260)、葡萄酒产业(85)、补贴(135)、产业结构(15)、不动产(328)、旅游(260)、特色产业(19)、文化(275)
3	合计	936	100	高新技术(102)、创新(187)、农村产业(30)、知识产权(9)、土地流转(17)、土地经营权(264)、葡萄酒产业(85)、补贴(135)、产业结构(15)、不动产(328)、产业发展(2)、税收(3)、农业用水政策(15)、农业服务业(3)

　　从词频统计数据结果中，选取出现频率较高的 40 个词汇进行词频统计，结果见表 5-4。词频高的词汇主要集中在自治区级政策，关键词可总结为葡萄及葡萄酒产业发展，由此可见在制定政策的过程中，考虑最多的因素为产业的发展情况。根据频数分析，财政类、教育类、金融类词云相对出现次数较少。其中，"贷款"词频为 131 次；财政类表述词频虽然出现了 287 次，但多为"财政厅（局）"字样；教育类词频以及人才培养词频在样本中没有特别体现，表明在葡萄酒产业发展政策中，财政支持、人才培养、金融扶持政策有必要继续加强和完善政策供给能力，该三个领域的重视程度有待加强。

表 5-4　部分词汇及词频统计

序号	词汇	词频	序号	词汇	词频
1	葡萄	1153	7	企业	505
2	产业	1029	8	酒庄	355
3	发展	805	9	土地	354
4	葡萄酒	776	10	不动产	328
5	建设	539	11	文化	282
6	农业	537	12	旅游	280

续表

序号	词汇	词频	序号	词汇	词频
13	经营权	265	27	规划	173
14	基地	262	28	生态	172
15	技术	261	29	酿酒	169
16	产品	218	30	葡萄园	167
17	农村	214	31	服务	165
18	政策	197	32	创新	164
19	权利	195	33	品种	162
20	工作	194	34	区域	154
21	承包	193	35	保护	153
22	资金	193	36	材料	153
23	经营	192	37	特色	147
24	组织	190	38	标准	146
25	使用权	185	39	品牌	146
26	用地	175	40	贷款	131

（2）内容聚类分析。

通过政策文本与提取主题词间距离的远近进行群组划分，基于对政策文本内容的整体认识，将类别数确定在四种，即聚类结果可将政策文本划分为四类主题，四类政策文本聚类结果分别为 30 篇、2 篇、5 篇、2 篇。为进一步挖掘同类文本数据的内在特征及隐含信息，使结果呈现更清晰直观，对每一类型的原始文本进行了二次分词，将词频统计结果截取前 100 个高频词作为样本数据，同时利用系统程序制作词云图（图 5-1～图 5-4）。

图 5-1　产业发展类政策

图 5-2　农业农村类政策

图 5-3　服务性产业类政策

图 5-4　产权类政策

　　根据图 5-1 中"葡萄""葡萄酒""产业""发展"等为本类文本数据主题词，故可将该类政策文本归纳为"产业发展类政策"。图 5-2 中"农业""农村""发展"

等为本类文本数据主题词,故可归纳为"农业农村类政策"。图5-3中主题词为"贺兰山东麓""旅游""文化"等,故称此类政策为"服务性产业类政策"。图5-4中"不动产""土地""经营权"等为本类文本数据主题词,故可将该类政策文本归纳为"产权类政策"。据此,根据聚类结果将葡萄酒产业政策分为:产业发展类政策、农业农村类政策、服务性产业类政策、产权类政策四类。

四类内容聚类政策文本占样本数据总量的比重分别如下:产业发展类政策占比76.92%,在本次样本政策中占比最大,是产业发展政策的重要组成部分,符合国家和宁夏当地的发展方向。服务性产业类政策在样本数据总量中的比重位于第二,为12.82%,通过积极促进三产融合、促进文化旅游行业发展来进一步带动葡萄酒行业发展。产权类政策和农业农村类政策所占比重一样,均为5.13%,只有相关的产权政策与之相配合,才能积极推动企业发展。但目前国家及自治区对于农业农村和土地关注较少,需要国家和当地政府积极关注,从而双向促进,双向作用,推动宁夏地区的经济发展。

(3)性质聚类分析。

葡萄酒产业政策文本根据性质差异分为三类。第一类政策13篇,第二类政策15篇,第三类政策11篇。第一类文本数据中以"审核""依法""监督""批准""审查""监控"等词语为高频词,在样本文本中"承担""规定""违反""责任"等带有强制色彩词频出现较多,将其归纳为"强制类政策"。第二类文本数据以"补贴""鼓励""补助""奖励"等词语为高频词,在样本文本中"鼓励"、"奖励"、"扶持"等带有鼓励性质的词汇出现频次较高,据此可归纳为"鼓励类政策"。第三类文本数据以"支持""服务""保护""推进""完善""目标"等词语为高频词,在样本文本中"完善""健全""加强"等引导类词汇频繁出现,可归纳为"引导类政策",主要为各领域的实践提供具体细化的指导。从不同性质类别政策数量统计结果来看,鼓励类政策占比39%,引导类政策占比33%,强制类政策占比28%。由此可见,在制定政策的过程中,综合考虑产业发展现状,鼓励、引导、强制等方面均衡协调,才能够促进产业的高质量发展。

5.1.2 政策实施效果评价

1. 评价方法

由于大部分政策针对行业和企业,为评价贺兰山东麓产区产业政策的实施效果,调研主要针对企业(酒庄)进行(表5-5)。采取座谈+实地考察+填写调查问卷的方式进行,有针对性地选取产业政策相关问题开展调研。

表 5-5　调研酒庄情况汇总表

序号	酒庄名称	产区分布	调研形式	序号	酒庄名称	产区分布	调研形式
1	志辉源石酒庄	西夏区		11	兰一酒庄	西夏区	
2	长城天赋酒庄	永宁县		12	海香苑酒庄	西夏区	
3	立兰酒庄	永宁县		13	宝实酒庄	西夏区	
4	西夏王	永宁县		14	迦南美地酒庄	西夏区	
5	西鸽酒庄	青铜峡市	座谈+实地考察	15	留世酒庄	西夏区	问卷调查
6	昱豪酒庄	红寺堡区		16	张裕摩塞尔十五世酒庄	西夏区	
7	红粉佳荣酒庄	红寺堡区		17	夏木酒庄	贺兰县	
8	罗山酒庄	红寺堡区		18	旭域金山酒庄	贺兰县	
9	汇达酒庄	红寺堡区		19	红寺堡酒庄	红寺堡区	
10	康龙酒庄	红寺堡区					

2. 政策评价

政策评价主要对现行政策的执行效果进行评价，主要标准有：生产力、效益和效率、公平性、响应度等。生产力标准即政策是否对生产力有促进作用；效益和效率标准即政策产出的效益与政策投入的比值；公平性即政策的普惠面；响应度即政策实施后不同团体对政策的满意程度。评估主要针对政策的效益、公平性和响应度进行分析，选取产区 20 家酒庄分别发放产业政策调研表，对企业现状及需求进行了调研，收集有效调研表 9 份，分别为西夏区的兰一酒庄、海香苑酒庄、宝实酒庄、迦南美地酒庄、留世酒庄、张裕摩塞尔十五世酒庄；贺兰县的夏木酒庄、旭域金山酒庄；红寺堡区的红寺堡酒庄，收集率为 45%。

1）对政策的了解程度

针对已出台统计出的 32 项政策，调研中 9 家酒庄统计结果均为"只了解一部分"，因此对政策的了解程度而言，100% 的酒庄只了解一部分，没有对出台政策进行全面关注。政府及相关职能部门应做好政策推广普及工作，确保企业了解政策并实际运用。

2）对政策的响应度

针对已出台统计出的 32 项政策，项目组将所颁布政策支持类别分为 8 个方面，9 家酒庄分别选择。其中种植补贴、种植和酿造技术培训、企业贷款、融资项目 4 类占比排名靠前，所占比例分别为 88.9%、77.8%、55.6%、44.4%。可见受访企业认为在金融及技术改造方面政策支持比例较大，对酒庄发展帮助明显。而品牌推广和土地确权方面，所占比例为 0，可见在政策制定及推广实施过程中，针对此方面有所欠缺，且品牌推广不足是目前产区发展滞后的重要因素之一，符合实际情况，因此在后期政策制定的过程中要充分考虑这一因素。

根据政策支持类别，将企业受政策影响类别分为 6 个方面。其中栽培技术、酿造工艺、酒庄建设、葡萄酒旅游等 4 个方面受益所占比例较高，分别为 88.9%、66.7%、66.7%、55.6%。而受益情况中品牌推广所占比例为 11.1%，市场营销受益情况所占比例为 0，与政策支持类别中的品牌推广相对应，受访者认为政策在此方面对企业的支持力度不足，不能够促进企业扩大营销。由此可见，企业受益情况与政策支持类别相对应，产业政策的颁布能够极大推动企业的发展。

3. 政策需求

1）企业发展现状

根据政策支持情况，将企业发展中存在的主要问题分为 9 个方面，受访者依据企业自身发展填写统计表，统计结果如图 5-5 所示。由统计表可知，企业发展中存在的问题集中表现在葡萄园改造、葡萄园用水水源、市场营销和品牌推广等方面。

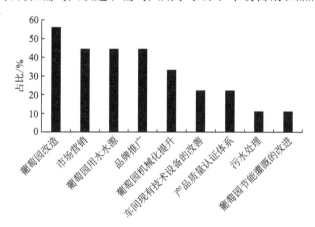

图 5-5　企业发展存在问题统计图

2）政策需求类别

根据政策支持类别，将企业政策需求分为 6 个方面，统计结果如图 5-6 所示。其中市场推广、种植栽培、品牌建设 3 个方面的需求在调研企业中占比最高，分别为 88.9%、44.4%、33.3%，其他需求包括酿造工艺、人才配套和贷款融资。实地考察及座谈中，企业的需求最多的是市场推广，就是怎么把产品卖出去，当然市场的问题也会反映到品牌建设上，这表明企业的品牌和市场建设还远没有成熟，这需要长期、科学地施政；对技术的需求更多的是发展相对落后的子产区的企业，技术层面的需求主要是葡萄园管理，特别是栽培过程中机械化的普及应用。希望政府及相关职能部门能够结合"十四五"发展规划及全区的产业布局，制定相应的政策并及时普及，从具体的产业链关键环节着手，落实到位，从而促进产业的高质量、可持续发展。

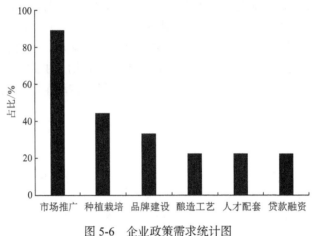

图 5-6　企业政策需求统计图

3）产业政策需求

在目前的形势下，宁夏产区葡萄酒产业发展态势良好，但着眼于国家葡萄与葡萄酒产业开放发展综合试验区建设和可持续高质量发展还存在一些短板，尤其是政策在产业发展过程中要不断创新，采取引导、鼓励、规范等更加灵活有效的应对之策，才能促进、保障产业发展壮大。

一是加大市场扶持力度。针对企业市场推广不畅等短板，以破解制约葡萄酒产业发展中的关键性问题为导向，勇于创新，提质增效，积极开拓国内外葡萄酒市场。加强顶层设计，强化政策的协调配套，完善政策体系。

二是鼓励企业大力发展产业融合体系。以葡萄酒产业为依托，发挥葡萄酒产业在融合农村一二三产业中的基础作用。将葡萄和葡萄酒与其他行业相融合，打造如葡萄酒小镇、葡萄酒+旅游等融合项目，出台更具针对性、操作性和含金量的政策措施，促进葡萄酒与旅游、文化、地产、餐饮等关联产业的融合发展。

三是建立葡萄农机农艺服务体系。针对产业发展中机械化程度低、栽培技术水平欠缺等问题，政策及相关部门应推广及建立农机和农艺服务技术，鼓励高等院校、科研机构与企业合作建立农机农技服务公司，广泛在产区应用，并鼓励对小型葡萄园进行农机托管服务，提高产业发展机械化水平，从而帮助企业提质增效。

四是加快落实政策体系。加快落实已出台的各类政策，及早发挥政策效力。

适时适度微调政策，加大对葡萄酒领域的投资力度，推进产业一体化；通过财政奖补、税收优惠、金融扶持等支持葡萄与葡萄酒企业的转型升级。协调推进各项改革。发挥好改革和各类政策的合力，尽快建立确保就业和职工收入增长的机制，继续完善鼓励消费、拉动内需的政策措施，进一步挖掘消费增长潜力，促进葡萄酒消费的平稳增长，推动产区葡萄酒产业的健康、高质量、持续发展。

5.2　宁夏葡萄酒产业发展竞争能力分析

5.2.1　宁夏葡萄酒产业 SWOT 分析

1. 产业内部条件分析

1）优势分析(S)

(1)产区风土条件独特。

葡萄与其他农产品一样，具有明显的属地性。贺兰山东麓地处世界酿酒葡萄种植的"黄金"地带，是我国四大酿酒葡萄原产地保护区之一和全国最大的葡萄酒国家地理标志产品保护示范区。产区日照充足，热量丰富，土壤透气性好，富含矿物质，昼夜温差大，降水量少(不到 200 mm)，黄河灌溉便利。这些独特的风土条件使产区的葡萄具有香气发育完全、色素形成良好、糖酸度协调、病虫害少等特征，具备生产中高档葡萄酒的基础。

(2)葡萄基地建设扎实推进。

原料基地是葡萄酒产业发展的基础。近年来，宁夏高度重视葡萄基地建设，出台了诸多优惠政策大力扶持优质葡萄园和酿酒葡萄基地标准化建设，葡萄基地的规模和质量有了持续稳定的提高，为拉长葡萄产业链、带动相关产业发展提供了有力保障。目前，酿酒葡萄基地面积达 49 万亩，种植的主要酿酒葡萄品种有20 多个，先后有 50 多家的近千款葡萄酒获得了国内外大奖。2019 年，宁夏葡萄酒产业综合产值达到 261 亿元，带动约 12 万人就业，工资性支出约 9 亿元，有力地带动了农民增收致富，贺兰山东麓的酒庄绿化及防护林建设大幅度提高了产区森林覆盖率，形态各异的酒庄及葡萄园已经成为贺兰山东麓靓丽的风景线和银川市的生态屏障，这将为宁夏葡萄酒产业的持续发展奠定坚实的基础。

(3)产业发展模式特色明显。

宁夏葡萄酒产业根据自身实际，在发展道路的选择上摒弃了走工厂酒的传统路子，探索了"小酒庄，大产区"的发展模式，坚持走酒庄与基地一体化酒庄酒之路，坚持走国际化、高端化、品牌化的路子，打造具有国际一流水平的产区，得到了国际葡萄酒界的普遍认可。产区的发展方向、政策导向、招商条件、管理措施等都是围绕着保护好资源，扎扎实实种葡萄，精益求精酿造酒，生产高品质、有个性、能陈年、多样化的酒庄酒而设置的。宁夏产区也成为中国第一个真正意义上的酒庄酒产区。

(4)产区品牌影响力提升迅速。

贺兰山东麓地区具有独特的地理环境和良好的生态条件，是被国内外公认的酿酒葡萄最佳产区之一，也是我国葡萄酒三大"地理标志产品产地"之一。贺兰山东麓2002年被确定为国家地理标志产品保护示范区(总面积20万公顷)，2013年被列入《世界葡萄酒地图》，标志着宁夏葡萄酒产区正式跻身世界行列。近年来，宁夏贺兰山东麓葡萄酒获千余项国际大奖，领跑中国葡萄酒奖牌榜，贺兰山东麓葡萄酒产区也因此获得"明星产区""新兴产国之星"等荣誉。宁夏产区品牌的影响力在国内外得到全面提升，成为宁夏独具特色的"紫色名片"。

(5)政策法规支撑保障有力。

宁夏回族自治区党委、政府高度重视葡萄产业发展，把发展葡萄产业、打造贺兰山东麓葡萄文化长廊作为促进经济转型升级、提升全区高质量发展最大的特色产业来培育。从苗木引进繁育、葡萄园管理，到酒庄建设、葡萄酒酿造、销售，都有技术标准和管理办法。特别是在全国首个以地方人大立法的形式对产区进行保护，颁布了《宁夏回族自治区贺兰山东麓葡萄酒产区保护条例》；首家对酒庄实行列级管理制度，制定了《宁夏贺兰山东麓列级酒庄评定管理办法》；首家成立了省级葡萄酒产业管理机构；成为中国首个OIV省级政府观察员；出台了《中国(宁夏)贺兰山东麓葡萄产业文化长廊发展总体规划(2011~2020年)》等15个政策性文件，为产区发展提供了坚实的政策支撑和法律保障。

2）劣势分析(W)

(1)葡萄优质低产矛盾突出。

受自然条件的制约和技术水平的影响，贺兰山东麓酿酒葡萄生产一直处于"低产水平"。根据玉泉营农场20余年来大面积集中葡萄栽培的经验和近年新建大型和小型酿酒葡萄基地的生产实践，宁夏酿酒葡萄每亩单产从未超过1t。宁夏产区4年生以上葡萄园平均亩产量不到300 kg，而法国、美国平均亩产量在600 kg以上，澳大利亚平均亩产量在700 kg以上。宁夏产区酿酒葡萄单产与我国渤海湾产区的山东、河北及西北地区的新疆酿酒葡萄主产区相比也相差甚远。单产太低使葡萄种植业的比较效益不突出，造成酿酒原料成本高，削弱了宁夏葡萄酒在市场上的竞争力。

(2)葡萄酒生产成本相对较高。

宁夏冬季气温低，春季风大，且比较干旱，酿酒葡萄种植需要越冬埋土防寒和灌溉设施投入，仅这两项每亩增加成本800元以上，每千克葡萄生产成本超过5.5元，每千升葡萄酒原酒的平均成本在1万元左右。加之全区散户种植比例超过60%，分散经营，种植的标准化、组织化、规模化程度较低，致使葡萄园的管理成本逐年上涨，与国内外不埋土优势产区相比不具备成本优势。同时，宁夏酿酒葡萄园建设成本较高且投资回报周期较长，即使在平整的熟地上建园，亩投资也在 2000 元以上。若开荒建园，平均建成 1 亩酿酒葡萄园需投资 3000～3500 元。酿酒葡萄园周年管理费用每亩平均需 846.9 元，生产成本是国外的 2 倍。

(3)产业科技创新能力相对不足。

目前宁夏在酿酒葡萄种植和葡萄酒酿造技术装备方面的科技投入相对不足，葡萄酒生产企业科技投入占销售收入比例仍然较低。具有自主知识产权的葡萄酒酿造微生物研发和产业化进程缓慢；对优良酿酒葡萄品种选育和种植技术、葡萄酒品质控制技术和装备等方面的研究还有待加强；部分大型葡萄酒生产加工关键装备仍需进口。同时，部分地区酿酒葡萄种植面积大幅增长，加工产能持续扩大，但种植、酿造、管理等专业技术人员的数量和能力无法满足产业快速发展的需要，人才队伍建设亟待加强。

(4)配套服务体系尚不完善。

苗木培(繁)育、干旱节水、生长期水肥调控、有机葡萄种植、砧木与嫁接等现代葡萄种植技术服务发展水平不高。专业人才培养体系不健全，融旅游、文化、葡萄酒专业技术、管理、国际化等知识于一体的高素质人才短缺，种植环节人才短板效应更为突出，面向一线广大种植户(人员)的技术培训亟待加强。产业链不完整，下游酒标、包装设计、专业印刷等领域发展滞后，集葡萄与葡萄酒交易、展示、推介、品尝与体验等功能于一体的交易体系建设缓慢。节水灌溉、污水垃圾处理等基础设施尚不完善，制约产业快速健康发展。

2. 产业外部环境分析

1）机会分析(O)

(1)国家宏观政策环境利好。

国家全面深化改革、简化行政审批手续、建设服务型政府以及关于实施互联网+行动计划等重大决策将加速改革红利释放,将为宁夏葡萄产业结构调整增添新动力。"创新、协调、绿色、开放、共享"的新发展理念进一步丰富了宁夏葡萄产业的发展内涵,提升了葡萄产业在全区产业结构调整和转型升级中的地位。以"去产能、去库存、去杠杆、降成本、补短板"为导向的供给侧结构性改革以及为企业减负、营改增等具体举措有利于缓解葡萄酒企业成本上涨的压力。

(2)葡萄全产业链获政策鼓励与支持。

葡萄产业涉及葡萄种植、葡萄酒酿造、葡萄酒旅游文化及流通消费等多个领域,紧密联系"三农"问题,事关西部甘肃、新疆、宁夏三地经济社会发展,国家在这些领域的产业政策导向有力。上游种植环节,与葡萄种植密切关联的先进种植技术开发及应用、优良品种选(繁)育、旱作节水农业、生态农业建设等均属于国家产业政策鼓励类范畴。加工酿造环节，与人争粮的白酒、啤酒均属于限制类范畴，葡萄酒酿造属于西部地区鼓励类领域。对于下游的旅游文化等环节，近年来，国家将休闲度假旅游、乡村旅游以及旅游文化产品开发、旅游消费、旅游信息化建设作为扩大消费需求的重点加以支持。全产业链的鼓励类政策导向为葡萄产业发展赢得更多的政策倾斜。

(3)葡萄酒市场消费潜力巨大。

随着国家经济社会发展和人民生活水平的提高，我国葡萄酒产量与市场需求以年均15%以上的速度快速增长，我国成为全球最大的葡萄酒需求市场，葡萄酒正作为一种流行元素被市场所接受；葡萄酒正逐步成为人们酒类消费的首选和主流，消费群体正在慢慢形成。葡萄酒潜在消费人群超5.8亿人，未来十年内，国内葡萄酒市场每年增长率将稳定在5%左右；而且我国葡萄酒人均消费量远低于世界平均水平，仅为世界平均水平的44.1%。葡萄酒产业发展空间巨大，潜力无限。

(4)葡萄产业战略地位不断提升。

近年来，面对整体经济下行和重化工业结构调整的巨大压力，自治区党委、政府将葡萄产业列为全区四大特色优势农业产业之首，加快发展葡萄产业成为自治区经济转型的十大重点任务之一。目前已基本完成了总体规划，建立了产区保护体系、区域品牌保护体系、行业准入体系和产业发展领导组织体系，与葡萄产业发展相关的基础设施及配套服务体系建设正加快推进，对葡萄产业的投入支持力度持续加大。葡萄产业发展在宁夏全区经济和社会发展中战略地位的提升，将为产业发展赢得更多的政策支持，产业发展顶层设计的不断完善将助推产业发展走上快车道。

(5)宁夏对外开放进入快车道。

新时期国家加快实施向西开放、构建丝绸之路经济带和深化中阿合作，极大提升了宁夏在新一轮国家对外开放战略中的地位，覆盖全区的国家葡萄及葡萄酒产业开放发展综合试验区建设、银川综合保税区建设的加快全面提升了宁夏的开放水平和开放层次，为宁夏葡萄产业开放式发展提供了难得的历史机遇。新一轮西部大开发战略的持续推进，进一步强化了宁夏沿黄经济区作为国家特色农产品加工基地、区域性商贸物流中心的功能定位和银川的区域性中心城市地位，有助于拓展宁夏葡萄产业发展的市场空间，同时改善制约宁夏葡萄产业发展的基础设施条件，提升产业配套能力。

2)威胁分析(T)

(1)国外进口葡萄酒的冲击持续加强。

随着城乡居民收入水平的提高、营养与健康意识的增强、葡萄酒进口关税的大幅度下调和跨境电商的快速发展，国外进口葡萄酒对我国葡萄酒业的冲击持续加强。

(2)国内市场竞争日趋激烈。

目前我国葡萄酒产业，尤其是葡萄酒酿造业已步入战略调整期，各主产省区市之间的竞争正由资源向资源与市场竞争转变，张裕、中粮、王朝等行业大型骨干已完成了市场布局，广大中小微葡萄酒企业（酒庄）的市场开拓压力大。宁夏葡萄酒产业整体规模小，行业龙头缺乏，发展层次不高，跨域式发展既面临着山东、河南、吉林等工业规模化生产大省的强大压力，也与同处西北的甘肃、新疆两地存在激烈的资源和区域市场竞争。

（3）产业发展要素供给约束加剧。

贺兰山东麓属于国家层面的防风防沙生态屏障，生态相对脆弱，主产区的红寺堡区、青铜峡市以及银川市辖内贺兰、永宁等属于国家或自治区层面限制开发的区域或重点生态功能区，规模化发展葡萄酒产业生态压力大。自治区经济发展相对落后，全区及各主产区财政收入增长乏力，葡萄酒产业发展面临的基础设施等公共投入压力加大。水资源匮乏，全区黄河水配额每年 40 亿立方米，这也是发展葡萄酒产业的刚性约束因素。

5.2.2　宁夏葡萄酒产业科技创新能力分析

科技助推产业高质量发展，产业的核心竞争力来自科技创新，而专利正在逐渐成为科技创新的核心竞争力。本节应用专利分析围绕葡萄酒发展目标所处阶段和特点，构建专利分析框架，形成围绕产业实际需求且涵盖产业链、技术链、企业竞争环境和专利影响力等方面的研究分析，以期为支撑葡萄酒产业科技创新发展提供翔实的专利信息情报，也为研究宁夏葡萄酒产业竞争力状况提供参考。

1. 检索策略

1）中国专利数据库（国家知识产权局、佰腾网）检索策略

（1）相关关键词。葡萄、酿酒葡萄、葡萄酒、红酒、酿酒、酿造、发酵。

（2）检索策略。①葡萄、酿酒葡萄、葡萄酒、红酒；②葡萄、酿酒葡萄、葡萄酒、红酒或者酿酒、酿造、发酵。

（3）检索对象。仅限发明专利、发明授权专利及实用新型专利。

2）在 incoPat 数据库中的基础检索式和检索过程

（1）相关检索词。①葡萄：grape、grapes；②葡萄酒：grape wine、vintages；③红酒：red wine；④酿造、发酵：brewing、fermentation、vinification。

（2）在 incoPat 中的基础检索式和检索过程。TIO=葡萄酒、红酒、grape wine、vintages、red wine，共检索专利 4153 项；合并去重后，共检索专利 3797 项。

（3）检索对象。研究对象仅限 incoPat 分析系统里提供的国内外发明专利、发明授权专利及实用新型专利。

2. 葡萄酒产业专利分析

1）世界专利分析

(1)优先申请年统计及其趋势分析。

由图 5-7 可得，葡萄酒专利技术的发展大致可分为两个阶段，从 2001 年到 2011 年，总体申请量均呈现平缓趋势，每年申请量在 600 项上下波动；2015 年至 2018 年申请量大幅度增加，其中 2016 年、2017 年达到申请量最高峰，申请数量达到 846 项。2019 年，专利申请数量略有下滑，这可能与专利申请公开时间滞后有关。

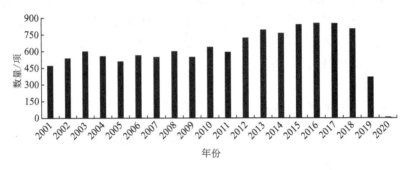

图 5-7　葡萄酒产业专利申请趋势

(2)专利全球分布情况。

葡萄酒产业专利分布于全球 60 个地区和国家。中国是主要的专利申请国，专利申请量达到 3688 项，排名第二的法国申请专利 2359 项，美国以 1832 项专利申请量排名第三(图 5-8)。

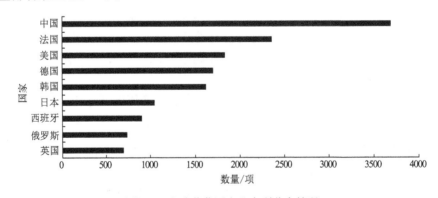

图 5-8　全球葡萄酒产业专利分布情况

(3)主要申请人实力分析。

incoPat 的专利主要申请人分析图能直观体现专利申请人之间技术差距和综

合经济实力。图 5-9 中横坐标代表机构申请的专利数量。由图 5-9 可知，中法合营王朝葡萄酿酒有限公司、Lg Electronics Inc、Samsung Electronics Co Ltd 位列前三。

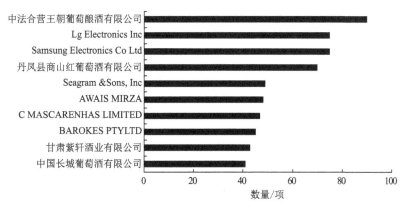

图 5-9　全球葡萄酒产业专利申请前十名机构实力分析

(4)专利技术全球分布。

通过全球葡萄酒产业专利统计分析，葡萄酒产业前 10 个专利技术类别主要有：制备酒或起泡酒(17.9%)、葡萄种植(17.3%)、葡萄采摘(10.4%)、葡萄多酚类的提取工艺(6.6%)、不含酒精的葡萄饮料(6.5%)、葡萄抗病研究(4.0%)、葡萄汁提取(4.0%)、葡萄藤(3.9%)、葡萄冷冻保鲜(3.7%)、葡萄酒制备(3.6%)。

2）中国专利分析

(1)优先申请年统计及其趋势分析。

由图 5-10 可知，从专利申请量来看，葡萄酒产业中国专利技术的发展大致可分为三个阶段，从 2001 年到 2003 年，该领域年总体申请量很少，基本处于一个

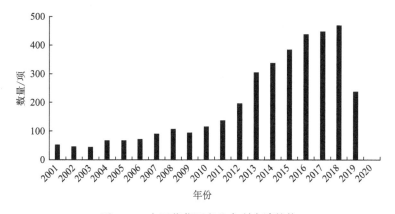

图 5-10　中国葡萄酒产业专利申请趋势

较低水平；2004 年至 2008 年申请量有所增加，但申请量仍然停在 66～106 项之间。之后申请量开始出现较快增长，从 2009 年的 94 项飙升至 2018 年的 467 项，其中 2018 年的申请量达到最高峰，2019 年，专利申请数量急剧下滑，这可能与专利申请公开时间滞后有关。

(2)主要参与机构实力分析。

以行业主要参与机构在专利数量、专利引证、专利分类号、公司年收入、专利诉讼、专利全球分布六个因素百分比的统计计算为基础进行主要竞争者实力分析。由图 5-11 可知，中法合营王朝葡萄酿酒有限公司、丹凤县商山红葡萄酒有限公司、中国长城葡萄酒有限公司位列前三。

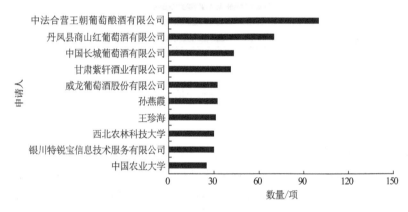

图 5-11　中国葡萄酒产业专利主要参与机构实力分析数量

(3)文本聚类分析。

通过对中国葡萄酒产业专利进行文本聚类分析(表 5-6)可知，专利主要参与机构拥有的专利技术主要分布在桃红葡萄酒、包装箱、干红葡萄酒、氨基甲酸乙酯、酒器五个方面。中法合营王朝葡萄酿酒有限公司专利技术主要针对桃红葡萄酒(野生山葡萄酒、山葡萄酒、SOD、干红葡萄酒)，其次为酒器；丹凤县商山红葡萄酒有限公司主要为包装箱；中国长城葡萄酒有限公司主要为酒器(零度葡萄酒蒸馏、葡萄、酒瓶塞、酿造机及酒器)(图 5-12)。

表 5-6　中国葡萄酒产业专利文本聚类分析

申请人/分类	桃红葡萄酒	包装箱	干红葡萄酒	氨基甲酸乙酯	酒器
中法合营王朝葡萄酿酒有限公司	75	0	6	0	26
丹凤县商山红葡萄酒有限公司	7	50	0	0	6
中国长城葡萄酒有限公司	5	0	0	4	35

续表

申请人/分类	桃红葡萄酒	包装箱	干红葡萄酒	氨基甲酸乙酯	酒器
甘肃紫轩酒业有限公司	0	25	0	0	15
西北农林科技大学	18	0	0	5	0
威龙葡萄酒股份有限公司	0	21	0	0	0
孙燕霞	33	0	0	0	0
王珍海	0	0	27	0	0
银川特锐宝信息技术服务有限公司	0	0	0	0	31
中国农业大学	2	0	0	14	0

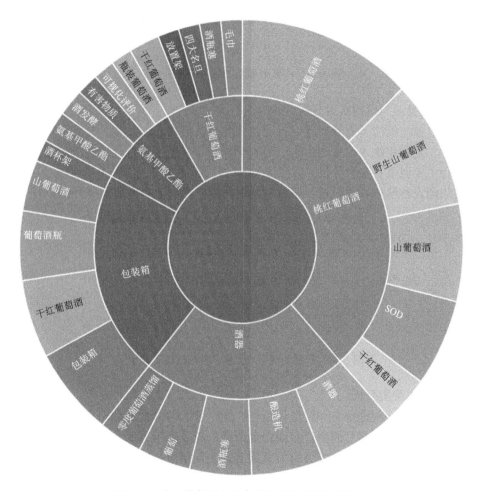

图 5-12　中国葡萄酒产业专利文本聚类分析饼状图

3）宁夏专利分析

(1)优先申请年统计及其趋势分析。

宁夏葡萄酒专利申请总量较少，自 2001 年到 2007 年，申请量持续为 0 项；2008～2009 年两年的申请量为 13 项；2010～2015 年，依旧处于极低水平，每年申请 1 项；2016 年起开始出现增长，2018 年和 2019 年数量较大，2018 年申请量为 42 项(图 5-13)。

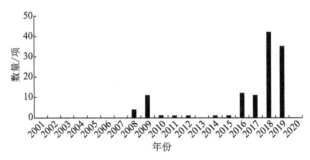

图 5-13　宁夏葡萄酒产业专利数量分析

(2)主要参与机构实力分析。

主要参与机构实力分析是以行业主要参与机构在专利数量、专利引证、专利分类号、公司年收入、专利诉讼、专利全球分布六个因素百分比的统计计算为基础进行主要竞争者实力分析。由图 5-14 可知，宁夏方特达信息技术有限公司、中宁县华葡农林科技有限公司、宁夏贺兰山东麓庄园酒业有限公司位列前三。

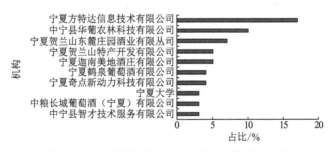

图 5-14　宁夏葡萄酒产业主要参与机构实力分析

(3)文本聚类分析。

由葡萄酒专利进行文本聚类分析(表 5-7、图 5-15)可知，宁夏专利主要集中在废水、压力呼吸器、酒生产、甜白葡萄酒、瓶颈套等方面。宁夏方特达信息技术有限公司、中宁县华葡农林科技有限公司主要聚焦在发酵罐、橡木桶、超声波提取机等设备方面；宁夏贺兰山东麓庄园酒业有限公司主要聚焦在'赤霞珠'干红葡萄酒、酒瓶身、解百纳、红葡萄酒方面。

表 5-7　葡萄酒专利聚类分析

申请人/分类	废水	压力呼吸器	酒生产	甜白葡萄酒	瓶颈套
宁夏方特达信息技术有限公司	0	16	1	0	0
中宁县华葡农林科技有限公司	0	8	2	0	0
宁夏贺兰山东麓庄园酒业有限公司	0	0	0	7	0
宁夏贺兰山特产开发有限公司	0	0	0	5	0
宁夏迦南美地酒庄有限公司	0	0	0	4	1
宁夏奇点新动力科技有限公司	0	4	0	0	0
宁夏鹤泉葡萄酒有限公司	0	0	0	4	0
中宁县智才技术服务有限公司	0	1	1	0	1
中粮长城葡萄酒(宁夏)有限公司	1	0	2	0	0
宁夏大学	1	0	0	2	0

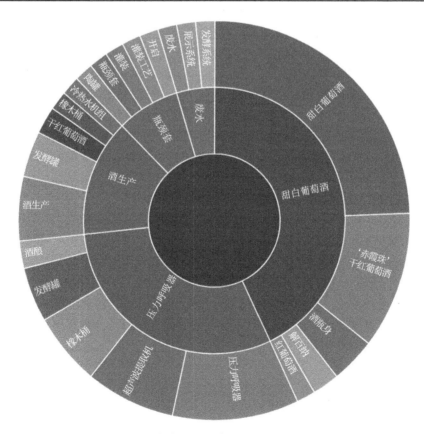

图 5-15　宁夏葡萄酒产业专利文本聚类分析饼状图

3. 葡萄酒产业专利概述

通过 incoPat 平台的葡萄专利分析，葡萄酒产业方面的专利主要以各种类型的葡萄酒为主，其他辅助类专利则主要为葡萄酒酿造全过程中各环节产生的各类专利。现对葡萄酒产业专利进行概述：葡萄酒专利类型丰富，极具特色，主要有保健葡萄酒、糜子葡萄保健酒、干红或白葡萄米酒、野生葡萄营养保健酒、南瓜葡萄酒、银杏葡萄酒、粉红色泡沫葡萄酒、红景天葡萄酒、芦笋葡萄酒、葡萄啤酒、白葡萄酒、葡萄碳酸酒、全汁野生葡萄"蠡口"酒、枸杞葡萄混合发酵酒、绍兴葡萄酒、山葡萄酒、野生葡萄营养保健酒、洪山养颜滋补葡萄酒、山药葡萄酒、干白葡萄酒、山葡萄酒、葡萄龟板胶鹿角胶滋补酒、发酵枸杞果葡酒、枸杞果葡萄酒、姜汁葡萄酒、干枸杞葡萄酒、葡萄灵芝酒、洋葱葡萄酒、芹菜葡萄酒、仙人掌葡萄酒、葡萄起泡酒、开胃野山葡萄酒、海藻葡萄酒、龙果葡萄酒、芦荟葡萄酒、林蛙油葡萄酒、无花果葡萄酒、山楂葡萄发酵酒、玫瑰香味低酒精起泡白葡萄酒、红葡萄保健酒、冰葡萄酒、丁香芦荟葡萄酒、不含酒精的蜂胶葡萄酒、五味子葡萄酒、松花葡萄酒、甜白葡萄酒、葡萄蝎蚁保健酒、益胃 SOD 干红葡萄酒、'琼瑶浆'甜白葡萄酒、沙棘葡萄酒、苦瓜葡萄酒、人参葡萄酒、可乐葡萄酒、金鸡纳葡萄酒、核桃仁葡萄酒、刺五加葡萄酒、螺旋藻葡萄酒、蜂蜜葡萄酒、驴皮明胶葡萄酒、番茄葡萄酒、女贞子葡萄酒、青稞红曲葡萄酒、茅台风味葡萄酒、红枣葡萄黄酒、蓝莓葡萄酒、高度白葡萄酒、微发酵柠檬葡萄酒、桑葚冰葡萄酒、野生葡萄玫瑰酒、葡萄茶酒、榴莲味葡萄酒、热凝葡萄酒、葡萄籽保健酒、玛卡葡萄酒、红薯葡萄酒、茯苓葡萄酒、大蒜葡萄酒、桂花葡萄酒、罗汉果葡萄酒、葡萄杏仁酒、"白色半沙漠"葡萄酒、"红色半沙漠"葡萄酒、半甜红葡萄酒、半甜白葡萄酒、甜葡萄酒、"琥珀"冰葡萄酒、干红葡萄酒、无酒精葡萄饮料等。

中国专利 CN1086735 C 介绍了一种泡沫葡萄酒的酿造工艺，这种泡沫葡萄酒由原葡萄汁、白砂糖、酸味调节剂、食用酒精、蛋白粉、葡萄精华和无菌水发酵而成。专利 CN1111596 C 介绍了一种枸杞葡萄酒的酿造方法，采用新鲜枸杞、葡萄为原料。枸杞粉碎，浸泡在食用酒精生产浸泡酒，碎枸杞、葡萄发酵生产发酵酒和浸泡酒和发酵酒混合、储存、脱胶、灭菌和过滤生产枸杞葡萄酒。专利 CN102146327 A 介绍了一种用于酿造葡萄、枸杞营养保健酒的方法，包括以下步骤：将新鲜的葡萄、枸杞破碎分选，将蜂蜜、葡萄、枸杞装入发酵罐，发酵 3～7 天，温度保持在 10～15℃，并进行分离和老化，澄清和过滤除菌、过滤、灌装。专利 CN1635075 A 介绍了一种保健葡萄酒，由首乌、莲子、金钱草、金樱子、女贞子、菟丝子、牛膝、桑葚、红枣、枸杞、熟地、黄芪、肉桂等中草药组成。专利 CN103305372 A 涉及一种利用葡萄皮渣生产原白兰地的方法。

专利 FR526902 A 介绍了一种自然发酵法酿造葡萄酒过程中，去除各种杂质的工艺改进方法。专利 FR2256244 A1 介绍了一种利用破碎葡萄、发酵葡萄汁生产葡萄酒和烈酒的工艺。专利 FR2213342 A1 介绍了一种利用连续逆流萃取葡萄废弃物，用于生产葡萄薄酒和纯净结晶酒石酸的方法。专利 FR2536762 A1 公开了一种避免葡萄汁、葡萄酒及香槟结晶的方法。

其他葡萄酒类辅助专利有：葡萄酒瓶盖开启器、葡萄酒架、葡萄整流柜、旋转喷淋式干红葡萄酒发酵罐、连续发酵葡萄酒用锅、葡萄酒瓶盖、带冰盒的葡萄酒包装盒、葡萄酒柜、降低野生葡萄酒中酸的方法、花式葡萄酒瓶、葡萄酒木包装桶、葡萄酒高容量保温容器、葡萄破碎机、葡萄酒标签纸质量检测方法、葡萄酒专用醒酒瓶、葡萄酒老化装置、葡萄酒多功能发酵罐、葡萄酒发酵罐浮动装置、葡萄酒红外光谱定性分析、葡萄酒质量测定方法、葡萄酒稳定方法、葡萄酒沉淀离心机、葡萄酒原料螺旋式离心机、改善葡萄色泽和葡萄酒口感的方法、葡萄酒生产中的葡萄果肉酶处理、葡萄酒的离子交换处理、去除葡萄酒中酒石酸和酒石酸盐的方法、酿酒葡萄加工装置、监测葡萄酒发酵控制装置、葡萄发酵罐搅拌装置、葡萄发酵自动控制方法、葡萄冷磨和冷压方法、葡萄酒脱酸、葡萄酿酒工艺处理。

法国专利 FR2909014 A1 介绍了一种排出、干燥和储存葡萄酒、葡萄汁的装置。专利 FR2006930 A1 介绍了一种应用于葡萄酒生产中的葡萄气动输送装置。专利 FR2599379 A1 公开了一种用于在葡萄酒酿造过程中控制葡萄温度的冷却装置。中国专利 CN1534089 A 将 N-乙酰葡糖胺作为葡萄酒添加剂，可以减少葡萄酒中的有害物质（如酒精）对人体器官的损害 95% 以上。专利 CN101055113 A 涉及一种葡萄酒地下窖室冷能利用的方法，采用吹风装置将葡萄酒中的冷空气转移到地下的窖中进行冷却。专利 CN1683493 A 介绍了一种在葡萄酒发酵过程中在线监测二氧化碳浓度的方法。专利 CN101265000 B 介绍了一种葡萄酒酿造中废水处理方法：调节酸度、固液分离、预酸化、厌氧反应、三级生物反应、沉淀、混凝、过滤、消毒、排放、污泥处理、发电。日本专利 JP2011246350 A 提供了一种获得葡萄提取物中有效成分的方法，并利用从葡萄中提取的提取物来生产食品和化妆品。专利 JPS6394964 A 通过使用特定的微生物菌株分解葡萄汁或葡萄酒中的邻氨基苯甲酸酯。

4. 小结

基于特殊的地理位置，尤其是贺兰山东麓，宁夏的酒庄酿造出了不少国际有名的酒。因此，自治区政府把葡萄酒产业当作宁夏的第六产业来抓。在专利分布方面主要集中在废水、压力呼吸器、酒生产、甜白葡萄酒、瓶颈套等领域，说明宁夏的葡萄产业发展仍处于较低水平，也可以看出在葡萄酒深加工领域，宁夏的潜力巨大。

通过对葡萄酒领域专利申请技术分析可以看出，国内葡萄酒产业技术领域的专利申请主要分布在葡萄酿酒、葡萄养生酒、栽培、防病、肥料、抗病基因研究等方面。

国内申请葡萄酒产业有关专利较多的单位主要有：中法合营王朝葡萄酿酒有限公司、丹凤县商山红葡萄酒有限公司、中国长城葡萄酒有限公司。宁夏申请专利量较其他省区市非常少。其中，申请葡萄酒产业专利较多的是宁夏方特达信息技术有限公司、中宁县华葡农林科技有限公司、宁夏贺兰山东麓庄园酒业有限公司。从宁夏葡萄酒专利申请分析来看，宁夏在生态资源、文化资源、土地资源有一定优势，但在葡萄籽油提取、花青素提取等深加工领域不占优势，说明宁夏葡萄酒产业在医药化工、深加工、保健等领域技术薄弱，很多比较知名的葡萄酒生产企业并不是非常重视发明专利的申请。由于发明专利和实用新型专利从价值上有明显区分，合作伙伴只会选择与发明专利申请量和持有量多的企业进行合作，要想提升品牌的国际竞争力，企业应当重视申请和持有发明专利，而不是将资金和能力只是简单注入广告宣传，专利分析不仅是一份实力的说明材料，更能发现竞争对手目前在重点研发哪些领域，掌握核心科研发展方向。

目前，葡萄酒产业发展的发明专利申请和技术主要集中在葡萄酒、葡萄籽油提取应用等领域，为提升产业科技创新能力，建议聚焦深加工领域、加强发明专利申请，形成核心专利保护网。实施外围专利申请战略，构筑葡萄酒深加工领域现有产品专利保护网。实施科技文献信息利用战略，促进葡萄酒产业健康持续发展。

5.3 提升贺兰山东麓葡萄酒产业竞争力的保障措施与对策建议

宁夏酿酒葡萄产业经过 30 多年的发展，历经试验示范、快速扩张、品质提升、稳定成长，目前已进入高质量、品牌化发展的关键阶段，发展态势持续向好，发展机遇前所未有。2021 年 5 月，由农业农村部、工业和信息化部及自治区人民政府三方共同创建的"宁夏国家葡萄及葡萄酒产业开放发展综合试验区"（以下简称综试区）获国务院正式批准，自此，宁夏葡萄酒产业将全面走向高质量发展之路，并在全国葡萄酒产业发展中起到引领示范带动作用，对此，特提出以下对策和建议。

5.3.1 聚焦"新技术"，走好创新发展之路，提升国际竞争力

借助多元化的国际交流平台，引入全球领先的品种、技术、设备、工艺，集中到试验区进行试验示范，结合产区特点、中国特色进行改良升级及二次创新。

同时，通过建设人才高地加强自主创新，效益明显的改良、创新成果，推广至全国及众多国际葡萄酒产区。

(1)在优化酿酒葡萄新品种方面。加大法国、意大利、阿根廷、美国、格鲁吉亚等国家优质新品种引进力度，结合区域发展条件加强品种筛选，注重种苗培育，着重解决当前品种同质化、品种退化等问题。结合区域发展条件，以产品多样性和差异化为导向，加强抗寒、抗旱、耐盐碱、免埋土品种筛育，引导发展自主品种来源追溯及检验检疫。引进国内外高层次人才和先进育种技术、育种材料、关键设备，培育一批具有自主知识产权的新品种。

(2)在打造高标准优质基地方面。葡萄园是葡萄酒的第一车间，未来需要重点做好四个方面的工作：一是科学规划种植区域。按照与黄河滩区治理、生态恢复相结合的原则，综合考虑日照、积温、土壤等情况，对现有规划区适合种植优质酿酒葡萄区域已种植和未种植情况进行详细摸底，能种植的鼓励企业和农户应种尽种。组织专门力量，对规划区之外的土地，特别是黄河滩区土地进行勘测，对经勘测适合酿酒葡萄种植的区域，规划建设为葡萄种植园区，政府配套水、电、路、网、气等基础设施，用以招大商、招名商。加强产区基础设施建设，完善配套产区酒庄与酒庄、酒庄与旅游景点间的交通路网，完善酒庄(企业)天然气、水、电、路、林、网以及公厕、垃圾转运站等基础设施。加快节水灌溉设施配套建设，全面推行以滴灌为主的水肥一体化高效节水灌溉,力争通过3~5年使产区全面实现节水灌溉设施配套。立足生态承载容量，稳步扩大酿酒葡萄种植面积，确保满足酒庄 80%以上葡萄酒生产所需原料的自给自足。二是加快建立种苗来源及检验检疫体系。加快建立品种苗木来源、种苗生产全过程投入品等追溯及检验检疫体系，为生产高品质葡萄酒提供安全保障。实行严格的种苗准入制度，强化脱毒良种苗木繁育，推广无病毒嫁接苗使用。对宁夏贺兰山东麓现有葡萄基地，按土壤性状、气候条件等进行科学细分，结合消费市场和酿酒工艺，明确适宜的葡萄品种，避免同质化。加快推广法国、日本的葡萄有机栽培技术，推动绿色有机葡萄产业发展，提升产品附加值。三是按照智能化、智慧化发展的要求，支持建立酿酒葡萄社会化综合服务组织。从育苗、栽培、灌溉、机械化等方面，提供全方位的技术服务。成立自治区酿酒葡萄农机农艺融合专家指导组，重点突破埋出土的机械化作业，统筹协调解决农机农艺融合中遇到的困难和问题，做好技术上的研究和指导，力争病虫害防治、修剪除草、松土施肥、葡萄埋出土方面综合机械化水平达到 70%以上。四是支持酒庄(企业)改造低产低效葡萄园。针对树龄 5 年以上的低产低效葡萄园，一些优质葡萄园管理实践证明，通过增施有机肥(实现斤果斤肥)、补齐缺株(保存率 90%以上)、变革架型、合理负载、水肥一体化供给等配套技术措施，对现有约 20 万亩低产低效园实现全面改造升级，因园精准施策，应用推广改造技术，可全面提高葡萄园整体管理水平，提高产量和质量，降低生产成本。力争使低产园亩均产量由目前的不足 260 千克提升并稳定到 500 千克左右。

（3）在突出标准引领方面。完善种植、酿造、深加工、包装、储运、生态保护等全产业链的技术标准。突出标准引领作用，创建国家葡萄酒全产业链标准化示范区。提升质量检验检测能力，建立国家级葡萄酒质量检验检测中心。支持酒庄（企业）建立检验检测实验室（中心），形成第三方检验与企业自检相结合的葡萄酒质量检验检测体系。优化完善质量认证标准体系。为中国葡萄酒市场建立专业化与普惠化兼具的全新葡萄酒行业标准。推动葡萄酒质量认证体系建设，鼓励企业进行绿色种植、有机种植、良好农业规范（GAP）等产品质量认证，促进葡萄酒品质提升；扶持有出口资质的葡萄酒企业开展国际葡萄酒质量认证，推动葡萄酒出口。

（4）在全面构建葡萄及葡萄酒产业体系方面。加快建立以葡萄品种、栽培酿造、葡萄酒品质、品牌全产业链技术标准体系、原产地名称保护体系、质量分级体系为主的葡萄及葡萄酒产业体系。

（5）在加强科技创新和成果转化能力方面。利用国内外科技资源，搭建技术转移平台，建设数字葡萄基地，引进和创新智能酿造、节水灌溉、水肥一体、黄河泥沙资源利用、生态循环、智慧监管等关键技术，建立全程全面、高质生产装备示范区。提高葡萄机械适用性和装备自主化水平，推进产业技术装备精细化、智能化。加大行业科技投入，支持综试区建立葡萄酒国家级企业技术中心，建设集理论、实验、生产、研究于一体的中国葡萄酒产业科技研发及转化机构。加强与国际一流科研院所引智引技合作，引领产业转型升级和提质增效，促进葡萄酒产业科技自主创新和成果转化水平。

5.3.2 开创"新模式"，走好品牌化发展之路，提升产业驱动力

结合贺兰山东麓的核心优势，围绕产业对外开放水平提升，在综试区开展"品牌打造、酒庄管理、产品营销、产业经营"四大模式创新及试验示范，总结归纳经验，向国内外其他产区推广。

（1）多品牌组合进入市场模式。政府主打产区品牌，企业主打酒庄品牌、产品品牌，企业联合体主打产区大单品品牌，实现"四位一体"的多品牌组合战略。重点抓好以下工作：一是坚持政府主打产区品牌。自治区进一步规范"贺兰山东麓葡萄酒"地理标志的使用和管理，提升贺兰山东麓葡萄酒地理标志产品的质量特色；探索建立政府投入为主、企业（酒庄）投入为辅的产区宣传推介专项基金，在中央电视台和经济发达省区市电视台进行产区的广告宣传，挖掘和推广中国葡萄酒文化以及地域文化，提升产区影响力。充分发挥宁夏卫视宣传作用，多频次、多形式宣传宁夏贺兰山东麓酿酒葡萄产区和以贺兰红为主的知名品牌。二是引导酒庄打造企业品牌和产品品牌。支持酒庄（企业）围绕产品品牌，在设计创意、生

产制造、产品特色、酒庄文化、广告宣传等方面进行创新品牌宣传，讲好品牌故事，构建品牌服务管理体系。支持龙头酒庄、骨干酒庄、精品酒庄实施规模梯次发展和大单品战略，聚力发展中高端大单品。对于酒庄企业在各类场景中进行广告宣传的给予政策鼓励。

　　(2)对标建立国际创新管理模式。重点抓好以下方面的工作：一是做大龙头企业(酒庄)。集中优势资源和各方力量，培育几个在全国有较大影响力的"宁字号"葡萄酒庄(企业)，整合一批领军酒庄(企业)，提升加工能力、品牌营销能力和市场竞争实力。支持长城天赋、张裕摩塞尔、西夏王、贺兰红共享等龙头企业通过联合、重组、并购、参股等方式组建混合所有制经济体，扩大种植规模、优化加工工艺和产品结构，开展技术更新改造，以龙头酒庄规模效应和品牌效应带动贺兰山东麓葡萄酒产业发展，形成龙头企业顶天立地、小酒庄集群发展的格局。大力推动重点葡萄酒企业以资本、品牌为纽带，引进一批国内、国外知名大企业战略合作伙伴，利用市场优势，实现产业资源整合，以葡萄酒产业为龙头，加大对外开放力度，加快宁夏走出去的步伐。二是做优精品酒庄。进一步规范葡萄酒产区酒庄准入门槛，优化酒庄布局，推进葡萄种植、葡萄产业园高标准建设，促进葡萄酒产业优质、高效发展。从产地保护、庄园选址、企业规模、种植规范、人才支撑、规划引领、风貌风格、生态环境保护等方面，规范酒庄(企业)准入门槛，打造一批风貌独特、特色鲜明、定位差异的精品酒庄，推进产品、价位多元化，实现品质优良、价格合理。准入门槛主要针对增量酒庄，对已经建成的酒庄不做变动。围绕精品酒庄，打造若干酒庄镇，探索酒庄部分生活功能和种植园生产功能分离，集聚教育、培训、制造、展示、销售、旅游等公共服务的配套和相关产业的延伸，形成"生活+"的发展模式。

　　(3)线上线下融合式创新营销模式。重点做好三个方面工作：一是开展直销直营。在消费量大、目标客户集中的城市，联合产区多家优质酒庄抱团开发市场。在泉州、福州、长沙、厦门、成都、重庆、杭州、南京等有市场基础的城市，由政府支持建立了宁夏贺兰山东麓葡萄酒官方展销体验中心和配送中心，并鼓励联合产区内多个酒庄，围绕展销体验中心设立宁夏葡萄酒专卖店，形成产区聚集效应，展销展示中心(葡萄酒专卖店)按产业政策继续给予补助。二是开展各类展销活动。通过支持举办葡萄春耕展藤活动、国际葡萄酒电影电视艺术节、"一带一路"国家侍酒师挑战赛、贺兰山东麓葡萄酒中国行，积极申办世界葡萄与葡萄酒大会等各类国内外主流葡萄酒展会和专业酒展，集中展示宁夏产区名优葡萄酒。举办好本土性专业展会——中国(宁夏)国际葡萄酒文化旅游博览会，提高产区及酒庄外部影响力，促进产区提升市场占有率。三是加强"互联网+"线上营销。搭建统一的贺兰山东麓葡萄酒互联网官方营销系统(平台)、葡萄酒产业大数据中心和中国葡萄酒国际交易平台，进一步提升优化贺兰山东麓葡萄酒产区已建立的京东官方店、天猫旗舰店以及醉鹅娘、酒仙网等电商平台，做实做强产区线上综合交易平台，鼓励酒庄建立自营电商平台，引导酒庄（企业）应用好微信、抖音、快手等APP，探索小程序、视频营销、直播营销等新型营销方式。持续做好流量引入和转化，增加产区葡萄酒销量。

(4)多主体参与创新经营模式。一是"外资品牌+宁夏特色"模式。鼓励国际顶级葡萄酒企业和品牌入驻，通过租赁、入股、流转等形式与综试区农户或葡萄种植企业、葡萄酒酒庄合作，实现国际品牌与贺兰山优质葡萄酒及传统文化的有机结合，深化合作与互利共赢空间。二是"国际人才+宁夏酒庄"模式。发展职业经理人模式，吸引更多熟悉产业、懂技术、会经营的国际化人才参与酒庄管理，提升产业发展水平。三是"酒庄+全球营销"模式。鼓励各独立酒庄与国内外大型葡萄酒营销企业组建营销联合体，积极推广合作式、托管式、订单式服务，全面激活产品销售链，在产业集中区建设预冷、保鲜、配送等服务体系，畅通试验区葡萄酒进入国内外市场渠道。四是建立利益联结机制模式。增强酒庄（企业）带动农民增收的社会责任，推进葡萄酒产业与脱贫富民相结合。发挥新型葡萄酒产业经营主体带动作用，鼓励市场成立服务于葡萄园、葡萄酒酿造、移动灌装、物流运输等第三方服务型企业，鼓励各类新型农业经营主体融合发展，培育和发展农业产业化联合体，通过保底分红、股份合作、利润返还、订单生产、就业带动等多种形式，逐步探索和构建"产业联盟+专业合作联社+专业合作社+农户"稳定紧密的利益联结机制，实现"大酒庄牵手小农户"。推行订单农业，鼓励龙头企业与专业合作社签订农产品收购协议，由专业合作社再组织对农户所种植的酿酒葡萄进行技术、收购、管护、加工、运输等服务，让农民共享产业链增值收益。

(5)产业发展与生态保护深度融合模式。按照"守好改善生态环境生命线、努力把宁夏建设成黄河流域生态保护和高质量发展的先行区"的战略部署，将贺兰山东麓葡萄酒产业发展和生态融合统筹起来，结合《黄河流域生态保护和高质量发展规划》，衔接落实区域"三线一单"生态环境分区管控要求，做好产业布局，实现"产业生态化"和"生态产业化"。

(6)产品分等分级评价模式。对标世界主要葡萄酒国家（产区）产品分等分级体系，构建科学、严格、公正的宁夏产区葡萄酒产品中国评价分级模式和标准，率先建立适应国内消费者的品质评价体系，成立中国葡萄酒指数研究院，为消费者选购葡萄酒提供可视化的参考标准，提升国产葡萄酒品牌吸引力和公信力。

5.3.3 打造"新业态"，走好融合发展之路，提升产业带动力

立足葡萄酒产业集群，充分利用宁夏葡萄酒旅游在国内外旅游市场的独特性、区位性、唯一性，文旅铺路，品质导向，面向全球彰显贺兰山东麓特色、凝聚建

设"文旅+"葡萄酒产业链，探索挖掘具有中国葡萄酒产业特色的文化符号，加快酒庄游线路产品创新、葡萄酒文旅产品提质升级、葡萄酒产业与康养产业融合，推动文旅产业与葡萄酒产业高质量融合发展。提高试验区葡萄酒产业、产品的历史文化底蕴、价值内涵，增强国际市场对中国葡萄酒的认可度。

（1）"产业+文化"彰显中国特色。充分吸收全球优势产区的葡萄酒文化，整合贺兰山东麓现有的史前文化、草原文化、农耕文化、西夏文化、黄河文化、移民文化内涵，实施葡萄酒品牌文化战略，形成具有宁夏特色的葡萄酒产业与文化产业相融合的文化创意园区，向全球彰显宁夏多种文化交融的地域特色。完善产业融合的配套设施，对接自治区现代化综合交通运输体系，配套建设"葡萄园-酒庄-旅游景点"的全程化旅游参观、品鉴体验、购物的基础设施，把贺兰山东麓产区打造成为全国一流、世界著名的葡萄酒文化休闲目的地。

（2）"产业+旅游"打造国际旅游胜地。以贺兰山东麓生态景观、葡萄酒产业为背景，融合自然景观、旅游景区，开发高端文化休闲旅游度假及文化体验之旅，形成葡萄产业基地与旅游区空间融通、内涵延伸、功能互补的新格局，打造贺兰山东麓文化旅游发展示范区。支持酒庄（企业）以贺兰山东麓标准化葡萄种植基地和酒庄为依托，将酿酒葡萄产业与宁夏全域旅游相融合，搭建葡萄基地酒庄游、葡萄采摘、葡萄酒品鉴、休闲、美食、体验、教育、商务会议和旅游参观等载体，丰富葡萄及旅游产业观光品种，形成贯穿葡萄文化、生态旅游观光、山水田园等特色资源融为一体的发展模式，增加中外游客在宁夏的逗留时间，丰富宁夏旅游业内涵。强化宁夏葡萄酒文化旅游宣传力度，丰富酒庄（企业）旅游产品，在产区内营造浓厚的葡萄酒旅游氛围，提升消费者与游客的认知度，使宁夏葡萄酒旅游成为全域旅游的重要元素。

（3）"产业+生态"发展绿色有机农业。充分挖掘试验区生态优势，逐步将生态优势转化为经济优势并强化产业经济与生态的良性循环，树立葡萄酒产业绿色发展理念，推动产业转型升级，实施以绿色生产、绿色加工、绿色包装、绿色物流、绿色环境为一体的绿色发展战略，发挥贺兰山东麓生态文明建设示范作用。结合贺兰山东麓生态景观，融合自然景观、旅游景区，形成葡萄酒产业区、生态区、旅游区空间融通、内涵延伸、功能互补的新格局。加强葡萄及葡萄酒绿色发展标准体系建设，依据国际标准、行业标准开展对产区环境的综合治理。建设酒庄独立污水处理系统，落实环境影响评价制度。推广使用生物质、矿物质农药及腐熟有机肥，控制面源污染，推进有机葡萄酒生产认证。改造提升、配套完善高效节水滴灌设施，注重节约水资源，严格保护地下水。探索并大力发展以葡萄种植为核心的绿色、低碳、循环产业，科学评估葡萄园碳汇价值，为推动"碳中和"发挥作用。

（4）"产业+互联网"推动产业智能化发展。以设施农业为重点，加大互联网、物联网等信息技术的应用力度，发展智慧型葡萄及葡萄酒产业。将工业化和信息化两化融合，培育智慧葡萄酒示范企业，建成多个智慧葡萄园、酒庄示范基地。培育建设各具特色的农商互联电子商务产业园区，吸引境内外电子商务企业及相关服务企业入驻。推动葡萄酒企业到国际目标市场建立公共海外仓、展览展示、产品分拨中心，健全品牌葡萄酒海外营销渠道，扩大葡萄酒国际市场。

5.3.4　搭建"新平台"，走好国际化发展之路，提升国际影响力

把平台建设作为宁夏贺兰山东麓葡萄酒产品走向世界的重要抓手，提升活动承载力和组织力，推动葡萄及葡萄酒产业相关的重大国内国际交流活动、展览展示平台、交流培训项目向试验区集聚，围绕产业链条的各个环节创新活动模式、细化活动内容，试验出一套专业性强、配套成熟、品类齐全、现代化水平高、影响力大、辐射面广的高端国际化平台系列。

(1)加强国际平台"引进来"。进一步加强与 OIV 的业务交流和联系，立足中国葡萄酒产业实际，广泛开展与世界不同产区，特别是"一带一路"沿线国家的交流与合作。积极争取 OIV 在宁夏召开年会、布鲁塞尔国际葡萄酒大奖赛引进银川以及其他重大活动在宁夏举办。结合中美旅游高峰论坛、中阿论坛、国际葡萄与葡萄酒大会，中法、中意葡萄酒设备展等大型会议和活动，集中宣传产区产品和发展状况。积极参加国际酿酒师、意大利五星葡萄酒评选、"一带一路"侍酒师挑战赛等国内外葡萄酒相关赛事，并争取在比赛中斩获奖项。

(2)加快本土平台国际化。以目前我国唯一的国家级葡萄酒博览会——中国(宁夏)国际葡萄酒文化旅游博览会为契机，举办以打造贺兰山东麓产区知名度和美誉度的国际性世界葡萄酒大会。加大力度办好本地葡萄春耕展藤、国际葡萄酒电影节、国际美酒展等相关活动，融入"一带一路"因素，传承葡萄风土耕作文化，打响葡萄酒、葡萄酒文化及旅游品牌。借助活动平台，加强与国际葡萄和葡萄酒组织成员国及国内外大型企业的合作。

(3)抓好传统媒体影响力。定期且频繁赴全国各地及全球重点国家、地区开展产品推介活动，通过高频率宣传提高市场份额。借助机场、车站等各类形式的室外广告媒体，支持酒庄出版精美画册，拍摄葡萄酒庄和美食相结合的电影、电视剧系列片和宁夏葡萄酒产业特色的中英文纪录片，宣传产区酒庄。利用现代互联网技术宣传推介，开通微博账号和微信公众号，扩大品牌影响力。

5.3.5　建设"新机制"，走好专业化发展之路，提升配套支撑力

开展包括管理、人才培养、信息体系建设等机制的试验示范，建设国际化葡

萄酒产业人才高地、信息高地、管理机制高地，引领人才集聚、培养及输送，主导信息的汇集、整合和传播。

（1）内脑外智并用，打造国际一流人才培养机制。建立国际化"科研人才+专业人才+酒庄主体"三轨并重的人才培养机制。一是坚持机制创设，强化顶层设计，构建葡萄酒发展智力支撑体系。利用已成立的以院士牵头、中国葡萄酒行业专家聚拢的"综试区"专家委员会的旗帜作用，确立定期专家委员会晤机制，在产业需求调研基础上，加强国产葡萄酒产业的顶层设计，推动中国葡萄酒产业体系高质量健康发展。二是加强科技人才队伍建设。深化与中国农业大学、西北农林科技大学、香港理工大学以及法国波尔多大学等国内外高等院校、科研机构合作，引进紧缺科技创新高端人才，着重破解制约目前宁夏葡萄及葡萄酒产业发展的瓶颈问题，提高产业科技含量。三是加快建设与产业发展相匹配的专业人才队伍。建设具有国际先进理念和工艺的种植师、酿酒师、品酒师、侍酒师队伍，提升产业专业化、国际化水平，建设高素质的产区及葡萄酒品牌推广、市场营销队伍，提升产业市场影响力。四是注重现代酒庄经营主体培养。邀请国内外名师围绕酒庄现代化经营理念、经营模式开展针对性培训，强化实践锻炼，打造世界一流的酒庄企业家及职业经理人队伍。

（2）整合资源，搭建国际高水平产业信息共享机制。多元化信息搜集渠道，充分发挥产业、市场信息作为生产资料的重要作用，加快推进现代信息技术与葡萄酒产业深度融合，建立涵盖全球葡萄酒产业资讯、市场供需分析、前沿技术交流、自然灾害预警等内容的国际化、全产业链数据信息平台，密切跟踪全球葡萄酒产业发展动态。推动数据的规范生产、集中汇聚、分类共享、全面应用、集成再造，为政府决策和市场主体生产经营提供准确、科学的依据，促进各类要素资源集聚、开放和共享，推进分散化生产与个性化消费的高效对接。

（3）创新产区及特色优势农业产业管理新机制。在行政管理机制方面，宁夏贺兰山东麓葡萄酒产业园区管理委员会主要负责综试区开发，围绕项目建设、土地开发、人才引进审批等内容争取更多自主权；注重培育和发展社会服务组织，建立投资服务中心，提供投资咨询及相关服务。在酒庄及葡萄园管理机制方面，继续完善现有列级酒庄评定方案，提高评审标准普适性，逐步与国际标准对接，推广用于全国酒庄管理；建设绿色有机标准化葡萄园，健全绿色有机葡萄园评选机制，开展绿色有机认证，引导产业向"高端、绿色、有机"发展。创新动态考核机制，建立列级酒庄"能上能下"制度，考核不满足条件的酒庄取消列级资格。在试验区硬件管理方面，配套各产区及酒庄现代化生产生活设施，设置酒庄引导标识标牌，开通若干条连接市区至酒庄集群、产业镇、示范区的旅游公交线路，营造良好的产业发展环境。

5.3.6　创设"新政策"，走好集约化发展之路，提升发展保障力

通过财政、税收、外资引进、金融保险等政策制定，统一配置人力、物力、财力、管理等生产要素，集中资源全力提高葡萄酒产业开放水平，助力产业高质量发展。

（1）加大财政支持对外开放力度。一是对关键环节进行补贴和奖励。鼓励标准化育种、种植基地建设，支持酒庄与葡萄园一体化经营。加大先进设备引进力度，探索将发酵罐、除梗破碎等葡萄酒酿造及酿造加工设备纳入到农机补贴范围。建议对基地建设、品牌培育、市场营销、金融信贷等瓶颈环节继续给予政策引导，特别是对基地建设要加大扶持力度，对新建设的酿酒葡萄基地，建议在现有1500元/亩一次性补贴基础上，整合项目资金，补贴资金增加到3000元/亩左右，以缓解企业前三年无葡萄产量的投资压力；建议对老龄低产低效葡萄园改造提升给予约1500元/亩的补助，促进现有酿酒葡萄园提质增产增效，降低生产成本。设立葡萄产业发展基金，重点用于高标准葡萄基地建设和国际品牌打造。二是设立专项资金。鼓励产区品牌宣传推介，支持企业到全国一二线城市及全球重点国家、地区建立试验区葡萄酒展销展示平台、建设葡萄酒直销专卖店，引导企业参加国内外知名展销会、葡萄酒博览会。

（2）探索综试区内葡萄酒出口、税收优惠政策。参考澳大利亚葡萄酒出口政策，对于出口葡萄酒给予一定额度的补助性奖励，增强葡萄酒出口驱动力。积极争取税收优惠政策试点。按现行税种和税率计算，每销售一瓶葡萄酒（价格按100元计算），仅消费税、增值税两项需缴纳25元左右。建议在综试区内参照国外葡萄酒生产按农产品收税进行先行先试，积极向国家有关部委争取将宁夏葡萄酒产区列为按农产品收税试点区，在试验区内探索通过降低税率、返还税收或者税后补贴等方式，减少葡萄酒消费税，降低葡萄酒企业经营成本，进一步提高葡萄酒企业的竞争力。

（3）创新外资外智引进政策。加大外资引进力度，降低门槛、简化程序，鼓励全球品牌葡萄酒企业入驻试验区，为外资企业提供与本土企业同等优惠的土地使用、融资政策及税收优惠政策。对引进的领军人才实行高端人才"绿卡"制度，高效提供个人需求事项全程服务。

（4）强化金融保险政策。一是创新金融产品。引导金融及担保机构入驻试验区，在规范专业评估机制的前提下，按照风险可控原则，重点在探索葡萄园（主要是葡萄树）及葡萄酒作为抵押物，积极稳妥推广农村承包土地的经营权抵押贷款业务，创新适应葡萄及葡萄酒产业需求的金融产品。由大型银行企业牵头，探索建立葡萄酒企业信用互助担保机制，为企业运营提供充足的资金保障。强化配套机制建设，建立相关不动产权利、酒庄产权抵质押资产处置机制，并纳入自然资源资产

交易平台。二是加强贷款贴息支持。在自治区现有政策基础上提高贴息比例。健全贷款风险补偿支持机制，因不可抗力给酒庄（企业）造成的贷款损失，贷款逾期一定期限后，经积极清收仍不能追偿的担保贷款，通过财政风险补偿基金进行代偿支持。对发生贷款风险损失的，政府与经办银行按照一定比例分担。三是强化葡萄酒保险能力。加快推动葡萄种植保险产品普及及创新，科学化定损、赔付机制，提升农户及种植企业的风险保障水平。

（5）加大招商引资力度。建议制定出台综试区的酿酒葡萄产业招商引资优惠政策，引入一批国内外有实力、有意愿从事酿酒葡萄产业开发的企业入驻产区，支持企业在规划区内利用土地流转、反租倒包、农户土地入股等方式，与规划区内集体、农户形成利益共同体，扩大基地规模。

第6章　宁夏贺兰山东麓葡萄酒产业发展建议

6.1　促进宁夏国家葡萄及葡萄酒产业开放发展

综合试验区发展的建议

当前，我国已经成为全球最重要的葡萄酒消费国。"十三五"以来，我国国产葡萄酒总产量、葡萄酒企业营业收入及利润总额一直保持下滑态势，市场份额逐步萎缩，企业生产经营相对困难，国内酿酒葡萄种植面积持续减少，行业发展动力明显不足。

宁夏国家葡萄及葡萄酒产业开放发展综合试验区是2021年5月经国务院同意设立的全国第一个葡萄酒类开放试验区，旨在充分挖掘贺兰山东麓葡萄酒生产的"黄金带"优势，努力打造引领宁夏乃至中国葡萄及葡萄酒产业对外开放、高质量发展、融合发展的平台和载体，为我国西部地区特色产业深度开放、"一品一业"促进乡村振兴提供借鉴和样板。

6.1.1　综试区发展现状

综试区规划面积502.2平方千米，覆盖银川市和吴忠市的6个县区。其中，核心区108平方千米，将重点实施引种引技、产权融资、人才培养等方面政策，创新示范标准对接、国际营销、生态保护、产业融合等模式；辐射区规划面积394.2平方千米，主要承担推广核心区先行先试成果和成功经验的任务，在开放合作、产业融合、综合改革、绿色发展等方面与核心区配套联动，扩大示范效应。

宁夏葡萄酒产业起步于1984年，2002年被确定为国家地理标志产品保护区。多年来，历届自治区党委和政府立足贺兰山东麓区位优势和资源禀赋，大力推进葡萄酒产业发展，走出了一条具有宁夏特色、符合中国实际的葡萄酒产业、旅游、文化融合发展之路。

1. 基地建设规模化、区域化持续推进

综试区坚持"酒庄基地一体化"经营和"酒庄酒、大产区"及高端、中端、大众化同步发展定位,持续推进基地规模化、区域化发展,初步形成了以贺兰金山、西夏镇北堡、农垦玉泉营、青铜峡鸽子山、红寺堡肖家窑为主的 5 大酒庄集群。

2. 产区品牌影响力明显提升

坚持政府主打产区品牌、企业主打产品品牌。2012 年以来,先后成功举办了 9 届宁夏贺兰山东麓国际葡萄酒博览会和三届中国(宁夏)国际葡萄酒文化旅游博览会。“贺兰山东麓酿酒葡萄”入选第四批中国特色农产品优势区,“贺兰山东麓葡萄酒”品牌价值位列全国地理标志产品区域品牌榜第 9 位,并列入中欧地理标志首批保护清单。

3. 产业带动地区发展效益逐步显现

2020 年,葡萄酒产业为周边农户提供就业岗位 12 万个,年支付工资性收入约 9 亿元,当地农民收入中的 1/3 来自葡萄酒产业。酿酒葡萄种植将近 40 万亩山荒地变成绿色长廊,酒庄绿化及防护林建设大幅度提高了产区植被覆盖率,葡萄园“浅沟种植”成为贺兰山东麓最有效的洪水拦蓄工程。

4. 标准引领和科技支撑能力显著增强

坚持标准引领,发布了贺兰山东麓葡萄酒技术标准体系,围绕产业链关键环节制定 30 多项地方标准,集成推广浅清沟、斜上架、深施肥、统防统治及高效节水灌溉等一批关键技术。创建了以葡萄酒产业为主导的自治区级农业高新技术产业示范区,组建了 6 个自治区创新平台、2 个自治区农业科技示范展示区和 30 家试验示范酒庄。建设葡萄酒产业人才高地,组建综试区专家委员会,建立了葡萄酒学历教育、职业技能教育和社会化教育培训三级体系,每年培养 300 名以上高层次人才,有 5 万名以上消费者接受葡萄酒教育。

5. “葡萄酒+”产业融合发展积极有效

做好“葡萄酒+”的文章,把发展葡萄酒产业同全域旅游、教育培训、乡村振兴、生态修复相结合,葡萄酒文化旅游、葡萄酒教育、休闲运动康养初具规模。116 家已建成的酒庄 1/3 以上具备旅游接待功能,获得 AA 级以上旅游景区的酒庄有 12 家,其中酒庄年接待游客超过 120 万人次。贺兰山东麓产区荣膺“世界十大最具潜力葡萄酒旅游产区”“全球葡萄酒旅游目的地”。引进企业开发生产葡萄籽油、化妆品、包装物等衍生品,拓展葡萄酒+教育、金融、艺术、健康等新业态、新模式,提升了综合效益。

6. 国际对外交流合作日益广泛

综试区与 OIV 等国际葡萄酒相关组织和主要葡萄酒生产国家,在品种、技术、设备、教育、人才、文化等方面广泛开展交流合作。先后从国外引进 60 多个酿酒葡萄品种(品系),其中近 20 个表现优异并在产区广泛种植。引进 23 个国家的 60 名国际酿酒师来宁夏交流服务,聘请 25 个国家冠军侍酒师作为"贺兰山东麓葡萄酒推广国际大使",先后有 60 多家酒庄的葡萄酒在布鲁塞尔、巴黎等国际葡萄酒大赛中获得上千个奖项,占全国获奖总数的 60%以上。

7. 政策扶持引领引导力度持续增强

编制了《宁夏贺兰山东麓葡萄酒产业高质量发展"十四五"规划和 2035 年远景目标》,先后出台了《宁夏回族自治区贺兰山东麓葡萄酒产区保护条例》《关于创新财政支农方式加快葡萄产业发展的扶持政策暨实施办法》《葡萄酒产业高质量发展实施方案》等政策性文件,为产业发展提供了政策支撑。自治区及相关市、县(区)配套建设了产区水、电、路、林等基础设施,基本形成"旱能灌、机能帮,园成方、林成网,路相连、网覆盖"的设施体系。

6.1.2　综试区的未来发展目标

综试区力争用 5～10 年时间,酿酒葡萄基地总规模达到 100 万亩,年产葡萄酒达到 3 亿瓶以上,实现综合产值 1000 亿元左右。力争到 2035 年,年产葡萄酒 6 亿瓶以上,实现综合产值 2000 亿元左右。综试区将主要在以下几个方向发展。

1. 坚定"五区样板"目标

努力把综试区打造成为黄河生态涵养的示范区、西部特色产业开放发展的引领区、文旅教体融合发展的体验区、"一带一路"合作对接的先行区,建设现代化葡萄及葡萄酒产业聚集区,为全国提供以产业开放促进生态环境平衡、区域经济繁荣的新样板。

2. 扩增"三个基地"优势

把贺兰山东麓建成全国优质酿酒葡萄种植、繁育基地,产品远销共建"一带一路"沿线国家的中高端酒庄酒生产基地,辐射全球的葡萄酒品牌交流、科技合作、文化传播、生态示范基地,重点在开放合作、产业融合、综合改革、绿色发展等方面协调推进,扩大示范效应。

3. 夯实"三个体系"基础

以产业体系为本、以话语体系为要、以文化体系为魂,构建品种、品质、品牌等在内的全产业体系，参与和融入国际标准规则、提升产业产品国际话语权，用好葡萄酒文化资源、挖掘葡萄酒文化内涵、讲好葡萄酒文化故事，把宁夏打造成为中国葡萄酒全方位融入世界的窗口、中国本土葡萄酒文化地标。

4. 探索"十新建设"路径

聚焦新技术、打造产业发展新标准，开创新模式、构建高质量发展新格局，打造新业态、培育产业竞争新优势，搭建新平台、开拓国际合作新视野，实施新工程、开启全方位发展新路径，打造引领宁夏乃至中国葡萄及葡萄酒产业对外开放、融合发展的全新平台，为西部地区特色产业深度开放、"一品一业"促进乡村振兴提供示范。

6.1.3　存在的问题

1. 贺兰山东麓产区品牌还不响

葡萄酒品牌的对比归根到底是话语权的问题。虽然贺兰山东麓产区品牌已在国内外业界有一定的知名度，但在消费者中间认知度还不高。在讲好历史文化、酒庄故事、特色品种、品牌包装等方面做得还不够，政府与企业双向协同打造品牌的合力有待进一步加强。

2. 酒庄(企业)经营能力还不强

葡萄园生产成本高、投资期长、见效慢，经营压力较大，加上发展历史较短，历史文化积淀少，导致产业发展"软实力"不强，在国际葡萄酒界话语权不够。缺乏专业化的国际性营销队伍、营销平台和现代化营销手段，销售渠道单一，进入国内市场的难度进一步加大。

3. 产业融合度还不高

大多数酒庄(企业)只是按照传统经营模式发展，在文化旅游、休闲体验、康养、产学研等方面处于起步阶段，"葡萄酒+"的理念还有差距。产区的产业链、供应链、价值链、利益链还不健全，葡萄渣、皮、籽、藤大多未充分利用，开发利用率低。

4. 专业人才队伍还不足

70%的酒庄(企业)投资者都是跨界经营，对葡萄酒生产与市场认知尚处于升级阶段。缺乏能因风土、因品种、因栽培方式及管理方式提高酿酒葡萄产量与质量效益的实用与创新型人才；缺乏因产地、因原料、因年度酿造出的葡萄酒质量稳定、调控品质不断升级的实用与创新型人才；缺乏能因产品风格、因价格、因消费者，拓展目标市场的实用与创新型人才。宁夏要走向世界知名葡萄酒产区，还缺乏行业领军人才，更缺乏一批大师级的种植师、酿酒师、营销师及职业经理人等。

5. 产区基础设施尚需完善

因政府投资不足，产区水、电、路、林、气等基础设施还需进一步完善；产区公共旅游设施还不完善，酒庄旅游产品不多，创新不够。

以上问题都属于农业类产业再发展过程中的普遍共性问题，大多数可以通过地方政府的政策扶持和财政资金引导，通过专项工程得到很好的解决，但目前综试区发展亟需解决的三个短板问题无法由当地政府自行解决，需要提交到国家层面给予重点关注。

(1)税负太高。

世界各主要葡萄酒生产国均把葡萄酒作为农产品，给予多种农业补贴及优惠税收政策，而我国将葡萄酒作为工业产品对待，对葡萄酒企业收取增值税、消费税和企业所得税。其中增值税率为13%，消费税率为10%，企业所得税则按照产品利润计算，年度利润在100万元以内的企业，税率为5%；100万~300万元的，税率为10%；超过300万元的，按照25%的税率缴纳。这使得国产葡萄酒与进口葡萄酒始终处于不公平竞争状态。葡萄酒税率问题已经影响到了葡萄及葡萄酒产业供给侧结构性改革、三产融合发展、绿色发展、招商引资等多个方面。

(2)融资渠道太窄。

葡萄酒产业投资大、回报周期长，根据国际上一些成熟产区的经验，一个酒庄的投资回报期约为10~15年。酒庄(企业)在发展过程中融资需求大，但是目前对于酒庄(企业)的融资渠道仅限于担保贷款、引导基金等。国内的中小酒庄规模普遍较小，自有资金不足，受酿酒葡萄基地确权、葡萄酒评估等抵质押物缺少的因素影响，大大增加了中小酒庄的融资难度。同时，新建酿酒葡萄基地三年后葡萄树才结果，新酿葡萄酒最少8个月才能进入市场，商业银行贷款抵押手续繁杂，且大多是短期贷款，致使很多中小酒庄贷不到款或不愿贷款。政府对酒庄(企业)融资的相关法规、政策尚不完善，缺乏与之相配套的金融、信用担保、风险基金等方面的规定，不能从根本上解决中小企业融资难的问题。

(3)政策体系还不健全。

国产葡萄酒产业尚未上升到国家顶层设计的主要关注面而得到应有的扶持。从全国葡萄酒产业看，目前，我国缺乏振兴国产葡萄酒的顶层设计和规划，国内近15个葡萄酒产区基本都是本土推动、各自为政。在葡萄酒的行业定位、财税支持、金融扶持、产区培育、产业促进等方面，国产葡萄酒严重缺乏系统的管理机制和优势引导、支持政策。从宁夏葡萄酒产区看，以宁夏贺兰山东麓为代表的国产葡萄酒产业政策体系缺链断链，尚未形成闭环。宁夏葡萄酒产业中的葡萄酒品质分级体系、质量监管体系、原产地域保护制度、科技人才体系、交通路网体系、产业服务保障体系、文旅融合体系等虽然有了一定基础，但都未建立一揽子可持续、可操作的支持政策。在产业投资、贷款贴息、基础设施建设等方面均缺少相应的市场化机制、实施主体和优惠政策。

6.1.4 对策与建议

1. 创新综试区税收政策

一是创新设立综试区网上税务局，将酒庄（企业）全部纳入该税收系统，采取先征后退原则，将企业所得税和增值税地方留成部分全额退给酒庄（企业）。争取将国家征收的消费税和增值税部分退还企业，支持企业发展。二是争取综试区内葡萄酒享受国家农产品税率，即取消葡萄酒的消费税。

2. 设立葡萄酒期酒交易平台

借鉴国内外葡萄酒期酒交易经验，向中国证券监督管理委员会提请审批从事期货交易的牌照，整合现有资金流，对担保资金进行增资，引导国有资本入股、参股，吸引民间资本参与，主要对综试区内确定的重点项目进行投资担保，重点用于综试区内葡萄园及葡萄酒期货交易的实施，通过市场机制、科学合理运用土地交易政策和创新交易方式，推动落实金融扶持综试区发展政策，力争打造成国内一流的葡萄酒产业金融服务平台。

3. 设立综试区建设财政专项

设立综试区建设财政专项资金 5 亿元，其中：自治区财政每年安排专项资金3 亿元，争取中央财政专项每年 2 亿元，期限 5 年。重点支持优质原料基地建设、技术示范推广、国际交流合作、世界知名品牌打造、绿色发展及交通、防护林、生产生活供水、防洪防汛等基础设施建设。

6.2 宁夏葡萄酒市场营销转型升级的建议

为全面推进葡萄酒营销升级，提高市场占有率，提升品牌影响力和知名度，推动葡萄酒产业高质量发展，在充分调研的基础上，现就宁夏葡萄酒市场营销转型升级提出建议。

6.2.1　宁夏葡萄酒市场营销优势

宁夏贺兰山东麓是业界公认的世界上最适合种植酿酒葡萄和生产高端葡萄酒的黄金地带之一，葡萄酒产业已成为宁夏扩大开放、调整结构、转型发展、促农增收的重要产业，葡萄酒已成为宁夏对话世界、世界认识宁夏的"紫色名片"。

1. 定位优势

习近平总书记 2016 年、2020 年两次视察宁夏，都对葡萄酒产业发展作出重要指示，为宁夏推进葡萄酒产业高质量发展指明了方向、注入了动力。

2. 质量优势

宁夏贺兰山东麓产区拥有独一无二的资源禀赋和风土条件，独特的风土条件所具备的土壤、光照、温度、降水、地形、水热系数等条件的组合，使葡萄酒在酸度、甜度、果香、单宁、酒精等决定葡萄酒品质的五大因素上有卓越表现和平衡协调，可以酿造出具有"甘润平衡"典型东方风格的葡萄美酒，是中国最具潜力、可与世界高品质产区并肩的产区。宁夏葡萄酒产业在 30 多年的接续发展中，坚持"酒庄酒""酒庄基地一体化"定位，坚持"好酒是种出来的"理念，加强原料基地建设。先后有 50 多家酒庄的葡萄酒在布鲁塞尔、巴黎等国际葡萄酒大赛中获得上千个奖项。

3. 体制优势

宁夏率先在全国组建了从自治区领导到各部门包抓的工作机制，走出了一条具有宁夏特色的"六次产业深度融合"发展之路，进入到品牌打造、市场培育、全产业链发展新阶段。2021 年，国家葡萄及葡萄酒产业开放发展综合试验区、中国(宁夏)国际葡萄酒文化旅游博览会落户宁夏，标志着宁夏葡萄酒产业进入"国家战略"，开启了产业发展新征程，形成了从国家部委到地方目标明确、上下联动、合力共促的有力机制。

4. 基础优势

宁夏坚持政府主打产区品牌、企业主打产品品牌，实现产区品牌牵引、产品品牌支撑的"双轮驱动"战略。通过举办葡萄酒博览会、各类推介会和展会，在主要消费城市建立品鉴直销中心，与京东、天猫等线上平台联合打造自营中心，有效提升产区知名度和产品美誉度的同时，拓宽了市场销售渠道，初步形成了"线上线下同步发力、国内为主、出口为辅"的销售模式，葡萄酒供给链、销售链、价值链逐步显现，市场营销体系不断完善。

6.2.2　宁夏葡萄酒市场营销存在的短板和不足

随着宁夏酿酒葡萄基地规模的扩张、酒庄体量的增大和疫情影响、国际形势多变复杂，宁夏葡萄酒发展面临着巨大挑战，市场营销成为困扰酒庄良性发展的"痛点""堵点"，成为推动综试区建设最大的障碍，存在以下短板和不足。

1. 市场销售缺乏支撑，平台建设滞后

宁夏产区部分规模较大的酒庄在北上广等一二线城市建立了贺兰山东麓葡萄酒品鉴销售中心，宁夏本地建有城市酒窖、葡萄酒主题酒店、品鉴交流中心，总的问题是零散名弱、平台规模小、功能单一、要素不全、效益不高，缺少一个面向全国的集展示、销售、物流配送、金融服务、检测灌装、文旅等多功能于一体、具有一定规模的集约化公共服务平台。产区酒庄对通过政府背书、酒企联合、整合资源打造葡萄酒集散中心需求迫切。

2. 营销体系不健全，去库存任务艰巨

宁夏成立不足五年的酒庄占七成以上，一些新建酒庄销售基本处于停滞状态，既缺乏龙头企业带领，又缺乏稳定合作的联合体。产区70%的酒庄没有建立自己的营销队伍，产品销售方式主要为酒庄自营，没有借助第三方专业营销团队联合开展营销。截至2021年底，产区累计葡萄酒库存达10万t，积压率达30%，造成酒庄资金回笼慢，形成恶性循环。线上渠道运营体系不健全，后期运营手段落后。线下营销消费者体验不丰富，葡萄酒文化、教育培训跟不上，缺乏本土特色，"圈粉"效应不明显。

3. 品牌知名度弱，品牌传播跟不上

酒庄产品品牌杂乱散多问题突出，初步统计产品品牌超过2000个。酒庄各自为政打品牌，加上历史积淀短，形不成整体合力，缺乏享誉世界的知名品牌。产区品牌在研究新的宣传产品、宣传载体、宣传方式、宣传手段等方面有差距。根据不同媒体平台开展精准宣传有欠缺，形不成强有力的宣传矩阵，品牌知名度、美誉度、忠诚度、联想度不高。大多葡萄酒只有产品属性，缺少金融属性、收藏属性和文化属性，品牌溢价不高。

6.2.3　推动宁夏葡萄酒市场营销转型升级的建议

构建以营销为主，储存展示、物流配送、金融服务、检测灌装等公共服务为一体的规模化综合平台，补链延链强链，推动葡萄酒产业供给侧改革升级。

1. 立足产业建平台

按照政府引导、企业"唱戏"、市场化运作和公益性与商业性服务互为补充的原则，以宁夏大部分酒庄参与为主，在贺兰山东麓距产区便捷的银川西夏区城市中心区物流畅通、交通便利的地区，支持构建集展览展示、推广销售、检验检测、罐装贴标、储存运输、物流配送、绿色金融、期货交易、运动康养、文化旅游等全产业链配套服务于一体、功能完善、服务精准、运行高效、面向全国、具备一定规模的葡萄酒公共服务平台(博览园区)。由葡萄酒产业主管部门引导，采取市场化运作模式，统筹建设检验检测认证中心、国际葡萄酒品牌中心、物流配送中心，与葡萄酒公共服务平台形成互补，面向全国发出品牌及销售方面的权威信息，制定品牌打造及市场营销方面的相关标准，掌握国际话语权。

2. 筑巢引凤促销售

在平台整体运行中探索成立股份制集团公司等市场导向机制，以产区酒庄为核心，组建葡萄酒营销集群，建立良好的协同创新机制，并与当地餐饮、旅游、康养等其他领域协同互动。与国内酒商合作，采取"宁夏中心酒堡+百城分酒堡"销售模式，形成"以点串线、以线带面"全面开花销售格局。组建专业化营销团队，加强与大型电商平台及运营商合作，开辟网上酒窖、网上酒堡、营销专区，拓展产区网络销售渠道，构建线上线下相互补充融合的葡萄酒营销模式。

3. 集约平台优服务

为进入平台(园区)的酒庄提供从种植到酿造的全产业链服务，通过租赁、共享等方式提高设备利用率，降低葡萄酒生产经营成本。联合金融机构为企业提供葡萄酒存储保值增值、葡萄酒质押融资、托底销售等服务。联合高等院校开发葡萄酒品级分类、数字化生物溯源，数字赋能，提高产品信誉度。与产区政府联动开展公益性葡萄酒教育，推动消费普及。引导酒庄开发性价比高、市场认可度大的多元化系列产品。

4. 借力平台打品牌

整合政府、部门、协会、专业组织和酒庄力量到平台上，以产区品牌引领酒庄品牌，以酒庄品牌支撑产区品牌。凡进入平台(园区)的酒庄，遵循平台的规则、执行平台的标准，对一些散、乱、杂的品牌进行重组、整合，以大单品品牌引领酒庄、占领市场。深入挖掘风土、黄河、贺兰山、"塞上江南"等文化资源，把贺兰山东麓打造成世界文化遗产公园。聘请一批推广大使、行业大咖、意见领袖讲好产区故事，进一步提升贺兰山东麓文化软实力、品牌影响力、产品竞争力。通过平台实施差异化、多元化、趣味化、系统化的策略，并通过举办各类推介活动、影视作品创作、"葡萄酒之都"氛围营造输出文化、传播品牌。

5. 政策引导强支撑

制定推进宁夏贺兰山东麓葡萄酒产业高质量发展及综试区建设的财政支持政策，加大对葡萄酒市场营销、公共服务平台(园区)建设的扶持力度。设立专项资金，利用政府专业投资平台搭建宁夏葡萄酒产业发展基金，选择有实力和产业运营能力强的机构快速构建高效的合作模式，通过创新运营模式实施，加快产区葡萄酒产业健康、有序发展。积极争取综试区建设相关政策，探索对现有葡萄酒税收政策进行突破，享受退税政策或农产品税收政策。

参 考 文 献

奥利维·普西埃. 2017. 拉鲁斯世界葡萄酒百科全书[M]. 邓欣雨译. 北京: 中国轻工业出版社.

陈辰. 2018. 新疆葡萄酒产业发展研究[J]. 农村科技, (9): 60-63.

陈克文, 邹东旭. 2005. 从国际葡萄酒市场看宁夏葡萄酒业的发展[J]. 金融经济(宁夏), (2): 44-47.

陈立勋. 2004. 供应链环境下科龙电器在重庆地区的营销渠道策略[D]. 武汉: 华中科技大学.

陈佩. 2012. 张裕集团的营销之道[J]. 中国市场, (48): 17-18.

陈卫平, 王劲松, 尚红莺, 等. 2005. 贺兰山东麓酿酒葡萄土壤资源特征及土壤管理对策[J].中外葡萄与葡萄酒, (5): 23-25.

陈晓环, 李岭, 赵伟, 等. 2019. 新媒体环境下本土品牌的形象设计策略研究——以泸州老窖和江小白为例[J]. 美与时代, (10): 22-25.

崔耘. 2020. 蓬莱产区葡萄与葡萄酒产业可持续发展路径探讨[J]. 中外葡萄与葡萄酒, 6: 108-111.

范玲玲. 2019. 网络化时代葡萄酒营销策略研究——以张裕为例[D]. 南京: 南京邮电大学.

富隆葡萄酒文化中心. 2012. 葡萄酒名庄[M]. 北京: 中国轻工业出版社.

郭黎明. 2006. 科龙营销渠道的分品牌分渠道操作[D]. 长沙: 中南大学.

韩硕. 2015. 贺兰山东麓葡萄酒休闲旅游开发探究——基于全球化背景下[J]. 北方经贸, (3): 204-206.

何依然. 2017. 法国葡萄酒"拉菲"品牌营销策略分析及其对中国的启示[J]. 中外企业家, (3): 28-29.

胡宇橙, 吴秀苹. 2020. 全域旅游背景下贺兰山东麓葡萄酒旅游发展探析[J]. 农村经济与科技, 31(9): 100-103.

黄小仙. 2018. 纳帕谷空气中都弥漫着酒香的小镇[J]. 旅游世界, (8): 24-27.

佳瑶, 张敏, 申红妙, 等. 2018. 葡萄叶提取物对葡萄霜霉病的防治作用及有效成分分析[J].植物保护学报, 45(5): 1121-1128.

凯文·兹拉利. 2011. 世界葡萄酒全书[M]. 黄渭然, 王臻译. 海口: 南海出版公司.

康晓军. 2015. 长城葡萄酒陕西区域市场营销策略研究[D]. 秦皇岛: 燕山大学.

雷金银, 贾爱平, 尹志荣, 等. 2018. 宁夏不同产区酿酒葡萄优势品种水肥管理现状调查与评价[J]. 宁夏农林科技, 59(6):8-10.

雷渊媛, 蒙晓哲. 2020. 我国葡萄酒产业链整合模式的探究[J]. 陕西社会主义学院学报, 1: 36-41.

李风琴, 王佳, 赵军. 2014. 贺兰山东麓酿酒葡萄综合抗寒栽培技术研究[J]. 北京农业, (33): 18-19.

李换梅, 杨和财, 李甲贵. 2018. 基于资源多元视角的宁夏贺兰山东麓葡萄酒产区发展对策[J]. 北方园艺, (7): 168-173.

李剑, 杨雪莲. 2017. 国内外葡萄酒发展概况及新趋势[J]. 绿色科技, (8): 236-237.

李立平. 2021. 宁夏产业融合发展成果显现获全球葡萄酒旅游目的地称号[J]. 中国食品工业, (19): 97.

李莉, 黄立军. 2015. 宁夏贺兰山东麓葡萄酒品牌管理文化探讨[J]. 酿酒科技, (1):128-130, 134.

李文超, 王振平. 2012. 宁夏贺兰山东麓葡萄产业发展存在问题及对策研究[J]. 宁夏农林科技, 53(12):192-194, 211.

李媛媛, 陈卫平. 2020. 新冠肺炎疫情对宁夏贺兰山东麓葡萄酒产业影响的调研报告[J]. 宁夏农林科技, 61(4): 40-42.

梁玉文, 李惠军, 虎玉宝, 等. 2015. 法国葡萄酒生产考察报告[J]. 宁夏农林科技, 56(4): 43-45.

林清清, 周玲. 2009. 国外葡萄酒旅游研究进展[J]. 旅游学刊, 24(6): 88-95.

林裕森. 2017. 葡萄酒全书[M]. 北京: 中信出版社.

刘国华, 张兆宇, 文祺, 等. 2020. 葡萄酒品牌微信公众号主体及营销建议[J]. 中外葡萄与葡萄酒, (4):73-77.

刘海磊, 刘建敏, 刘国生, 等. 2020. 葡萄病害防治技术[J]. 河北农业, (1): 47-48.

刘军. 2021-07-08. 葡萄酒产业与文化和旅游产业融合发展的宁夏实践[N]. 中国旅游报(03).

刘军, 李进, 曲健, 等. 2006. 葡萄皮渣的综合利用[J]. 中外葡萄与葡萄酒, (3):51-53, 55.

刘世松. 2021. 新常态下烟台葡萄酒产业转型升级的路径探析[J]. 中外葡萄与葡萄酒, (1): 72-77.

刘世松, 高京涛. 2020. 地理标志对中国葡萄酒的价值与保护研究[J]. 安徽农业科学, 638(1): 269-272.

刘世松, 菅蓁. 2016. 中国葡萄酒产业现状剖析及发展研究[J]. 酿酒, 43(5): 13-17.

刘松涛, 李茜, 吕雯, 等. 2019. 中国葡萄酒产业现状及发展趋势——以宁夏贺兰山东麓产区为例[J]. 现代农业科技, (9): 241-243.

刘勖菊, 王丽, 吴思澜, 等. 2021. 亚洲葡萄酒市场格局及中国葡萄酒产业前景分析[J]. 中外葡萄与葡萄酒, (2): 68-74.

柳静, 张无敌, 尹芳, 等. 2010. 葡萄皮渣的沼气发酵潜力研究[J]. 安徽农业科学, 38(22):11939-11940, 11963.

卢泰宏. 2020. 品牌思想简史[M]. 北京: 机械工业出版社.

陆江. 2014. 世界第一葡萄酒重镇波尔多[J]. 金融博览, (21): 72-75.

吕俊歧. 2011-10-12. 宁夏葡萄酒产业欲"蝶变"[N]. 华夏酒报(05).

马晓梅. 2022-03-18. 宁夏葡萄酒"当惊世界殊"[N]. 国际商报.

马永明. 2011. 宁夏农垦葡萄产业发展战略研究[D]. 咸阳: 西北农林科技大学.

毛春梅, 曹呈楠. 2018. 国产葡萄酒市场竞争及营销策略分析[J]. 现代经济信息, (4): 397, 399.

单瑞, 姜丽丽. 2022-04-07. 助力建设葡萄酒产业综试区 促进产业高质量发展[N]. 华兴时报(02).

尚晓丽. 2016. 基于全域旅游产业集群背景下的旅游专业群建设思考[J]. 企业导报, (13): 123-124.

石桃红, 甘晶, 王爱军. 2016. 宁夏干旱沙荒地葡萄主要病害的发生及防治措施[J]. 宁夏农林科技, 57(12): 27-28, 34.

苏学德, 郭绍杰, 李鹏程, 等. 2021. 新疆兵团葡萄产业发展现状及对策[J]. 中外葡萄与葡萄酒, 1: 61-65.

隋明, 张崇军, 李春明, 等. 2018. 葡萄酒可循环化生产工艺的研究[J]. 粮食与食品工业, 25(5):

32-35, 40.

孙燕山, 陵军成. 2016. 中草药烟雾制剂在葡萄病虫害防治中的应用研究[J]. 山东林业科技, 46(6): 68-70, 42.

塔娜, 刘敦华. 2016. 贺兰山东麓葡萄酒标准体系构建初探[J]. 食品安全导刊, (27): 100.

唐庆生, 巴合朱力的孜. 2018. 新疆天山北麓葡萄酒产区概况及发展建议[J]. 科技风, 20: 213-214.

王春梅. 2015. 宁夏贺兰山东麓葡萄酒产业发展 SWOT 分析[J]. 酿酒科技, (12):134-137, 140.

王海忠. 2021. 品牌管理[M]. 北京: 清华大学出版社.

王鹤, 冯雨瑶. 2021. 重庆啤酒为啥"火"[J]. 食品界, (7): 56-58.

王华, 王兰改, 宋华红, 等. 2010. 宁夏回族自治区酿酒葡萄气候区划[J]. 科技导报, 28(20): 21-24.

王玲. 2012. 小葡萄如何酿就大产业——美国加州纳帕酒谷发展考察报告[J]. 政策, 9: 87-89.

王平, 孙钦明. 2016. 对新疆葡萄酒产业发展的几点思考[J]. 新疆农垦科技, 39(5): 67-69.

王茜, 单瑞. 2021-07-09. 助力宁夏葡萄酒"惊艳"世界[N]. 华兴时报, (03).

王锐, 孙权. 2016. 基于水肥一体化的酿酒葡萄高效栽培与效益分析[J]. 农业机械学报, 47(10): 115-121.

王涛, 朱震达. 2003. 我国沙漠化研究的若干问题——1.沙漠化的概念及其内涵[J]. 中国沙漠, 23(3): 209-214.

王玉华. 2011. 品牌营销的理论分析与对策研究[J].经济与管理, 25(9): 54-57.

薇薇. 2017. 法国葡萄酒产区地图[J]. 普洱, 5: 70.

温海燕, 刘小燕. 2019. 宁夏贺兰山东麓葡萄酒产业的发展战略研究[J]. 科技经济导刊, 27(34): 89-90.

吴振鹏. 2015. 葡萄酒百科[M]. 北京: 中国纺织出版社.

伍新宇, 潘明启, 张付春, 等. 2020. 新疆葡萄酒产业高质量发展对策[J]. 新疆农业科技, 5: 11-13.

象天. 2017. 历史上的法国葡萄酒酒庄评级[J]. 世界文化, 5: 34-35.

肖丽珍. 2013. 浅谈美国加州纳帕谷的葡萄与葡萄酒庄园[J]. 北方果树, 1: 37-39.

谢喜麟. 2018. 中国葡萄酒产区分布及气候变化对其影响分析[D]. 咸阳: 西北农林科技大学.

徐菲远. 2009. 国产葡萄酒需抱团打造"产区名片"——以烟台葡萄酒全国巡展推介会为例[J]. 现代食品, 2: 5-7.

杨沐春. 2016. 张裕上中国品牌价值百强榜[J]. 中国酒, (4): 77.

杨晓军, 王立刚. 2018. 基于地理国情指标体系的宁夏葡萄酒产业发展研究[J]. 价值工程, 37(18): 283-284.

杨雪, 杨朝舜. 2015. 宁夏葡萄酒产业发展现状的研究——以宁夏贺兰山东麓葡萄酒产区为例[J]. 山东社会科学, S2: 154-156.

杨勇, 王建华, 吉沐祥, 等. 2016. 植物源农药丁子香酚与苦参碱及其混配对葡萄灰霉病的毒力测定及田间防效[J]. 江苏农业科学, 44(12): 160-163.

负聿薇, Alain E. 2020. 法国休闲农业发展的经验与启示——以波尔多地区为例[J]. 农业工程, 10(3): 120-123.

曾春水, 王磊, 王灵恩. 2019. 贺兰山东麓地区葡萄酒旅游产业创新发展路径研究[J]. 北方园艺,

(3): 167-175.

张阿珊. 2020. 贺兰山东麓葡萄酒旅游发展存在的问题及对策[J]. 农村经济与科技, 31(19): 98-99.

张锋. 2019. 新疆葡萄酒产业价值链优化策略研究[J]. 中国酿造, 38(9): 212-216.

张锋. 2020(a). 新疆葡萄酒产业价值链融合发展策略研究[J]. 中国酿造, 39(9): 215-219.

张锋. 2020(b). 新疆葡萄酒产业优劣势及发展策略分析[J]. 中国酿造, 39(4): 216-220.

张红梅, 魏娅丽, 陶雨芳, 等. 2021. 文旅融合视域下贺兰山东麓葡萄酒旅游产业创新发展研究[J]. 中国酿造, 40(3): 216-220.

张静. 2005. 用 SWOT 模型分析宁夏葡萄酒产业发展战略[J]. 宁夏农林科技, (5):51-53.

张书杰. 2009. 长城:葡萄酒 "航母" 的奥运之战[J]. 销售与市场(战略版), (1): 74-76.

张想想, Ccemilie. 2017. 南非: 葡萄酒新旧世界之交的复兴[J]. 葡萄酒, (3): 76-77.

张想想. 2017. 澳大利亚:大洋彼岸孤独的葡萄酒天堂[J]. 葡萄酒, (4): 68-70.

张馨. 2018. 中国精品酒庄葡萄酒竞争力研究——以贺兰山东麓葡萄酒产区为例[D]. 北京: 对外经济贸易大学.

张远记, 渠继光. 2022. 后疫情时代中国葡萄酒产业的数字化创新[J]. 中外葡萄与葡萄酒, (3):84-88.

张月. 2013. 宁夏中小企业融资发展现状及对策研究[D]. 北京: 中央民族大学.

章家清, 朱艳. 2013. 我国葡萄酒产业发展 SWOT 分析[J]. 合作经济与科技, 18: 12-13.

赵哈林, 赵学勇, 张铜会, 等. 2011. 我国西北干旱区的荒漠化过程及其空间分异规律[J]. 中国沙漠, (1): 1-8.

周广州. 2016. 1855 列级酒庄分级制度的前世今生[J]. 健康与营养, (10): 76-77.

朱峰, 杨微. 2018. 宁夏贺兰山东麓酿酒葡萄产业发展措施探讨[J]. 现代农业科技, (21): 98, 101.

朱济义, 王振海. 2001. 我国葡萄酒标准现状、问题及建议[J]. 中国标准化, (2): 23-24.

朱丽娅, 胡查平. 2018. 宁夏葡萄酒品牌绩效提升研究:原产地形象理论视角[J]. 宁夏社会科学, (2): 94-98.

朱哲. 2018. 全域旅游视角下农业型特色小镇案例研究——以美国纳帕谷为例[J]. 小城镇建设, 36(10): 106-112.

朱姿宇. 2015. 贺兰山东麓酿酒葡萄种植效益分析[D]. 银川: 宁夏大学.

Campos I, Neale C M, Calera A. 2017. Is row orientation a determinant factor for radiation interception in row vineyards?[J]. Australian Journal of Grape and Wine Research, 23(1): 77-86.

Lee S E, Shin H T, Hwang H J, et al. 2003. Antioxidant activity of extracts from *Alpinia katsumadai* seed[J]. Phytotherapy Research, 19(7): 1041-1047.

Li S Y, Zhu B Q, Reeves M J, et al. 2018. Phenolic analysis and theoretic design for Chinese commercial wines' authentication[J]. Journal of Food Science, 83(1): 30-38.

Mok C, Song K T, Park Y S, et al. 2006. High hydrostatic pressure pasteurization of red wine[J]. Journal of Food Science, 71(8): M265-M269.

Pisano P L, Silva M F, Olivieri A C. 2015. Anthocyanins as markers for the classification of Argentinean wines according to botanical and geographical origin. Chemometric modeling of liquid chromatography–mass spectrometry data[J]. Food Chemistry, 175: 174-180.

Puértolas E, López N, Condón S, et al. 2009. Pulsed electric fields inactivation of wine spoilage yeast and bacteria[J]. International journal of food microbiology, 130(1): 49-55.

Roullier-Gall C, Lucio M, Noret L, et al. 2014. How subtle is the "terroir" effect? Chemistry-related signatures of two "climats de Bourgogne" [J]. PLoS One, 9(5): e97615.

Urvieta R, Buscema F, Bottini R, et al. 2018. Phenolic and sensory profiles discriminate geographical indications for Malbec wines from different regions of Mendoza, Argentina[J]. Food Chemistry, 265: 120-127.

Wang H R, Shen J H, Feng J Y, et al. An agent-based modeling and simulation of consumers' purchase behavior for wine consumption[J]. IFAC PapersOnLine, 2018, 51(17): 843-848.

Ziółkowska A, Wąsowicz E, Jeleń H H. 2016. Differentiation of wines according to grape variety and geographical origin based on volatiles profiling using SPME-MS and SPME-GC/MS methods[J]. Food Chemistry, 213: 714-720.